中小企业创新效能动力机制研究

基于知识员工可雇佣型心理契约视角

相飞 著

中国社会科学出版社

图书在版编目(CIP)数据

中小企业创新效能动力机制研究：基于知识员工可雇佣型心理契约视角 / 相飞著. —北京：中国社会科学出版社，2020.3
ISBN 978-7-5203-6117-0

Ⅰ.①中⋯ Ⅱ.①相⋯ Ⅲ.①中小企业—企业创新—研究—中国 Ⅳ.①F279.243

中国版本图书馆 CIP 数据核字（2020）第 040851 号

出 版 人	赵剑英
责任编辑	车文娇
责任校对	周晓东
责任印制	王　超

出　　版	中国社会科学出版社
社　　址	北京鼓楼西大街甲 158 号
邮　　编	100720
网　　址	http://www.csspw.cn
发 行 部	010-84083685
门 市 部	010-84029450
经　　销	新华书店及其他书店
印　　刷	北京明恒达印务有限公司
装　　订	廊坊市广阳区广增装订厂
版　　次	2020 年 3 月第 1 版
印　　次	2020 年 3 月第 1 次印刷
开　　本	710×1000　1/16
印　　张	16.5
插　　页	2
字　　数	302 千字
定　　价	86.00 元

凡购买中国社会科学出版社图书，如有质量问题请与本社营销中心联系调换
电话：010-84083683
版权所有　侵权必究

前　言

　　本书面向新时代中国创新发展和经济结构转型升级的重要"引擎"——中小企业，紧扣中小企业面临的如何获取创新优势的问题，以中小企业创新活动主体——知识员工为研究对象，以新型雇佣关系框架下知识员工心理契约变迁的突出问题为切入点，以可雇佣性理论与心理契约理论融合为突破口，提出"知识员工可雇佣型心理契约"这一新的概念，并基于这一视角解析中小企业创新效能的前因机制。具体研究目标包括：以中小企业创新效能为导向，明晰知识员工可雇佣型心理契约研究的解释视角，为解析中小企业创新效能动力机制提供可靠的研究角度；识别中小企业知识员工可雇佣型心理契约的内涵与要素构成模式，为探究知识员工可雇佣型心理契约的驱动效应提供稳健的构念基础框架；以实现中小企业的创新优势为目标，总结知识员工可雇佣型心理契约对中小企业创新效能的驱动机理，明晰关键变量界定、变量之间关系结构及其边界条件；阐释并升华研究结论对中小企业进行知识员工可雇佣型心理契约管理、企业创新管理以及对区域创新驱动发展影响的理论价值和实践价值。

　　本书所提炼的研究问题为：在新时代的中国中小企业与知识员工之间的新型关系模式下，中小企业如何通过知识员工可雇佣型心理契约的有效管理获取创新优势？研究在明确如下前提的基础上展开：（1）中小企业与知识员工之间的新型关系模式强调了可雇佣性理论与心理契约理论相融合的必要性，基于此提出的"知识员工可雇佣型心理契约"这一新的概念从个体微观层面角度反映了中小企业突破动态环境变化的束缚以应对组织变革的创新能力；（2）知识员工作为中小企业自主创新的主体，环境束缚在很大程度上通过知识员工可雇佣型心理契约的途径影响其个体创新的态度和行为，进而作用于中小企业的创新效能；（3）有效管理知识员工可雇佣型心理契约，才能为中小企业带来创新优势。鉴于此，本书基于可雇佣性理论、心理契约理论、利益相关者理论、社会比较理论等，遵循

"明晰研究主题的解释视角→明确研究变量的界定和外延边界→解析驱动效应的变量间关系结构→阐释结论的理论价值和实践意义"这一极具探索性的逻辑,以融合探索性研究和解释性研究的混合式研究方案,结合研究问题,导入理论研究、质性研究、调查数据的实证性研究、计算机仿真实验、元分析等多元化研究方法,从而对知识员工可雇佣型心理契约视角下的中小企业创新效能动力机制加以层层深入的剖析。

本书所取得的研究成果包括:知识员工可雇佣型心理契约的内容结构和形成机理,知识员工可雇佣型心理契约通过组织犬儒主义、组织认同进而对其个体退出、建言、忠诚、漠视行为整合模型的内在作用机理以及对中小企业创新效能的驱动机制。在此感谢所在单位齐鲁工业大学(山东省科学院),感谢齐鲁工业大学人文社科优秀成果培育管理办法计划的支持。

本书研究的创新之处主要有:(1)指明了为获取中小企业创新优势的知识员工可雇佣型心理契约研究的解释视角。通过围绕心理契约认知共性因素和心理契约形成致因的混合重复实验、采用库格技术和多向式主题分析的访谈研究、秉承扎根理论的内容分析,辨析知识员工可雇佣型心理契约形成的影响要素及路径,经实证检验,探明知识员工可雇佣型心理契约形成逻辑,从中明晰这一新型心理契约研究的解释视角,为解析"基于知识员工可雇佣型心理契约的中小企业创新效能创造机制"这一极具探索性的问题指明研究角度。(2)提出了中小企业知识员工可雇佣型心理契约的内容结构。采用库格技术和多向式主题分析进行访谈研究,基于扎根理论提炼中小企业知识员工可雇佣型心理契约维度的探索性框架,通过结合理论论证的概念模型构建、实证检验的拟合和判定,提出了有别于一般员工心理契约的中国中小企业知识员工可雇佣型心理契约的内容结构,为从多个面向解析知识员工可雇佣型心理契约的驱动效应提供关键构念的分析框架。(3)提出了知识员工可雇佣型心理契约对中小企业创新效能的驱动机理。通过心理契约研究文献的元分析和扎根于实地的质性研究,提炼本书研究主题的探索性架构,进而经由研究模型建构和实证检验,以及定性分析和定量分析两个角度展开验证性案例研究的对比论证,总结知识员工可雇佣型心理契约对中国中小企业创新效能的驱动机理,真正为中小企业实现创新优势提供有针对性的理论依据和指南,借此更为如何促进区域创新驱动发展提供了一个新的思路。

本书研究的理论价值主要体现在：（1）明晰中小企业知识员工可雇佣型心理契约研究的解释视角。研究视角的明晰是中小企业知识员工可雇佣型心理契约研究的重要前提，能够为打开相关问题的"黑箱"提供线索。探明知识员工可雇佣型心理契约形成的驱动逻辑就是找到这一研究视角的有效途径，这既是本书研究的逻辑出发点，又是必须先行解决的重要问题，对化解以往心理契约研究在采用雇佣双边抑或单边视角方面存在的分歧指出了一条新路。（2）完善中小企业知识员工可雇佣型心理契约的内容结构探究。结合中小企业特征，扎根性地探索其知识员工可雇佣型心理契约的内容结构究竟是什么，能解决以往因研究情境、研究对象、研究维度、研究角度等理解不同或不够深入所导致的对心理契约维度理解上的差异以及由此产生的对心理契约概念界定的分歧，识别知识员工可雇佣型心理契约与一般员工心理契约的异同，有针对性地给出中国中小企业知识员工可雇佣型心理契约的要素构成模式。（3）充实相关理论，为中小企业创新管理和发展提供重要的理论依据。通过审视知识员工对企业可雇佣性责任履行的认知和评价来思考如何维系个体与企业之间的关系，不仅利于中小企业对知识员工可雇佣型心理契约相关问题的探索，丰富可雇佣性理论与心理契约理论，还能够为企业创新管理理论作一有益补充，为企业可持续创新发展提供重要理论依据。

本书研究的实践价值表现在：为中国中小企业如何从知识员工可雇佣型心理契约的有效管理中获取企业创新优势以及实现其社会效应转化提供指南。中小企业要在动态环境下获取创新优势，就势必面对提升知识员工创新能力的选择，然而日渐重要的焦点是，目前中小企业不可避免地面临知识员工创新能力难以带来企业创新优势的困惑。解决这一问题，就要聚焦企业自主创新的主体，以阐明知识员工可雇佣型心理契约为突破口，找到对企业创新效能的驱动机理，有效干预知识员工对企业可雇佣性责任的心理体验，从而改善知识员工可雇佣型心理契约变迁所产生的企业创新效能的低落。因此，基于知识员工可雇佣型心理契约视角解析企业创新效能动力机制是中小企业获取创新优势的关键，能够进一步助推区域创新发展和经济增长新动力集聚，对创新型国家建设具有重要的实践意义。

相　飞
齐鲁工业大学（山东省科学院）

目　　录

第一章　绪论 …………………………………………………………（1）
　第一节　研究问题的提出 ……………………………………………（1）
　第二节　研究思路及方法 ……………………………………………（5）
　第三节　研究内容及结构 ……………………………………………（7）
　第四节　创新点 ………………………………………………………（9）

第二章　文献综述 ……………………………………………………（11）
　第一节　心理契约研究综述 …………………………………………（11）
　第二节　心理契约与可雇佣性相结合的研究综述 …………………（19）
　第三节　心理契约相关理论概述 ……………………………………（28）
　本章小结 ………………………………………………………………（33）

第三章　中小企业知识员工可雇佣型心理契约动力机制及结构模型
　　　　　探析 ………………………………………………………（36）
　第一节　研究目的与方案 ……………………………………………（36）
　第二节　理论基础与研究框架 ………………………………………（40）
　第三节　研究方法与数据来源 ………………………………………（44）
　第四节　案例分析与理论建构 ………………………………………（51）
　本章小结 ………………………………………………………………（74）

第四章　中小企业知识员工可雇佣型心理契约动力机制及结构模型的
　　　　　实证研究 …………………………………………………（76）
　第一节　研究方法与分析工具 ………………………………………（76）
　第二节　问卷设计与小样本测试 ……………………………………（79）
　第三节　正式调研与假设检验 ………………………………………（102）

本章小结 …………………………………………………………（117）

第五章　基于元分析的中小企业知识员工可雇佣型心理契约效应解析 …………………………………………………（118）
　　第一节　基于元分析的我国员工心理契约效应研究 …………（118）
　　第二节　基于元分析的中小企业知识员工可雇佣型心理契约效应探析 ……………………………………………………（125）
　　本章小结 …………………………………………………………（141）

第六章　中小企业知识员工可雇佣型心理契约对企业创新效能影响的实证研究 …………………………………………（142）
　　第一节　问卷设计与小样本测试 ………………………………（142）
　　第二节　正式调研与假设检验 …………………………………（154）
　　本章小结 …………………………………………………………（176）

第七章　知识员工可雇佣型心理契约对中小企业创新效能影响的个案研究 ……………………………………………（177）
　　第一节　研究设计与分析方法 …………………………………（177）
　　第二节　企业背景与数据来源 …………………………………（177）
　　第三节　案例分析与结果讨论 …………………………………（179）
　　第四节　研究结论与管理启示 …………………………………（210）
　　本章小结 …………………………………………………………（216）

第八章　基于知识员工可雇佣型心理契约的中小企业创新效能提升应用研究 …………………………………………（217）
　　第一节　知识员工可雇佣型心理契约的组织态度与行为效应验证 ……………………………………………………（217）
　　第二节　知识员工可雇佣型心理契约对中小企业创新效能的驱动机理验证 ………………………………………（222）

第九章　总结与展望 ……………………………………………（227）
　　第一节　研究结论 ………………………………………………（227）

第二节　研究贡献 …………………………………………（229）
第三节　研究局限 …………………………………………（232）
第四节　研究展望 …………………………………………（233）

附　录 …………………………………………………………（235）
　　中小企业知识员工可雇佣型心理契约的组织效应研究访谈
　　　内容 ……………………………………………………（235）
　　中小企业知识员工可雇佣型心理契约的组织效应研究调查
　　　问卷 ……………………………………………………（236）

参考文献 ………………………………………………………（243）

后　记 …………………………………………………………（255）

第一章 绪论

第一节 研究问题的提出

一 研究背景

中国进入新时代，为适应国内外经济形势新变化，要着力增强创新驱动发展新动力。工业和信息化部等 16 部门联合印发《关于发挥民间投资作用 推进实施制造强国战略的指导意见》，提出构建和谐劳动关系、激发各类人才创造力、切实增强企业发展活力的保障措施。面对新的历史机遇，中小企业实现创新优势迫在眉睫，这就要重点关注其创新活动的"主力军"——知识员工。但是，处于高动态不确定性环境中的中小企业受限于内在创新驱动力不足，总是面临着如何获取创新效能的困惑。解决这一问题就需要围绕中小企业创新价值的创造机制，聚焦于企业创新主体——知识员工，深入知识员工行为产生的心理认知层面，才能从根本上找到答案。

以心理契约作为员工与组织间关系构筑的基本分析框架由来已久。20 世纪 60 年代以来，Agris（1960）首次提出"心理的工作契约"，之后 Levinson（1962）第一次在学术界正式提出"心理契约"的专业术语，并将之界定为员工与组织间关系缔结进而在彼此间形成的一组期望和信念。Rousseau（1989）关于心理契约问题的研究可谓该领域的一项突破性进展。她不仅对心理契约的概念及其边界进行了界定，还提出了基于个体微观层面视角对心理契约问题进行阐释的观点。其研究团队通过理论探索与实证性研究对心理契约问题进行了较为系统的讨论，并发现，员工对组织责任的期望实质上就是组织对员工所宣导的组织会向员工履行的责任，因此，可以仅从员工个体的视角来审视雇佣双方之间的心理契约，进而对员工与组织间的关系进行评价。除了心理契约的概念和边界，学者还针对心理契约的维度结构进行了深入研讨，相继取得了心理契约的单维结构、二维结构、三维结构、四维结构和多维结构的研究成果。其中，Rousseau 及其同事（1990）从员工个体视角围绕员工与组织关系进行了心理契约内容结构探索，通过对雇佣双方之间相互期望和信念的探测，得出了交易型心理契约、关系型心理契约的二维结构。之后，还有研究者提出了团队成员维度、心理契约的个体发展维度等研究成果。随着我国的劳动人事制度改革，组织性质发生了根本性变化，员工与组织间的关系也不断演变，且呈现出大不同于以往之势。特别是随着经济结构转型的大规模推进，传统的从一而终的服务于一个组织的现象逐渐被员工自我职业管理所取代，员工与组织间的关系骤变势必在员工内心深处掀起波澜。在这种情况下，学术界与实务界亟须能够解释员工与组织间关系的基本分析框架，经典的心理契约理论为此提供了有益启示。然而，西方理论的本土化需要经历扎根于真情实景的印证和检验，结合了本土管理实践性质加以验证且具有理论价值和实践应用意义的研究成果才能应用于本土学术界和实务界以便作为参考依据。在该领域，我国学者李原等（2006）、朱晓妹和王重鸣（2005）、陈加洲等（2004）都以本土文化为背景，分别结合特定研究情境，从各自兴趣角度出发，围绕心理契约概念的界定、心理契约的维度结构和内涵特征等展开了不同程度的理论探索与实证性分析，相应提出心理契约的二维结构（关系型维度、交易型维度）、三维结构（关系型维度、交易型维度、发展型维度）等观点结论，其中，朱晓妹和王重鸣（2005）专门选取知识员工为研究对象，而除了陈加洲等（2004）以我国贵州地区问卷调查数据为基础得出的心理契约的二维结构，其他研究者大多支持以员工与组织间关系的关系性质、交易性质、个体发展性质为基础构筑的心理契约的三维结构。

目前，经济发展新时代的步伐大踏步前进，中小企业作为经济发展的重要"引擎"，承载着创新型国家建设的脊梁。而经济快速发展势必带来社会经济形势变迁，处于这种高度动态不确定性环境中的中小企业时刻面临着如何突破现状、快速应变的运行压力，创新就是应对这些种种压力的有效途径。外部环境迁移所带来的组织内部情境变化使得员工与组织间的关系显著不同于以往，以可雇佣性发展为核心元素的员工—组织关系需要充分考虑个体可雇佣性开发，这就要求将可雇佣性元素导入员工与组织间缔结的心理契约。鉴于知识员工和企业之间的关系对于中小企业创新价值实现的重要意义,并结合这种关系在新时代下的可雇佣性取向特征,从其经典分析框架——心理契约理论着手,导入能够对个体职业价值进行诠释的可雇佣性理论,结合基于心理契约的不同内涵和程度所凝结的对组织形成的情感归属、心理依附、组织成员角色的自我概念进行解释的利益相关者理论和社会比较理论,来展开相关理论的对比论证,进而探索知识员工心理认知和内在体验所产生的组织态度与行为效应以及对企业创新效能实现的作用,就是预测企业创新价值的有效途径。因此,本书将可雇佣性理论与心理契约理论进行有机结合,尝试提出"知识员工可雇佣型心理契约"这一新的概念,力图基于这一新的研究视角来揭示新时代下的我国中小企业创新效能的动力机制。

综上,针对新时代下中国创新驱动和经济升级的重要"引擎"——中小企业所面临的如何获取创新优势的紧迫问题,本书以其知识员工心理契约变迁的突出问题为切入点,以可雇佣性理论与心理契约理论的融合为突破口,提出"知识员工可雇佣型心理契约"这一新的概念,并基于这一新型视角洞悉中小企业创新效能的动力机制。具体研究目标包括:以中小企业创新效能为导向,明晰知识员工可雇佣型心理契约研究的解释视角,为解析中小企业创新效能的动力机制提供科学、稳健的研究角度;识别中小企业知识员工可雇佣型心理契约的内涵特征与要素构成模式,为探究其驱动效应提供科学、稳健的构念基础框架;以实现中小企业创新优势为目标,总结知识员工可雇佣型心理契约对中小企业创新效能的驱动机理,明晰关键变量界定、变量间关联结构及其边界条件;阐释并升华研究结论对于知识员工可雇佣型心理契约管理、企业创新管理以及区域创新驱动发展的理论价值和实践应用意义。

二 研究意义

基于新时代我国中小企业与其知识员工之间的关系有别于以往传统模式,即以员工个体的自我职业管理取代了以效忠于组织来换取终身工作保障,致使中小企业与知识员工间的关系逐渐发展为可雇佣性导向。相应地,知识员工与中小企业间构筑的心理契约也显著不同于以往。鉴于此,本书将可雇佣性理论与心理契约理论相结合,尝试提出"知识员工可雇佣型心理契约"这一新的概念,且以知识员工可雇佣型心理契约的形成、内容结构阐清作为本书研究的切入点,以经典的心理契约理论、描绘组织与员工间社会交换关系的利益相关者理论，以及员工用以评价和判断自我价值、工作投入、组织角色扮演的社会比较理论为理论基础，试图通过对知识员工可雇佣型心理契约的组织态度与行为效应以及对组织结果影响的剖析，揭示新时代下中小企业如何通过知识员工可雇佣型心理契约的有效管理来获取企业创新效能。基于此，以阐明知识员工可雇佣型心理契约作为研究的切入点找到当前我国中小企业创新效能驱动机制是企业实现创新优势的关键，能够助推区域经济转型升级和新动力凝聚，对地区经济乃至创新型国家建设而言，都极具如下理论与实践价值。

第一，明晰中小企业知识员工可雇佣型心理契约研究视角。研究视角的明晰是中小企业知识员工可雇佣型心理契约研究的重要前提，能够为打开相关问题的"黑箱"提供线索。探明知识员工可雇佣型心理契约形成的驱动逻辑就是找到其研究视角的有效途径，不仅是本课题的逻辑出发点，更是必须先行解决的重要问题，对化解以往心理契约研究中采用雇佣关系双边视角抑或雇佣关系单边视角的分歧指出一条新路。

第二，完善中小企业知识员工可雇佣型心理契约的内涵结构探究。结合中小企业的环境特征，扎根实地地探索企业知识员工可雇佣型心理契约的内涵结构究竟是什么，能够解决以往因研究情境、研究对象等理解不同或阐释不够深入所导致的心理契约维度的差异以及由此产生的对心理契约概念界定的分歧，识别知识员工可雇佣型心理契约与一般员工心理契约的异同，有针对性地给出中国中小企业知识员工可雇佣型心理契约的要素构成模式。

第三，为中小企业打造内在创新机制提供重要的理论支撑。通过审视知识员工对企业可雇佣性责任履行的认知和评价来思考如何维系个体与企业之间的关系，不仅利于中小企业对知识员工可雇佣型心理契约问题的探索，丰富可雇佣性理论与心理契约理论，还能为企业创新管理理论作一有益补充，为企业可持续创新发展提供重要的理论依据。

第四，为中小企业如何从知识员工可雇佣型心理契约管理中获取创新优势及其社会效应转化提供指南。中小企业要在动态环境下获取创新优势，就势必面对提升知识员工创新能力的问题。对这一问题的求解，亟须聚焦于中小企业创新的主体，以阐明知识员工可雇佣型心理契约作为突破口，找到对企业创新效能的驱动机理，有效干预知识员工对企业可雇佣性责任履行的心理体验，从而改善知识员工可雇佣型心理契约变迁所产生的企业创新效能低落。因此，基于知识员工可雇佣型心理契约视角来解析企业创新效能动力机制是中小企业获取创新优势的关键，并能进一步助推区域创新发展和经济增长新动力集聚，对创新型地区和国家建设具有重要的实践价值。

第二节 研究思路及方法

一 研究思路

本书针对新时代我国中小企业亟待提升创新效能的问题，聚焦中小企业创新活动的"主力军"——知识员工，以知识员工可雇佣型心理契约对企业创新效能驱动机制为逻辑线索，试图找到中小企业创新优势实现的有效途径。本书在明确以下前提的基础上展开：（1）中小企业与知识员工间的新型关系模式强调了可雇佣性对于和谐雇佣关系构筑的重要意义，基于此提出的"知识员工可雇佣型心理契约"概念从微观角度反映了中小企业突破环境束缚以应对变革的创新能力；（2）知识员工作为中小企业创新的主体，环境束缚在很大程度上通过其可雇佣型心理契约影响其创新的态度和行为，进而作用于中小企业创新效能；（3）有效管理知识员工可雇佣型心理契约，才能够为中小企业带来创新优势。本书遵循"明晰主题的研究视角→明确研究变量的界定→解析驱动效应的变量间关系结构→阐释结论的理论价值和实践应用价值"这一极富探索性的解析逻辑，展开四项子研究（见图1-1），从而对知识员工可雇佣型心理契约视角下中小企业创新效能动力机制加以层层深入剖析。

二 研究方法

本书以融合探索性研究和解释性研究的混合式研究方案，导入多元研究方法。

（一）理论研究

包括对现有理论和国内外研究结果的理论演绎以及对实验数据、访谈信息和调查材料等经验数据的理论归纳，以探索知识员工可雇佣型心理契约的形成过程、内容结构以及对中小企业创新效能驱动机理概念模型，探寻与研究主题相匹配的解释视角。

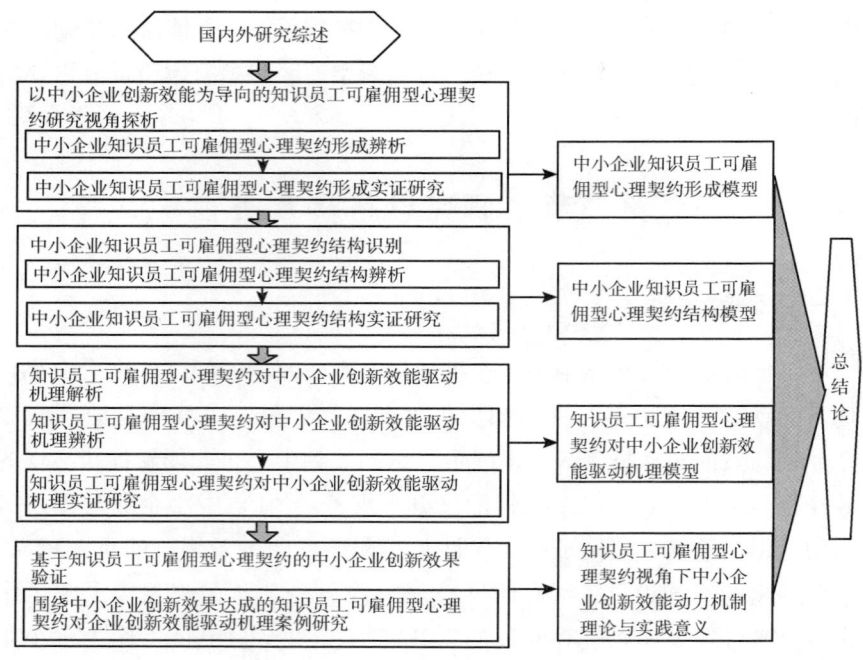

图1-1 本书研究的基本思路

(二) 实证研究

由探索性案例研究、定量实证研究和验证性案例研究三大部分构成,结合研究问题需要,采用如下方法。

(1) 混合因素设计的实验研究。情景模拟实验法具有将很长一段时间内发生的事件"浓缩"到很短时间内的"见效快"优势,有助于从个体认知视角挖掘心理图式的动态变化轨迹,并且被试间实验能够规避干扰因素的影响,因此,首先进行控制效果验证,对假定实施不同政策的企业选取薪酬、晋升、学习机会等重要且共性因素进行重复测量的方差分析,以保证实验控制有效,再结合理论分析,以企业层面上的真实工作预览、组织社会化和个体层面上的工作价值观、创新效能感作为研究的切入点来设计实验情景,作为组间因素,每种情景下又历经不同的阶段,作为组内因素,每位实验对象(知识员工)都接受不同阶段情景处理的混合重复实验,对知识员工可雇佣型心理契约的前置影响因素进行预判,为探究知识员工可雇佣型心理契约的形成机理提供理论线索,初探本书研究主题的解释视角。

（2）质性研究。在实验研究、元分析基础上，通过基于库格技术的访谈研究、扎根理论方法的理论抽样，提炼具有本土特色的关键构念，对构念之间的关系结构与主题进行多向式分析，深化对本书研究主题的解释视角的认识，分别构建起知识员工可雇佣型心理契约的形成机理、内容结构以及对中小企业创新效能驱动机理的探索性架构。

（3）元分析。借助元分析的客观性优势，进行心理契约国内外理论、研究成果和文献的系统性循证量化综述，归纳心理契约效应的探索性架构，为细化本书的研究问题、提炼研究模型提供理论线索。

（4）调查数据的定量研究。展开问卷调查，进行变量操作化并建构效度检验，运用具有嵌套数据关系解释优势的多层线性模型对涵盖企业、个体两个层面因素的研究模型进行变量之间结构模型的假设检验，分别得出知识员工可雇佣型心理契约的形成机理、结构模型以及对中小企业创新效能驱动机理模型。

（5）仿真建模分析。遵循验证性案例研究设计，对源自案例企业的一手数据进行计算机仿真建模和分析，旨在与实地调查的定性分析进行对比讨论和理论论证，验证知识员工可雇佣型心理契约对中小企业创新效能驱动机理模型，阐释本书结论的理论价值和实践应用价值。

第三节　研究内容及结构

本书由九章组成，包括如下主要内容。

第一章为绪论。阐述本书的研究背景和研究意义、研究问题提出的基本思想、拟采用的研究方法和基本思路、研究内容与结构、章节组织安排及创新之处。

第二章为文献综述。本章基于研究问题对以往研究成果、观点、结论进行了系统回顾，旨在总结以往研究的优势与不足，找到有待进一步探索的研究空间，为本书研究工作提供理论基础。除了回顾心理契约的内容结构、内涵特征、形成、动态发展及其组织效果的研究成果，本书还拟围绕心理契约经典理论、组织—员工间交换关系解释的相关理论、员工对于组织身份认知解释的相关理论、员工对于职业价值感知解释的相关理论等展开文献研究。

第三章进行了新型雇佣关系模式下知识员工可雇佣型心理契约形成与内容结构探析。秉承扎根理论思想，采用案例研究，基于新时代新型雇佣关系模式，探析知识员工可雇佣型心理契约的前因和内容结构，提出我国中小企业知识员工可雇佣型心理契约形成机理和内容结构模型的假设命题，以个体微观层面视角，形成对知识员工可雇佣型心理契约内涵特征的初步理解。

第四章对新型雇佣关系模式下知识员工可雇佣型心理契约形成与内容结构进行了实证研究。在以上知识员工可雇佣型心理契约形成机理和内容结构的理论模型建构基础上，采用定量实证性研究方法，通过对调查数据展开 SPSS 软件运行的信度效度分析、修正题项后总相关分析、主成分分析、探索性因子分析以及 SmartPLS 软件运行的测量模型和结构模型分析，对研究变量进行操作化，对研究变量间关系结构假设进行实证性检验，从而提出与新时代我国中小企业环境特征相匹配的知识员工可雇佣型心理契约形成机理和内容结构，证实以个体微观层面视角来解释知识员工可雇佣型心理契约的组织效应问题的科学性与稳健性，也为接下来展开知识员工可雇佣型心理契约的组织态度与行为效应研究提供了基础构念框架。

第五章基于元分析的知识员工可雇佣型心理契约对中小企业创新效能驱动机理进行了探析。首先针对心理契约国内外研究成果、结论文献展开量化循证性分析，并结合现有理论的对比分析，提出心理契约的组织心理与行为效应探索性架构，为接下来解析知识员工可雇佣型心理契约的后置组织效应提供理论参考依据。然后基于新时代我国中小企业的环境特征，秉承扎根理论思想，通过探索性案例研究途径，对调查信息进行定性分析与定量分析，提出知识员工可雇佣型心理契约对中小企业创新效能驱动机理理论模型及相应的研究假设。

第六章基于知识员工可雇佣型心理契约对中小企业创新效能驱动机理进行了实证研究。在以上知识员工可雇佣型心理契约对中小企业创新效能影响作用机制的理论模型建构基础上，采用定量实证性研究方法，通过对调查数据展开 SPSS 软件运行的信度效度分析、修正题项后总相关分析、主成分分析、探索性因子分析以及 SmartPLS 软件运行的测量模型和结构模型分析，实现研究变量操作化，并对研究变量间关系结构假设进行实证性检验，从而提出知识员工可雇佣型心理契约对中小企业创新效能驱动机理模型，解答了本书所关注的研究问题，找到了我国中小企业创新效能得以持久驱动的活力之源。

第七章基于知识员工可雇佣型心理契约对中小企业创新效能驱动机理进行了案例研究。采用验证性案例研究方法，围绕以上研究结果（即知识员工可雇佣型心理契约对中小企业创新效能驱动机理模型）的外部效度问题展开讨论。通过导入定性分析和定量分析的案例研究，对代表性案例企业展开分析，在检验以上研究结果的同时，阐释其理论价值，丰富可雇性理论、心理契约理论等相关理论建构。

第八章基于知识员工可雇佣型心理契约对中小企业创新效能提升进行了应用研究。基于本书研究结果，选取典型案例企业，以其知识员工可雇佣型心理契约形成、内容结构及其组织行为效应作为研究内容，采用定性分析与定量分析融为一体的验证性案例研究方法，在进一步检验本书研究结果的外部效度的同时，升华研究结论的理论价值，并提出其实践指导意义。

第九章为总结与展望。总结研究结论，围绕中小企业所面临的创新能力持续提升的紧迫问题，对本书研究结果中知识员工可雇佣型心理契约对于中小企业创新效能影响的作用机制进行概括，进而针对如何通过知识员工可雇佣型心理契约有效管理的途径来促进中小企业创新优势实现，提出对策与建议。另外，还就本书研究中存在的不足及有待改进之处进行归纳，提出未来研究展望。

第四节　创新点

本书主要取得如下创新性成果。

（1）明确了为获取中小企业创新优势的知识员工可雇佣型心理契约研究的解释视角。通过围绕心理契约认知共性因素和形成致因的混合重复实验、采用库格技术和多向式主题分析的访谈研究、秉承扎根理论的内容分析，辨析知识员工可雇佣型心理契约的影响要素及路径，经实证检验，探明知识员工可雇佣型心理契约的形成逻辑，从中明晰这一新型心理契约的研究视角，借此，为解析"基于知识员工可雇佣型心理契约的中小企业创新效能创造"这一极具探索性的问题指明了研究角度。

（2）提出中小企业知识员工可雇佣型心理契约的内容结构。采用库格技术和多向式主题分析进行访谈研究，秉承扎根理论思想来提炼中小企业知识员工可雇佣型心理契约维度探索性框架，通过结合理论论证的概念模型构建、实证检验的拟合和判定，提出有别于一般心理契约的中小企业知识员工可雇佣型心理契约的内容结构，为从多个面向解析知识员工可雇佣型心理契约的组织驱动效应提供关键构念基础框架。

（3）提出知识员工可雇佣型心理契约对中小企业创新效能驱动机理。通过心理契约国内外文献的元分析和质性研究，提炼本书研究主题解析的探索性架构，进而经由研究模型建构和实证检验，以及定性分析与定量分析两个方法角度展开验证性案例研究的对比论证，总结知识员工可雇佣型心理契约对中小企业创新效能驱动机理，真正为中小企业实现创新优势提供有针对性的理论依据和指导，更为如何促进区域创新发展及创新型国家建设拓展了一条新路。

第二章 文献综述

本章从知识员工可雇佣型心理契约的视角,围绕中小企业创新效能动力机制究竟如何产生的问题,对以往相关研究成果进行文献梳理和回顾,从中洞察以往研究的不足之处和颇具理论价值与实践应用价值的研究空间,探寻本书研究工作开展的理论脉络和逻辑线索,从而为本书研究工作开展提供坚实的理论支撑。

第一节 心理契约研究综述

一 心理契约的早期研究

从 20 世纪 70 年代开始,直至 20 世纪 90 年代,Argyris(1960)、Levinson 等(1962)和 Schein(1980)围绕心理契约问题相继展开了卓有成效的研讨。根据他们的研究观点,隐含和未言明的员工、组织、管理者的期望是心理契约形成、内容的重要影响源。事实上,Argyris 于 1960 年就首次在学术界提出并界定了"心理契约"概念。在其著作 *Understanding Organizational Behavior* 中,他将组织描绘成一个鲜活的组织,并且提出,心理契约是一种信息化组织文化的副产品,适用于动态组织系统。他将心理契约界定为员工个体与组织之间隐含的契约,反映了雇佣双方彼此对于对方的期望。

进一步,Argyris(1960)采用半结构化访谈对心理契约概念展开调研。该研究将心理契约概化为主管与其部属之间关于工作绩效和收入标准的双方的、未言明的协议。一般而言,这种关系对于雇佣双方都是互惠的。主管通过满足其部属的需求来表达对部属的关心,例如,向部属承诺足额支付报酬、提供工作安全、工作中给予人格尊重等。其部署通过将生产率维持在主管所期望的标准水平上并且将工作失误降为最低的途径来回馈主管。由此，鉴于雇佣双方之间维系了互惠的交换关系，因此组织行为变得可以预见。按照这个观点，一些学者建议，应该借助访谈来揭示员工关于工作、管理风格、组织信息的心理知觉和体验，从而解析心理契约的内涵特征。

与此同时，Levinson等（1962）基于心理契约理论阐释了员工与其工作之间的交互作用关系。该理论命题的建构源于一家大型企业874名员工的探索性研究，其中，他们调查了工作经历对员工心理健康的影响。尽管Levinson等（1962）采用了与Argyris（1960）相似的研究方法，然而却提取出不同的心理契约概念。Levinson等（1962）指出，期望看似本身就是强制性的，因为雇佣关系是发生在雇佣双方之间互惠的交换关系。他们还提出，心理上或者未写明的契约是雇佣双方期望维系它们之间关系的一种体现，其主要特征有：（1）契约内容是隐含和未言明的；（2）契约内容通常能够预测雇佣双方之间的关系。很显然，他们的研究观点强调了雇佣双方交换关系的强制性特征。他们进一步指出，心理契约是一个用以满足雇佣双方的期望以及满足双方对彼此的需求的过程。这个过程在招聘阶段就开始了，其间，组织和潜在员工（即将入职的员工）发展起彼此的期望，只要雇佣关系存在，这些期望就会继续演化下去。于是，这种互动提供了一种机制，以维系员工的心理平衡、心理成长和个人优势知觉。当机制有助于维系员工的心理平衡感时，这种互动呈现为正向，而反之，互动则呈现为负向。Levinson等（1962）进一步将员工有意持有的期望与无意持有的期望进行区分。有意持有的期望与工作绩效、专属技能应用、工作场所中的社会关系、工作安全和经济性酬劳相关。无意持有的期望包括组织内部、工作团队内部、工作团队与组织之间的小范围的心理契约。而且，这些期望可以被视作"表征了个体与组织间关系的并行协议"。

Schein（1965）对Argyris（1960）的研究观点进行了阐释，Levinson等（1962）进一步又对心理契约的本质特征进行了界定。事实上，这些研究工作都强调了心理契约在理解雇佣关系方面所发挥的重要作用。在1980年出版的经典著作 *Organizational Psychology* 中，心理契约被解释为三个关键构面。Levinson（1980）从一种发展角度理解心理契约，认为在这个发展过程中，雇佣双方在不断转换对于彼此的期望。他进一步提出，心理契约可以理解为总是存在于组织与员工之间的一组未书面明确的期望。

Levinson（1980）还采用 Kahn 等（1964）的理论对组织内部利益相关各方对于彼此的期望以及心理契约是如何满足利益各方之间的相互需求进行了解释。基本上来讲，心理契约被认为是组织中一种内隐的规范条款，每则条款都包含一组期望。于是，组织期望员工努力工作、高激励、对组织忠诚、遵守组织规章制度、甘愿投身于组织目标实现、情愿为组织做出牺牲。相应地，员工期望组织提供公平的酬劳方案、职业生涯晋升机会、健康组合方案、退休养老金、组织自尊和职业价值提升（Kahn et al., 1964；Schein, 1980）。从员工视角来看，组织总是会提出一些非常专属的期望。例如，组织期望员工直到为组织服务相当长一段时间后才终止工作。Schein（1965）的研究提出，员工与组织间的关系是互动的，通过相互间影响和讨价还价来建立一种工作契约。基于此，雇佣关系双方一旦建立并确定了契约关系，双方之间的交换关系即刻缔结，因此，心理契约可以理解为一种激励。他进一步指出，对员工激励的效果取决于两个条件：员工对于组织的期望程度与从组织获得的回报相匹配；员工对于组织的期望程度与实际发生的与组织的交换关系，例如，因花费时间去工作而获得金钱补偿，因努力工作和组织忠诚而获得社会需求满足和工作保障，因高工作绩效而获得挑战性工作机会和自我职业价值提升的机会等。

Kotter（1973）将心理契约定义为员工与组织之间的一种隐含契约，它界定了雇佣关系中的一方期望对另一方付出，并且从另一方获得哪些回报。通过对90位新入职中层经理的调查，Kotter（1973）发现了几个期望领域：个人发展机会、工作安全、为组织价值和目标实现而付出努力、与团队一起工作的能力、环境适应性、工作兴趣、工作成就感。进一步地，他按照与员工和组织期望是否一致，将心理契约划分为两种类型，即匹配型期望或不匹配型期望。其中，匹配型期望能够带来高工作满意度、高工作效率、低离职倾向。Kotter（1973）的研究观点可以概括为：（1）雇佣关系起始阶段的契约形成是非常重要的；（2）关于员工与组织期望的清晰理解有助于构筑良好的心理契约；（3）心理契约形成的关键是达到一种期望匹配状态；（4）通过讨论期望内容，雇佣关系双方可以更好地了解彼此。借此，Kotter（1973）对组织提出了针对性的建议，例如，有效的招聘计划、培训方案、沟通渠道建设等，而加强主管人员的工作能力对于构筑健康的心理契约而言至关重要。

Dunahee 和 Wrangler（1974）通过案例研究得出，期望被包含在员工与上级主管之间关系维系的心理契约当中。借此，一种开放和信任的环境必须营造以便雇佣关系双方能够讨论彼此的期望并可以展开磋商。负面组织行为包括缺勤、早退、工作拖延、工作期间开小差、低工作效率、反组织公民行为、工作暴力行为、非正式组织集会、无端中断工作等，这些都源于心理契约破裂。他们还提出，员工会产生积极行为和消极行为的主要原因是要维系与组织之间关系的平衡。

Portwood 和 Miller（1976）展开了心理契约研究领域的首个纵向研究，他们聚焦于员工对于心理契约破裂的反应，并将心理契约视作"雇佣双方的一种隐含的协商一致达成的契约，通常自员工入职时就开始缔结，在服务于组织期间，一直作为雇佣关系双方对于彼此责任的认知"。他们研究发现，组织的责任通常以组织政策和规制来体现。而员工也会对组织责任履行进行评价，若评价结果与个体对组织的期望不相吻合，甚至出现低于期望值的情况，那么一种心理契约违背感知或者对于雇佣关系不平等的心理体验就会萌生，进而导致员工的负面组织行为。然而，当员工的期望得到满足时，正向组织态度和行为（如工作满意度、工作绩效）则相应招致。

通过以上研究，很显然，心理契约被界定为雇佣关系双方之间对于彼此应履行的责任和应承担的义务。在该领域的早期研究阶段，学者主要聚焦于心理契约内容的阐释。学者尝试采用心理契约概念来解释雇佣关系问题。在雇佣关系缔结的最开始阶段，雇佣关系双方之间的有效沟通和相互信任的建立对于心理契约构筑至关重要。然而，20 世纪 60—70 年代，心理契约研究仍然存在一定局限性。在最开始关于心理契约概念研究的努力尝试之后，20 世纪 80 年代迎来了心理契约研究的新一轮热潮，特别是关于心理契约违背议题，尤其受到了学术界和实务界的广泛关注。

20 世纪 80 年代，组织内外部环境动态更迭（如经济发展不稳定，高度竞争，组织战略必须通过组织重组、机构精简、裁员、组织合并和兼并以适应不断扩大的市场份额和市场竞争优势等）日益频繁（Greenhalgh, 1982; Morinn and Cabrera, 1991）。*The New York Times* 统计数据显示，1979—1995 年工作离职人数为 4300 万。按照这组数据规律，1987—1992 年，全球财富千强公司中有 85% 裁掉了专业技术人员（Uchitelle and Kleinfiels, 1996）。基于此，学者意识到，工作不安全、工作保障性下降既是组织变革的见证（Greenhalgh and Rosenblatt, 1984），又会导致负面的组织态度与行为，如工作满意度降低、组织承诺减少、离职倾向增加（Ashford et al., 1989；Davy et al., 1991）、心理不健康（Cameron et al., 1987）。这些负面的组织态度与行为会影响员工和组织双方的利益，进而导致雇佣关系双方之间心理契约变迁。于是，越来越多的学者将研究精力投入心理契约的动态发展。

Carnegie-Mellon 大学的 Rousseau 教授，是自 20 世纪 80 年代以来，在变化的工作环境中研究心理契约问题的最具影响力的学者。Rousseau (1995) 将心理契约界定为"在组织工作当中形成，关于员工与组织之间交换关系内容的个人信念"。当员工认为自己需要向组织做出贡献（如努力工作、忠诚于组织、为组织牺牲个人时间），并因此应获得组织酬劳（如高工资、工作安全、工作保障）时，这些个人信念就会形成。因为心理契约包含信念、责任，因此取决于雇佣双方的交换关系（Rousseau，1995）。按照这一理论观点，心理契约是一种由多个面向组成的个人层面上的构念，涵盖了个体所感知到的互惠责任。基于此，员工会认为组织应支付酬劳以回馈自己对组织投入的工作努力、贡献度、忠诚、公民行为等（Rousseau，1995）。然而，如果员工感知到自己的责任在雇佣关系中双向流动着，那么互惠的感知就会存在。因此，基于组织承诺形成的个人信念可能并不完全被员工所感知到（Rousseau，1989）。

当心理契约是关于雇佣双方责任的主观感知时，理解雇佣关系就可以心理契约来解释，事实上，心理契约还有助于预测员工的组织态度与行为。一般而言，雇佣关系双方自愿就心理契约内容达成协议（即接受雇佣关系得以维系的必备条件，并情愿为之付出努力），基于心理契约的状态，雇佣关系双方的态度和行为是可以预见的。很显然，如果心理契约处于健康维系状态，那么雇佣双方之间的交换关系就是健康的，且雇佣双方的交换行为也是建设性的。另外，高心理契约水平还会产生积极的工作结果和组织效果。然而，在概念化心理契约过程中的关键问题是尚未对心理契约概念形成一致性意见（Thomas and Anderson，1998）。根据 Rousseau 对心理契约概念的界定，学者开始拓宽对心理契约内容特征的研究范畴，进一步将组织责任范围扩展到组织所承诺的所有部分。学者对于各种术语的使用（如期望、信念、感知、承诺、责任）尚未形成一致性意见，也未建立起统一的心理契约定义。幸运的是，Rousseau (1998) 将心理契约概念划分为两类：(1) 个体微观层面上的解释，即员工对组织责任履行的心理期待；(2) 是雇佣关系双方之间互惠的责任而非单纯的期望。

二 心理契约的动态发展

学者所关注的另一个心理契约问题是心理契约破裂和心理契约违背。起初，学者以"履行""不履行"的两个极端性概念来描述责任效果（Robinson et al., 1994）。之后，越来越多的研究者开始关注心理契约履行这个领域，例如，长期服务于组织却没有得到组织最初所承诺的长期工作保障，并因此招致了员工的反生产行为（MchLean Parks and Schmedemann, 1994；Morrison and Robinson, 1997）。于是，在心理契约文献中，通常会发现更多研究关注心理契约破裂和心理契约违背，而非心理契约履行。

当雇佣双方中的一方未履行对方对期待自己应履行的责任时，心理契约破裂就发生了。相对于心理契约履行而言，心理契约破裂是指组织没能履行心理契约中所暗含的组织应向员工履行的责任时员工所感知到的负面心理体验（Morrison and Robinson, 1997）。基于此，心理契约破裂表征了员工将组织实际履行责任与组织承诺本应履行责任进行对比后形成的一种主观认知。Rousseau（1995）提出，员工越严密地考察组织的行为，就越会感知到更多的心理契约破裂。Robinson 和 Morrison（2000）发现，在之前的组织经历过心理契约破裂的员工在当前岗位上也更可能会报告相同的心理契约破裂。因此，心理契约破裂经历会使员工在下一段工作历程中更易感知到心理契约破裂。

而心理契约违背是指一种情感状态，即当感知到组织未能充分履行心理契约时所形成的一种负面情感。尽管心理契约违背被界定为一种情感经历，然而它事实上源于一种内在的认知过程。Morrison 和 Robinson（1997）指出，虽然心理契约破裂和心理契约违背紧密相关，然而两者依然存在显著区别。事实上，心理契约破裂并非一定会导致心理契约违背，因为雇佣关系可能被其他因素影响或者调节。这些因素有组织信任、组织公正、员工与组织之间发生的交换关系等。然而，1997 年以前，心理契约破裂和心理契约违背这两个术语在许多研究文献中一直被混淆和交互使用（Robinson and Morrison, 1995；Robinson, 1994）。尽管之前已经讨论过心理契约违背，但是对其概念的界定和解释依然存在一定问题。特别是，在实证性研究中，心理契约违背被界定为一种感知，即员工因感知到组织未履行心理契约所涵盖的责任而形成的一种负面情感经历（Robinson and Morrison，1995；Robinson and Rousseau，1994）。另外，心理契约违背这个术语表达了一种远比单纯的负面认知更为强烈的负面情感经历。按照情感研究文献的解释（Oatley，1992），情感反应和认知评价是截然不同的。因此，对于心理契约破裂和心理契约违背之间区别的认知无论从理论层面还是从实证性研究层面都显得异常重要。这是因为，个体感知到心理契约破裂时，未必一定产生心理契约违背，而对于负面的组织效果而言，心理契约违背是较之心理契约破裂更为直接的影响因素（Morrison and Robinson，1997；Robinson and Morrison，2000）。

导致心理契约破裂有诸多原因。Morrison 和 Robinson（1997）注意到，心理契约破裂可能是由于员工或组织单方面发生心理契约违背（即"食言"），或者员工和组织代理人之间在关于相互间应为对方履行责任的理解方面出现分歧（即"不一致"）所致。另外，Rousseau（1995）提出，心理契约破裂使员工或组织不履行责任（即"契约瓦解"）。之后的研究提供了"食言"和"不一致"导致心理契约破裂的典型案例。对于因"食言"导致心理契约破裂的情况，Coyle-Shapiro 和 Kessler（2000）以英国公务员为样本的研究发现，员工与上级主管之间在关于心理契约方面存在一定的一致性意见，即大部分主管人员和员工都认为组织没能向员工履行所承诺的责任。Turnley 和 Feldman（1998）研究显示，报告所在组织经历了明显的机构精简、机构重组、合并、兼并的员工更可能怀有心理契约破裂感。关于"理解不一致"导致心理契约破裂的问题，Porter 等（1998）描述了员工和组织代理人所感知的组织有责任提供工作诱因（如工作自主权、工作认可等）的程度。他们发现，员工和管理人员在组织提供诱因及其实际履行方面的理解上存在分歧。通常来讲，员工更多情况下感觉组织未充分履行责任，并且这种感知与员工的工作满意度呈负相关关系。

一些研究发现，心理契约破裂产生负面组织情绪（Morrison and Robinson，1997）、负向心理契约认知和评价（Robinson et al.，1994；Coyle-Shapiro and Kessler，2002）、低组织信任（Robinson，1996）、低工作绩效（Robinson and Morrison，1995）。Coyle-Shapiro 和 Kessler（2000）在针对公务员心理契约的研究中发现，当组织没能向员工履行应该履行的责任时，员工会减少对组织责任的付出。Robinson 等（1994）研究得出，员工减少了责任履行感的同时，会增加心理契约破裂感。Robinson 和 Rousseau（1994）的一项纵向研究显示，MBA 毕业生中有 55%坦言在入职的两年内感知到心理契约违背。这些调查对象普遍认为，心理契约违背负向影响自己对组织的信任感、满意度、留任倾向。心理契约违背最多会发生在培训学习机会、职业晋升、个人发展、补贴补偿方面。事实上，员工们普遍认为关于心理契约所涵盖的应履行的责任方面，自己亏欠组织的责任很少。

一般来讲，当发生心理契约违背时，员工的反应往往体现在工作态度和行为方面（Robinson and Morrison，2000；Robinson and Rousseau，2000）。事实上，一些研究也证实，心理契约破裂与低组织信任（Robinson，1996）、低工作满意度（Robinson and Rousseau，1994）、低组织承诺（Coyle-Shapiro and Kessler，2000）、低留任倾向（Turnley and Feldman，1999）存在着紧密的相关关系。一些研究更是发现，心理契约破裂和心理契约违背往往相互作用，这种情况往往引致员工调整个人态度和行为以及对组织所履行的责任（Levinson et al.，1962；Robinson and Morrison，1995）。而且，员工可能会采取行动（甚至反组织行为）以保持心理契约重新处于平衡状态（Levinson，1962；McLean Parks and Kidder，1994）。更差的情况是，员工往往会形成消极态度并且敌视所在组织的一切（Anderson，1996）。与此相关，Mcfarlane 和 Tetrick（1994）提出，当员工认为组织违反心理契约时，员工可能采取建言、沉默、回避、退出等组织行为。这意味着，心理契约违背会使员工的组织行为由积极的变为消极的。同时，Turner 和 Feldman（1996）提出了 EVLN（Exit，Voice，Loyalty，Neglect）行为整合模型作为心理契约破裂的组织反应模型的理论分析框架。

另外，如果心理契约破裂是由于雇佣双方对于心理契约内容理解不一致（Morrison and Robinson，1997）或者超出组织控制范围（Rousseau，1995），那么员工追究组织的责任就会较少，即不会认为组织"食言"（Morrison and Robinson，1997）。支持这个观点，Conway 和 Briner（2002）的研究也发现，当员工认为组织责任未履行是由于发生了组织难以控制的情况时，员工就不会感知到心理契约破裂，如不会对组织怀有愤懑的情绪。Turnley 和 Feldman（1999）研究得出，当雇主未履行责任的主要原因是外部客观环境时，负面雇佣关系，如心理契约破裂和离职倾向会减少。

综上，自现有文献普遍从员工主观认知的视角来考察心理契约破裂以来，关注其后置效应机制的研究相对不足。不幸的是，员工对于雇主的心理契约破裂或心理契约违背较少被关注。鉴于心理契约构筑的基础是雇佣双方之间的互惠关系，因此员工责任履行不充分也是一个颇具理论价值和实践价值的议题，需要新的理论知识和组织信息的支撑来加以重新解释。

第二节 心理契约与可雇佣性相结合的研究综述

一 可雇佣性理论与心理契约理论相结合研究的契机

近年来，可雇佣性受到学术界和实务界的广泛关注。一般而言，"可雇佣性"这一术语是指员工能够获得新的工作机会和维系现有工作机会的程度（Hillage and Pollard, 1998）。可雇佣性的概念包含了在劳动力市场中能够实现自我价值从而通过不断获取雇佣机会的途径发展自我潜能的能力。在不断变化的组织环境中以及传统雇佣模式逐渐演变为自我职业管理模式下，可雇佣性成了维系个人可雇佣能力的重要前提和基础（Bonfiglioli et al., 2006; Forrier et al., 2009）。不断变化的政治、社会、经济发展融合在一起的全球化战略迫使组织机构变革势在必行（Rothwell et al., 2009）。在这种情况下，组织不仅需要将机构重组以实现扁平化管理，还要实行更加灵活的团队工作模式，从而有效应对持续变化的组织环境。拥有高可雇佣性的员工是组织适应这种动态不确定性环境变化对于组织结果在数量和结构上都颇具柔性需求的活力之源（Van Dam, 2004; Fugate et al., 2004）。

对于员工而言，以上组织环境变化都使员工—组织关系变得较以往而言更加个性化（更强调雇佣灵活性和高可雇佣性能力）（Van Der Heijden et al., 2009; De Cuyper and De Witte, 2011）。在整个职业生涯中，固定不变的专业技能对于维持积极的工作结果而言越发不足够。更综合性的能力才能使员工灵活自如地应对快速变化着的工作胜任力要求（Van Der Heijden et al., 2009）。一些学者强调了这种发展变化形势的负面影响，如降低组织中员工的工作保障（De Cuyper and De Witte, 2011; Forrier et al., 2009）。员工不再依赖于组织提供雇佣机会，而是感觉到必须不断工作以提升自己的可雇佣性能力。一方面，他们必须不断成长，通过以内部可雇佣性胜任现工作岗位的途径来积极应对组织的工作要求；另一方面，他们必须不断地努力提升外部可雇佣性（De Cuyper and De Witte，2011）。然而，其他研究者认为，个人能力日益提升的稀缺性致使组织内雇员的可雇佣性要求较之以往又有所增强（Ten Brink，2004）。这意味着，员工越来越认为不再有责任忠诚于组织以换取终身工作保障，这种情况下，员工的职业生涯变得不再具有清晰的边界划分或者呈现出动态易变性（Hall and Mirvis，1995；Forrier et al.，2009；Thijssen et al.，2008）。拥有高可雇佣性能力的员工可能会致力于寻找高酬劳、高吸引力或者高自我价值实现的工作（De Grip et al.，2004；Pearce and Randel，2004）。然而，有研究得出，高可雇佣性（如个人发展导向）文化与离职倾向呈负相关关系（Nauta et al.，2009）。总体而言，对于员工来讲，在当下动态多变的组织环境中，能够自我管理职业生涯并且能够维系和不断发展个人可雇佣性显得异常重要（De Cuyper and De Witte，2011；Forrier et al.，2009）。因此，有学者总结道，随着全球新知识经济结构转型，对于员工和组织双方而言，激励员工的可雇佣性能力不断成长是非常有必要的（Rothwell and Arnold，2007）。

那么，究竟什么样的组织能够促进员工可雇佣性，特别是在当下诸多产业都面临着越来越激烈的竞争形势下，很多职业变得颇具吸引力，并且有益于个人可雇佣性能力发展（Aggarwal and Bhargava，2009；Walsh and Taylor，2007；Ten Brink，2004）。在实体经济中，动态多变、打破常规的工作时间（以往朝九晚五制的工作时间早已消失殆尽，取而代之的是加班加点、周末无休），以及灵活的工作时间和工作地点等都使得工作—家庭冲突越来越普遍（Cleveland et al.，2007）。这些工作特征可谓潜在的工作压力，都与离职倾向存在着紧密的相关关系。目前，管理人员离职率提升的问题已经成为实体产业所面临的一项挑战，而知识员工恰恰是这起离职大潮中的主体，知识员工工作异动相应地成为广大实体产业所亟待解决的棘手问题（Blomme et al.，2010；Walsh and Taylor，2007）。因此，人力资源管理者们正在探寻有效的方法和途径，用以保留拥有高可雇佣性的知识员工（Walsh and Taylor，2007）。本书将拥有高可雇佣性的知识员工界定为具有本科以上受教育背景，且具有一定的可雇佣性、自我可雇佣性管理和发展能力的在职员工。已有研究发现，组织若希望保留住这部分员工，就需要向他们提供职业发展机会，而这种职业发展就是以可雇佣性提升为重要前提和基础的（Aggarwal and Bhargava，2009），且组织有责任满足这部分员工对于可雇佣性开发的需求，这也是在当前经济快速发展的形势下，组织能够从竞争激烈的人才市场中吸引和留任知识员工的有效途径。值得注意的是，迄今为止，在实体经济层面上探索知识员工的可雇佣性发展与其心理契约之间关系的研究尚且不足，即便已有的个别研究也依然停留在理论探索阶段，基于稳健的理论分析和演绎，通过探索性研究来透视知识员工对于自我可雇佣性管理和发展的强烈愿望，以及由此投射在与组织间构筑的新型心理契约的内涵特征，并辅之以解释性研究进行验证阐释的系统性研究就更为匮乏。

基于狭义视角的理解，可雇佣性的概念仅包含了知识和技能（Rothwell and Arnold，2007）。然而，对于员工个体来讲，可雇佣性还取决于他们所秉持的工作态度、如何使用知识和技能，以及如何选择将这些知识和技能呈现于组织。另外，可雇佣性取决于个体在寻找工作期间对于特定情境的考虑（如个体实际情况特征和劳动力市场环境条件）（Hillage and Pollard，1998）。而从广义视角来讲，可雇佣性还包括在外部劳动力市场获得工作机会的能力、对于工作迁移的态度和发展自我工作行为的能力（Van Der Heijde and Van Der Heijden，2006；Hillage and Pollard，1998）。这就为理解心理契约与可雇佣性之间的关系提供了理论线索，并进一步为如何从这种关系中搭建有益于我国中小企业创新效能的动力机制奠定了研究基础。

二 可雇佣性理论与心理契约理论相结合研究的重要意义

随着新知识经济时代的大踏步前进，心理契约被视作解释现代员工—组织关系的一种重要的理论分析框架。"心理契约"被界定为"员工对于与另一方之间缔结的互惠交换关系协议的内容和条款的主观认知与信念"（Rousseau，1989）。换言之，心理契约包含员工所理解的由于自己对组织履行责任而应获得的组织的回报以及员工相应地基于组织酬劳所应提供的工作服务（Blomme et al.，2010）。根据 Rousseau（1995）的观点，责任包括未来的行为以及工作态度和目标。心理契约即一种社会交换视角（Gouldner，1960；Blau，1964），基于该理论视角，员工对于与组织所发生的交换关系中组织责任履行情况的感知会出于互惠动机（如回报）的考虑，进而影响员工对于组织的责任履行，如组织承诺、组织忠诚以及其他角色内行为和角色外行为（Tsui et al., 1997; Irving and Gellatly, 2001）。以往研究表明，高水平组织责任履行与高水平员工责任履行存在着紧密的相关关系，基于互惠交换原则，员工关于组织责任履行的积极认知和评价与员工的工作态度、工作行为和职业目标保持正向相关关系（Coyle-Shapiro and Kessler, 2000; Coyle-Shapiro and Neuman, 2004; De Vos et al., 2003）。

一些学者在更加严格意义上界定心理契约的概念，还有一些学者则在心理契约概念研究中融入了更多元的因素。这种从更广义视角上解释心理契约概念的多元因素有组织信任（Rousseau, 1989）、组织公正（Guest, 1998）、组织支持（Guzzo and Noonan, 1994）等。近年来，随着全球经济一体化和新知识经济时代快速发展，一些学者提出，需要从一种新的视角来考察新型雇佣关系模式下的心理契约变迁问题，与之相关的研究聚焦于：（1）个体对于组织责任履行的认知和评价程度，个体基于组织工作实践的感知度；（2）心理契约维度结构与可雇佣性的关系。

如上所述，已有研究发现，组织特征是员工关于其个体可雇佣性能力的感知的重要前因变量（Van Dam, 2004）。在当前的员工—组织关系模式下，员工需要努力展开自我职业生涯管理，而组织则需要为此提供必需的机会和支持（Herriot et al., 1997; Rousseau, 1995; Thijssen et al., 2008）。基于这个原因，Thijssen及其同事（2008）的研究发现，将可雇佣性理论导入心理契约理论分析框架来解释员工—组织关系的新型特征以及员工自我职业管理的问题，是颇具理论价值和实践应用价值的，遗憾的是，相关理论探索和实证性研究尚且不够充分，在一定程度上制约了该领域的精耕细作。

已有研究显示，心理契约（如组织责任履行）是员工对于个体可雇佣性感知的重要的前因变量。换言之，对个体心理契约持积极评价的员工较其他员工更易于按照互惠关系原则投入组织，表现出对于自我可雇佣性发展的主动性工作态度与工作行为。由此，有研究将自我激励和适应性能力纳入新型雇佣关系模式下的新的心理契约内容（Thijssen et al., 2008; Ten Brink, 2004）。学者逐渐增加对可雇佣性开发与心理契约之间的关系的关注。一些学者提出，组织管理实践对员工的工作态度、工作目标和工作行为具有显著影响力，并且能够作为基于互惠原则构筑的员工与组织之间发生的社会交换过程的激励因素（Aggarwal and Bhargava, 2009）。例如，无论是为员工提供职业发展机会的当前组织抑或其他组织，都期望员工能够基于所提供的机会发挥个人才能并且承担起职业选择和职业投入的责任（Hall and Mirvis，1995）。按照这个观点，可雇佣性就成了员工与组织之间交换过程的结果。

正如之前所阐释的，对于可雇佣性概念的广义角度上的界定相对于狭义角度上的界定而言更适于解释当前工作场所的组织行为（Hillage and Pollard，1998）。因此，有研究采用广义角度来理解可雇佣性概念及其所产生的组织行为，将外部可雇佣性和内部可雇佣性划分为可雇佣性的两个维度（Torka et al.，2010），并且发展起相对应的测试量具（Hillage and Pollard，1998）。单一维度测量方法、划分为两个维度的测量方法对于当今的工作场所实践而言都是非常重要的，但在以往文献中论及得相对有限。进一步，无论单一维度抑或两个维度来解释的可雇佣性概念都对心理契约问题具有极为重要的解释力。首先，内部可雇佣性涉及的是在组织内部变动工作内容的意愿，这一概念理解的重要性体现在能够反映出员工情愿按照组织需要来灵活地适应新的工作岗位，可谓当前工作场所组织行为阐释的重要变量（Fugate et al.，2004）。其次，可雇佣性概念理解中涉及对于个体工作行为的测量，这是因为，可雇佣性还包含了员工需要主动地为个体未来职业生涯发展而努力工作（Hillage and Pollard，1998；Eby et al.，2003）。最后，解释个体所拥有的可雇佣性就需要对个体能力进行测量。正如 Eby 及其同事（2003）所论及，随着在某个组织中的工作和职业生涯变得越来越短和易变（即长期稳定的工作保障已不复存在），员工不得不时刻保持着能够胜任其他组织工作的可雇佣性能力。

"组织内部工作变化的意愿"是指员工情愿在同一个组织内的其他部门履行当前的岗位职责或者履行其他岗位职责（晋升的岗位职责或者平级调动的岗位职责）（Fugate et al.，2004；Thijssen et al.，2008）。情愿保持平级岗位变换被视作履行员工的责任以保持个体的内部可雇佣性（Thijssen et al.，2008）和工作灵活性，从而维系与组织间的互惠关系。Hall 和 Mirvis（1995）研究得出，尽管提供职业发展和组织内部可移动的工作机会对于职位（职务）晋升而言并非必需的，然而这些管理实践的确有助于员工维系个体可雇佣性。研究发现，经历了健康的工作—家庭平衡计划的员工能够在互惠关系原则下对所在组织抱以组织忠诚和组织承诺，相应地还会情愿接受组织内部的其他工作（Scandura and Lankau，

1997；Ten Brink，2004）。其他学者研究发现，工作自主权和工作内容对于员工在组织内部工作移动的意愿具有显著的正向解释力（Schyns and Von Collani，2002）。还有一些学者认为，积极的组织管理实践（如职业晋升计划、高工资、工作保障、工作内容清晰化）会增强员工对于工作灵活性的意愿（Aggarwal and Bhargava，2009）。因此，一般来讲，高水平的心理契约（如组织责任履行）会激励员工基于互惠原则而表现出主动性工作态度，从而情愿在组织内部进行工作轮换。

"员工发展"是指员工为了当前工作和未来工作情愿发展个体专业知识和技能的程度（Hall and Mirvis，1995）。从心理契约视角来看，工作发展和工作轮换的意愿被视作员工应履行的自我职业管理责任（Rousseau，1995；Thijssen et al.，2008）。

一项文献综述研究提出，工作身份感知是个体职业生涯发展的重要前因变量。工作和任务变化会导致工作丰富化和个人职业生涯发展满足（Birdi et al.，1997）。近年来，一些研究发现，职业生涯发展（如工作轮换和职业发展的机会）、组织支持和工作丰富化与员工个体的职业生涯发展存在着紧密的相关关系（Aggarwal and Bhargava，2009；Van Dam，2004；Ten Brink，2004）。其他研究得出，积极的组织管理活动（如提供工作—家庭平衡方案、清晰的工作内容描述、工作安全）与员工的个人发展行为保持着正相关关系，一些研究者则展示了组织承诺和角色外行为的建设性状态有益于组织结果实现（Coyle-Sharpiro and Kessler，2000）。因此，一般来讲，对于心理契约持积极体验（如关于组织责任履行的积极感知）的员工会感觉到有责任基于互惠原则投入组织行为并且更倾向于努力提升专业知识和技能以形成个体可雇佣性发展的持久竞争力。

"可感知的劳动力市场机会"或者可感知的外部可雇佣性能力传递了一种个体信念，即在外部劳动力市场寻找新工作机会的难度（Rothwell and Arnold，2007）。在当下工作场所中，对于员工而言，保持在外部劳动力市场中获得新工作机会的能力是非常重要的（Hall and Mirvis，1995；Herriot and Pemberton，1996；Schalk，2005；Torka et al.，2010）。在当前高度动态和不确定性的环境中，在外部劳动力市场保持高可雇佣性从而能获取新工作机会并非易事（Hall and Mirvis，1995；Herriot and Pemberton，1996；Schalk，2005；Torka et al.，2010）。尽管相关研究为数不多，依然有一些实证性研究支持，心理契约履行与所感知到的劳动力市场机会之间存在紧密的相关关系。以往研究表明，工作自主权和工作内容对于组织自尊有显著预测力，基于此推测，拥有高组织自尊的员工会感觉到有足够能力来管理组织外部的新的工作任务（Schyns and Von Collani，2002）。进一步地，社会交换理论还提供了理论依据，用以发展一项假设命题，即心理契约与外部可雇佣性之间有着内在关联。还有研究得出，积极的组织管理策略（如工作—家庭平衡计划、高工作补偿方案、组织内部工作轮换、职务晋升机会等）会使员工通过致力于自我能力提升和不断提高自我外部可雇佣性的途径来履行对组织的互惠责任（Herriot et al.，1997；Schalk，2005；Thijssen et al.，2008）。

还有一些研究从人口统计学特征的视角出发，期望通过个体微观层面上个体特征描述来深入阐释心理契约理论与可雇佣性理论相结合的理论建构，从而揭示新型雇佣关系模式下心理契约变迁的实质，从中挖掘有利于组织结果的持久动力。一般而言，相对于男性员工来讲，女性员工的心理契约感知会有所不同。例如，相较之男性员工而言，女性员工对工作灵活性的关注要大于对报酬和职务晋升的关注度（Herriot et al.，1997）。一些研究显示，与男性员工相比，同种岗位下女性员工获得的酬劳更低、晋升机会更少、工作保障性更弱、工作轮换机会更有限（Torka et al.，2010）。还有研究发现，相对于男性员工而言，女性员工较少关注工作自主权和工作内容。这是因为，相比男性员工，女性员工需要承受更多的工作—家庭平衡的压力（Blomme et al.，2010），相应地，女性员工所感知到的工作—家庭平衡灵活性也较低。借此，学者往往认同，相比男性员工而言，女性员工的心理契约感知水平较低。同理，一些学者认为，由于相比男性员工来讲，提供给女性员工的晋升机会有限，按照社会交换关系的互惠规范，女性员工回报以组织较少的组织内部工作轮换意愿和自我能力发展行为，因此，相比男性员工，女性员工对个体可雇佣性能力的感知也处于较低水平。

还有研究显示，不同性别员工对组织管理政策的评价有所差异（Blomme et al.，2010），对于心理契约与可雇佣性间关系的感知度也有所区分。根据社会交换理论，如果员工所感知到的组织管理政策是建设性的，那么员工就更倾向于基于互惠规范途径表现出积极的可雇佣性发展行为和可雇佣性发展意向。例如，男性员工对于收入、晋升机会的关注度更高，而女性员工则更关注工作—家庭平衡（Herriot et al.，1997）。因此，男性员工和女性员工对组织管理政策的反馈具有显著差异，进而又导致两类员工所感知到的可雇佣性结果有所不同。这种情况对于处在高度动态不确定性外部环境中的实体经济组织而言同样存在（Walsh and Taylor, 2007; Doherty, 2004; Blomme et al., 2010）。例如，相比男性员工而言，工作—家庭冲突更可能与女性员工的离职意愿相关（Blomme et al., 2010）。对于男性员工来讲，职业发展机会、组织内部工作轮换机会、报酬和绩效方案都与可雇佣性感知有着紧密的正向相关性。而对于女性员工来讲，工作—家庭平衡计划与可雇佣性感知则有着紧密的正向关联。

另外，年龄对于心理契约、可雇佣性的相关问题也具有一定解释力。以往研究发现，在北美和欧洲，45岁以上员工日益增多（Kanfer and Ackerman, 2004），在这些地区的组织雇用了大量45岁以上的员工，组织不得不调整组织管理政策，以满足这部分员工的特定需求和能力提升计划。可以说，年龄已经成为组织行为领域研究的一个重要解释变量（Bal et al., 2010）。然而，迄今为止，关于年龄对雇佣关系解释的研究依然有限（Hall and Mirvis, 1995; Kanfer and Ackerman, 2004）。鉴于当前组织所面对的高度动态多变的外部环境，心理契约研究不断为复杂多变的组织因素留出了充分的探索空间，其中，就包含了有关年龄对组织行为的解释效力问题（Thijssen et al., 2008; De Vos et al., 2003）。一些学者认为，不同年龄的员工拥有不同程度的心理契约体验（Thijssen et al., 2008; Hess and Jespen, 2009）。例如，随着年龄增长，组织所提供的职业发展机会逐渐减少（Birdi et al., 1997; Bal et al., 2011）。另外，年长的员工可能不太情愿投身于个人成长（Van Der Heijden et al., 2009）。一些研究表明，内部可雇佣性、外部可雇佣性都与年龄呈负向相关关系（Van Der Heijden et al., 2009; Posthuma and Campion, 2009; Bal et al., 2011）。年龄还与以可雇佣性发展为导向的工作态度存在负向相关性（Van Dam, 2004）。可以说，一般而言，年长的员工对心理契约和可雇佣性的感知水平较低。

除了以上年龄与心理契约和可雇佣性的相关研究，还有研究关注年轻员工与年长员工在心理契约与可雇佣性表现上的对比分析，并提出，这两个年龄跨度上的员工通常拥有明显不同程度的心理契约感知与可雇佣性体验（Freese and Schalk, 1995）。例如，对于年轻员工而言，个人能力成长机会、组织内部晋升机会更受关注（Van Der Heijden et al., 2009; Lub et al., 2012)。相对于年长员工而言，年轻员工对组织管理策略表现出更强的反馈性，基于组织中的互惠规范原则，他们更情愿付出努力以提升个体可雇佣性、实现工作目标。而相对于年轻员工而言，年长员工更关注工作—家庭平衡性、工作自主权、工作保障方案。

三　知识员工可雇佣型心理契约提出

在传统雇佣关系下，基于互惠规范，知识员工以忠诚于组织来换取终身就业保障（Conway and Coyle Shapiro，2012）；然而随着全球知识结构转型，自我职业管理逐渐取代了传统的从一而终的雇佣模式，无边界职业生涯成了一种新的职业价值观。其中，典型的特征是，知识员工以绩效（工作业绩）来换取个体可雇佣性提升（Pyman et al.，2010）。这种心理契约变迁导致工作稳定性和组织忠诚度下降，工作价值观随之改变（翁清雄、席酉民，2010），突出表现在知识员工希望获得跨越组织边界以外的能够携带的技术、知识和能力，能够从事有意义的工作，获得学习和培训机会，发展社会人际关系（De Vos et al.，2011）。从国内外研究对可雇佣性概念的定义来看，可雇佣性就是个体具备的胜任力素质，并且能够在外部劳动力市场上获得新的工作机会和个人职业发展的能力，体现在与个人职业相关的以学习能力为基础的综合能力上，即获得更多专业知识、提升技能和人际能力等（De Cuyper and De Witte，2011）。对个体可雇佣性发展的需求在当前我国中小企业中尤为迫切，处于新时代下的复杂多变环境之中，员工—组织关系的特征明显有别于以往，员工希望企业能够提供有利于个体可雇佣性持续开发的机会和资源支持，企业也希望拥有高可雇佣性的知识员工，这时，个体可雇佣性发展就融入知识员工与企业之间的心理契约，成为维系知识员工与企业之间新型关系的重要基础。因此，在将个体可雇佣性发展作为构筑员工—组织关系的基础上，本书尝试提出"知识员工可雇佣型心理契约"的概念，反映了知识员工关于企业对个体可雇佣性发展责任履行的期望和信念。

鉴于此，可雇佣性是自我职业管理的重要致因，个体必须为变换工作做好充足准备，特别是处于动态不确定性的环境中，这种危机意识深刻影响个体心理契约。鉴于企业效能受限于员工—组织关系，以及心理契约对这种关系的显著解释力，心理契约变迁所产生的态度和行为变化势必作用于企业效能。照此逻辑递推，对于新时代中国中小企业而言，在复杂多变的环境中竞争日趋激烈，加之知识员工的高组织敏感性，致使其较一般员工更易发生心理契约变迁。而随着传统雇佣关系逐渐被无边界员工—组织关系所取代，个人可雇佣性开发成了员工和组织之间心理契约的重要元素，相应地，基于个人可雇佣性发展动机构筑起可雇佣型心理契约。由此，心理契约形成和结构的理论建构能够为探索可雇佣型心理契约的形成与构成要素奠定理论基础，从而为明晰可雇佣型心理契约的研究视角及其效应的构念基础框架，解析其对中小企业创新效能的驱动机理提供线索。另外，尽管学者围绕"不同程度心理契约对态度和行为构成影响，并作用于组织效能"达成一致性意见，并针对心理契约与 EVLN 行为整合模型的关联形成了一定方向性认识，但是关于心理契约内涵的理解不尽相同，导致基于其各个维度，对其结果变量及之间作用机理的整合性研究仍有待深入。而由组织犬儒主义、组织认同与心理契约动态发展协同逻辑推论，知识员工可雇佣型心理契约效应中必将存在这些间接解释力，且除了作用于态度和行为，不同程度可雇佣型心理契约所产生的态度和行为落差还势必影响企业效能。鉴于知识员工对企业创新的主导作用，探索知识员工可雇佣型心理契约驱动效应就是抓住了中小企业创新价值创造的关键。本书试图以知识员工可雇佣型心理契约为研究的切入点，结合新时代中国中小企业的管理特征及其知识员工的高创新、高心理契约变迁特质，通过探索性研究和解释性研究相结合的混合式研究方案，探析知识员工可雇佣型心理契约视角下中小企业创新效能动力机制，旨在打开中小企业如何真正获取创新优势的"黑箱"，丰富可雇佣性理论、心理契约理论等相关理论建构，为中小企业可持续创新发展以及国家创新型建设提供重要的理论依据和指南。

第三节 心理契约相关理论概述

一 利益相关者理论

传统的组织秉持股东至上的原则，认为不断提升企业控股人的收益，增加其财富才是组织管理的重心。就此种观点来看，组织的行为和决策往往为了获得经济利益，而牺牲了社会最优利益。利益相关者理论（Stakeholder Theory）打破了这种传统观点的束缚（Freeman，2002）。

利益相关者理论的核心观点在于，组织应当综合平衡各个利益相关者的利益要求，而不仅专注于股东财富的积累。组织不能一味地强调自身的财务业绩，还应该关注其本身的社会效益（Social Performance）。组织管理者应当了解并尊重所有与组织行为和结果密切相关的个体，尽量满足他们的需求。利益相关者理论从伦理观和战略角度将各个利益相关者都导入组织决策的考虑范畴，两个角度的考虑都有助于提升组织的竞争优势（Cennamo et al., 2009; Plaza-Ubeda et al., 2010）。

根据利益相关者理论，任何个体和群体都可以称为组织利益相关者。基于此，利益相关者理论常常将利益相关者的定义范畴缩小到主要的、合法的个体和团体。在很大程度上，利益相关者理论已经排除了利益相关者中同组织运营和组织目标相去甚远的部分（Hillman and Keim, 2001; Walsh, 2005）。这是因为如果组织分散过多精力去满足不同利益集体间的各不相同的利益要求，那么该组织就很难维持正常的经济运转（Mitchell et al., 1997）。

Sirgy（2002）将利益相关者细分为内部利益相关者（Internal Stakeholders）、外部利益相关者（External Stakeholders）和远端利益相关者（Distal Stakeholders）三类。内部利益相关者包括组织内部员工、管理人员、组织各级部门和董事会成员。外部利益相关者包括组织的股东、供应商、债权人、本地社区和自然环境。远端利益相关者包括竞争对手、消费者、宣传媒体、政府机构、选民和工会组织等。

利益相关者理论的核心思想在于，一部分由股东掌握的组织决策权力和利益，应该移交到利益相关者手中（Stieb, 2008）。而Freeman（1984）也审慎地指出，任何与决策权相关的类似理论，都有可能被非股东滥用，因为权力正从掌握财富较多的股东流向掌握财富较少的利益相关者手中。这种财富的再分配很可能会损害从企业盈利中获益的股东的权益。

基于描述性、工具性和规范性三个角度，可以将利益相关者进行分类（Donaldson and Preston, 1995）。描述性视角仅仅说明了组织中有利益相关者。组织的作用在于满足广义范围上的利益相关者的权益，而不仅是组织股东的利益。有研究表明，许多组织在实行股东管理时，也会将平衡组织需求和利益相关者的措施等考虑在内（Clarkson, 1991）。工具性视角认为，考虑了利益相关者利益的组织比没有此类考虑的组织更容易获得成功。该领域的研究验证了利益相关者战略和组织绩效方面之间的联系。结论表明，控制其他变量后，实行利益相关者管理的组织在盈利能力、稳定性、成长性等方面都相对更成功。规范性视角关注于为何组织应对其利益相关者给予关注。这种视角一直是利益相关者理论的重要观点，或者说是主要核心（Donaldson and Preston，1995），而其他两个角度往往为大多数研究人员所忽略（Egels-Zanden and Sandberg，2010）。

依据规范性视角，利益相关者是指拥有组织实质上合法利益的个体和群体（Donaldson and Preston，1995）。利益相关者是由他们在组织中的利益决定的，即组织是否由相关利益相关者掌握。利益相关者的利益本身对于组织就是有价值的，而并非因为关注他们的利益能够施益于其他群体，诸如组织的股东。Kaler（2003）就利益相关者理论进行类型学分析，并归纳出两种可能的理论类型：（1）组织对股东和非股东都负有完全责任；（2）组织对股东负有完全责任，对非股东负部分责任。

利益相关者理论不断完善和扩展，区分出主要利益相关者和次要利益相关者（Clarkson，1995），关注限定的（狭义的）和非限定的（广义的）利益相关者战略（Greenwood，2001），平衡各方利益相关者的取向（Buono and Nichols，1985），从不同的利益相关者的角度评价组织绩效（Donaldson and Preston，1995）。

研究也聚焦于利益相关者的整体角度，展开诸如对利益相关者及其需求的了解（Maignan and Ferrell，2004）、利益相关者与组织的互动（Payne and Calton，2004），以及涉及利益相关者需求的决策（Altman and Petkus，1994）等问题的探讨。对利益相关者的了解包括认清主要的利益相关者，并优先考虑他们的需求（Rowley，1997）。另外，组织应当重点关注那些掌握权力，具有合法性，有紧迫需求或者兼有以上特性的利益相关者。与利益相关者的互动应该包含组织和股东之间彼此满足、互惠互利的关系。利益相关者与组织互动的形式包括参与、咨询、合作和信息交换（Grafe-Buckens and Hinton，1998；Green and Hunton-Clarke，2003）。

近来，关于利益相关者理论的争论集中于管理者对于利益相关者的道德和伦理职责。Greenwood（2007）提出利益相关者理论是道德中立的，因为纳入利益相关者及其需求并非强制基于组织利益相关者的利益最大化来行事。

对利益相关者的研究也开始探索依据利益相关者的意愿和期望，管理者可行使的权力、自由和能力的大小，即所谓的管理权限（Hambrick and Finkelstein, 1987; Phillips et al., 2010）。利益相关者本身既可以约束管理行为，也可以促进管理行为。也有研究梳理了管理者所为（行为）及其原因（理性）之间的关系（Egels-Zanden and Sandberg, 2010）。

二 社会比较理论

社会比较理论（Social Comparison Theory）的核心前提是，人们不断使用有关他人观点和能力的信息来评估自己的观点和能力（Festinger, 1954）。该理论认为，人们之所以进行社会比较，是因为他们需要通过和他人比较来维持稳定和准确的自我评价，以及维护自尊和自我价值（Aspinwall and Taylor, 1993; Taylor and Lobel, 1989）。该理论认为，人们倾向于通过与客观的信息和标准比较来评价自己。然而，如果这些客观信息不可得、含混不清或者模棱两可，那么人们也会与其他人进行比较（Suls and Wheeler, 2000）。

Festinger（1954）最初提出，人们倾向于和"与自己类似"的人进行比较，究其原因，相比于和"与自己不类似"的人比较，和前者比较可以为自我评价提供更准确和稳定的基础。然而，人们也可以就某一感兴趣的方面和"与自己类似"的人进行比较，尽管这些人在其他方面可能和自己存在不同（Goethals and Darley, 1977）。

该理论认为，人们通过和他人比较来评价自己的能力，并据此明确应如何思考和感受。在以下情况下人们倾向于进行社会比较：（1）不确定自己的想法或感受；（2）处于高压力、新的或者变化的情境中；（3）在促进竞争的环境中（Sharp et al., 2011）。

早期的研究支持了"优于平均"效应（Better-than-Average Effects），该效应是指人们认为自己的表现比所有人都好的一种倾向（Alicke and Govorun, 2005; Hoorens and Buunk, 1993）。然而，Moore（2007）却发现，在许多情况下，往往会存在"差于平均"效应（Worse-than-Average Effects）。特别是在不常见的行为和不寻常的能力方面，比如，在骑独轮车和耍杂技等任务非常困难或者成功概率非常低的情况下，人们会认为自己不如其他人。Larrick 等（2007）发现，艰难的任务可以使被试产生过度自信，然而却会引起"差于平均"的知觉，容易的任务则可以让被试产生自信不足，但会引起"优于平均"的知觉。

研究表明，社会比较的结果可以是同化或对比（Assimilation/Contrast）。对比意味着自我评价背离（Displace Away）比较对象，或人们渴望获得的"结果"。例如，接触角色模范可以激励个体提升自我。

Festinger（1954）最初只考虑了向上比较。然而，现在的社会比较理论既包括向上比较，也包括向下比较（Mahler et al.，2010；Wood，1996）。与某些方面表现更好的人进行社会比较（向上比较）既可以改进个体表现，也会削弱个体表现。Brown等（2007）发现，在工作中角色模糊、任务自主性和核心自我评价会引起员工的向上社会比较，进而带来较高的工作满意度和情感承诺。然而，与表现差的人进行社会比较（向下比较）可以提升个体表现（Willis，1981）或者削弱个体表现（Buunk et al.，1990）。

Festinger（1954）最初提出，社会比较是个体有意的行为，且人们不会选择和自己不类似的人比较。然而，近来研究表明，社会比较可以是：(1) 刻意和仔细思考的，或者自发的和无意识的；(2) 有意识的或潜意识的；(3) 隐性的或者显性的（Stapel and Blanton，2004）。

Gilbert等（1995）检验了社会比较的刻意性。他们发现，人们可以自发地和不由自主地与他人进行社会比较。他们还发现，存在一个深入思考的阶段，人们可以改变主意和"撤销"社会比较，甚至重新改回原来的主意（Goffin et al.，2009）。研究人员认为，人们可以通过明确地避免容易引起自发性社会比较的情景以及扭转不必要的社会比较的方式间接控制自发性社会比较。

最近的研究表明，人们可以显性和隐性地做出社会比较（Blanton and Stapel，2008；Schwinghammer and Stapel，2011）。当向个体提供比较对象并明确地要求其和比较对象进行比较时，该个体就会进行显性的社会比较。然而，如果没有明确地向个体提供比较对象或者没有进行社会比较的要求或说明，那么个体的比较则会是隐性的社会比较。例如，如果碰巧一位同事的工资单被意外地放置在某个人的信箱中，隐性比较就可能会发生（Stapel and Suls，2004）。隐性比较和显性比较可以同时发生（Blanton and Stapel，2008）。

研究表明，个体的社会比较倾向可能因人而异。例如，研究人员发现，有些人很少进行社会比较，而其他人则倾向于经常进行社会比较（Buunk et al.，2010）。个体对社会比较的敏感性差异可以用社会比较倾向量表来测量（Gibbons and Buunk，1999）。另外，和宽以待己（Less Self-Critical）的个体相比，严于律己（Highly Self-Critical）的个体倾向于寻找并做出个体能力方面的不利比较（Santor and Yazbek，2004）。他们进行这些消极比较是为了维持较低的自我评价。

社会比较理论已被拓展到群体情境当中的社会比较和结果评价方面（Goodman and Haisley，2007；Hertelet et al.，2008；Levine and Moreland，1987）。另外，社会比较理论现也关注被比较者和比较者（Koch and Metcalfe，2011）。社会比较理论被扩展到即时比较和长期比较及其趋势方面的研究（Zell and Alicke，2010）。而且，社会比较的定义也不断被扩展，已不再是Festinger（1954）最早对此概念的界定。Kruglanski和Mayseless（1990）认为，对社会比较概念的狭隘界定限制了对许多社会比较中重要问题的研究，所以，他们认为社会比较的概念需要囊括有关特定内容社会刺激的比较判断。Buunk和Gibbons（2007）认为，现在学术界关于社会比较的定义涵盖了个体将自己的特征与其他人的特征相关联的任何过程。

三　心理契约相关理论研究述评

随着以可雇佣性开发为特征的新型雇佣关系的相关理论发展，一种能够解释雇佣关系变化中组织与员工之间心理枢纽的新型心理契约的内容维度及其心理与行为效应的问题亟待解惑。利益相关者理论、社会比较理论从宏观、微观层面对个体可雇佣性发展之于员工和组织两个方面的重要意义进行了诠释，所描绘的个体可雇佣性开发的缘由、所凝造的个体职业价值以及所预期形成的组织竞争优势都在不同程度上表明了新型雇佣关系模式下组织与员工间搭建新型心理契约所涵盖的可雇佣性发展元素的必然性，能够为解惑中小企业如何通过知识员工可雇佣型心理契约的有效管理来获取企业创新优势提供坚实的理论支撑。

本章小结

随着全球知识经济结构转型，知识员工与组织间的关系显著不同于以往模式，可雇佣性开发成了两者间关系构筑的重要前提和基础，这为可雇佣性理论与心理契约理论的结合提供了契机。受这种新型雇佣关系模式的影响，知识员工与组织间的心理契约变迁越发普遍，以可雇佣性开发为典型特征的"知识员工可雇佣型心理契约"这一新的概念应运而生，那么知识员工可雇佣型心理契约的组织态度与行为效应以及对组织结果的影响，就成为组织行为学界亟待解决的问题。本书以此为研究议题，针对相关理论建构和研究文献进行了系统回顾，主要包括如下内容。

第一，知识员工可雇佣型心理契约研究的解释视角确立。通过对传统心理契约研究所阐释的影响心理契约形成的主要因素（前因变量）以及之间逻辑结构的系统梳理，明晰了心理契约形成模型的关键逻辑结构，然而针对新知识经济时代下新型雇佣关系的心理契约阐释尚且不足，特别是对于新型心理契约形成的解释逻辑依然不尽完善，将可雇佣性理论导入新型心理契约形成过程的讨论就更显不足。

第二，知识员工可雇佣型心理契约内容结构探析。通过对以往研究观点、结论和成果的系统回溯，传统理论对于心理契约内容结构的解释并不能直接应用到当前新型雇佣关系模式下新型的知识员工心理契约内容结构描绘，以可雇佣性开发为核心元素的新型的知识员工心理契约内容结构势必存在不同于传统文献关于心理契约的阐释，而将可雇佣性元素与心理契约元素进行充分融合，通过探索性研究和解释性研究的相互印证，就是解读这种新型心理契约（知识员工可雇佣型心理契约）内容结构的有效途径。

第三，知识员工可雇佣型心理契约的动态发展研究线索探寻。通过对以往心理契约动态发展（如心理契约破裂、心理契约违背）研究文献的回溯，知识员工心理契约破裂或心理契约违背势必导致负面组织态度与行为，并进一步制约组织效果。基于此，知识员工可雇佣型心理契约很可能与组织态度和行为存在相关关系，从而影响组织结果。这为本书展开知识员工可雇佣型心理契约的动态发展研究提供了研究线索。

第四，知识员工可雇佣型心理契约问题解析的理论基础搭建。以往研究对于心理契约问题解释的理论建构单纯从组织与员工之间互惠规范的角度出发，对于以可雇佣性开发为特征的新型雇佣关系下知识员工可雇佣型心理契约的态度与行为效应的解释尤显薄弱，难以支撑可雇佣性快速发展下对知识员工心理契约变迁的剖析。这就需要将可雇佣性理论导入心理契约研究，将能够从宏观、微观层面对个体可雇佣性发展之于员工和组织两个方面的重要意义进行诠释的利益相关者理论、社会比较理论引入知识员工可雇佣型心理契约阐释，从而搭建起坚实的理论基础框架。

第三章　中小企业知识员工可雇佣型心理契约动力机制及结构模型探析

本章尝试将可雇佣性理论与心理契约理论相结合，秉承扎根理论思想，将质性研究方法导入探索性案例研究，针对中小企业与知识员工间新型关系背景下对可雇佣性追求的显著特征，围绕知识员工基于可雇佣性发展动机所形成的对所在企业心理图式的形成机理与内容结构的问题，展开其形成与内容结构的探索性研究，并将实地探索与理论分析结合，提出中小企业知识员工可雇佣型心理契约形成与内容结构理论模型。进一步，秉承实证主义思想，通过定量实证性研究方法对理论模型进行检验，在验证研究假设基础上，印证从个体微观层面视角进行中小企业知识员工可雇佣型心理契约研究的科学性和可靠性，为从各个构面来深入探究知识员工可雇佣型心理契约的组织态度与行为结果以及中小企业创新效能的驱动机制提供关键概念分析框架。

第一节　研究目的与方案

一　研究目的

本章的研究目标主要包括：（1）以中小企业创新效能获取为导向，明晰其知识员工可雇佣型心理契约研究的解释视角，为解析中小企业创新效能动力机制提供科学和可靠的研究角度。（2）识别中小企业知识员工可雇佣型心理契约的内涵特征与要素构成模式，为探究知识员工可雇佣型心理契约对企业创新效能的驱动效应提供稳健的关键概念的基础分析框架；以实现中小企业创新优势为目标，总结知识员工可雇佣型心理契约对中小企业创新效能的驱动机理，明晰驱动机理中的关键变量界定、变量间关系结构和边界条件；阐释研究结论的理论价值，并升华对于知识员工可雇佣型心理契约管理、企业创新管理以及区域创新驱动发展的理论价值和实践应用价值。

要实现以上研究目的，就要聚焦中小企业的知识员工，以知识员工可雇佣型心理契约为研究的切入点，即从这一新的解释视角来探析我国中小企业获取创新效能的驱动机理。其间，则需要注意到，知识员工禀赋了高知识和技能、高动态心理活动、高组织敏感度、高自我效能、高职业价值取向、高自我实现愿望等个体特质，其所拥有的高创造性意愿和高创新性能力使之显著不同于一般员工。在这种情况下，通过知识员工对组织的心理图式来预测企业创新效能就势必需要洞察知识员工的组织态度与行为。综观以往组织行为研究，无论组织态度与行为的产生机理抑或组织绩效的形成机制都离不开对于组织价值创造的主体——知识员工（如各级管理人员、专业技术人员、一般管理人员等）内在心理环境的考察，尽管研究的动机、维度、角度、层面、目标等有所不同，然而研究者们结合各自兴趣，在各自领域内所展开的研讨均从不同程度上形成了一种共识，即知识员工由组织信息所形成的主观认知和评价通过知识员工个体的组织态度和行为[①]的途径作用于组织结果。因此，揭示新时代我国中小企业获取创新效能的持久内生动力，就需要深入知识员工的内心世界，融合知识员工在新型雇佣关系背景下对个体可雇佣性发展的内生动机，通过将可雇佣性理论与心理契约理论相结合来透析知识员工的新型心理图式的典型特征，从中找到能够解释中小企业创新能力的动态变化的组织态度与行为变量，从而揭示新时代背景下我国中小企业究竟如何通过知识员工可雇佣型心理契约管理来获取企业可持续发展的创新效能，真正为我国中小企业实现可持续性创新驱动发展提供理论依据和指南。

本章研究的理论价值在于：第一，明晰中国中小企业知识员工可雇佣型心理契约研究的解释视角。研究视角明晰是中国中小企业知识员工可雇佣型心理契约相关问题研究的重要基础和前提，能够为打开相关问题的"黑箱"提供线索。探明知识员工可雇佣型心理契约形成的驱动逻辑就是找到这一研究视角的有效途径，不仅是本书研究的逻辑出发点，更是本书研究必须先行解决的问题，对化解以往心理契约研究采用雇佣关系的双边

---

① 包括角色内态度和行为（如工作满意度、组织承诺、工作绩效、离职等）、角色外态度和行为（如组织依赖感、组织公民行为、建言、忠诚等）。

视角抑或单边视角的分歧指出了一条新路。第二，完善中国中小企业知识员工可雇佣型心理契约的内容结构探究。结合新时代下中国中小企业的环境特征，扎根性地探索其知识员工可雇佣型心理契约的内容结构究竟是什么，能解决以往因研究情境、研究对象等理解不同或者理解不够深入所导致的对心理契约维度结构的认知差异以及由此产生的对心理契约概念界定的分歧，识别知识员工可雇佣型心理契约与一般员工心理契约之间的异同点，针对性地给出新时代下中国中小企业知识员工可雇佣型心理契约的维度结构（要素构成模式）。第三，充实相关理论，为新时代下中国中小企业的可持续创新驱动提供重要依据。通过审视知识员工对企业可雇佣性责任履行的主观认知和评价来思考如何维系个体与企业之间的关系，不仅利于中小企业对知识员工可雇佣型心理契约问题的探索，丰富可雇佣性理论与心理契约理论，还能为企业创新管理理论作一有益补充，为企业可持续创新驱动发展提供重要的理论依据。

本章研究的实践价值体现在，为中国中小企业如何从知识员工可雇佣型心理契约的有效管理中获取企业创新优势及其社会效应转化提供指南。中小企业要在高度动态不确定性的环境下获取创新优势，就势必面对提升知识员工创新能力的必然选择，然而日渐重要的焦点是，目前中小企业不可避免地面临着知识员工创新能力难以带来企业创新优势的困惑。解决这一问题，就需要聚焦于企业自主创新的主体，以阐明知识员工可雇佣型心理契约为突破口，找到对企业创新效能的驱动机理，有效干预知识员工对企业可雇佣性责任的心理感知和体验，从而改善知识员工可雇佣型心理契约变迁所产生的企业创新效能低落。因此，基于知识员工可雇佣型心理契约视角来解析企业创新效能的动力机制是中小企业获取持久创新优势的关键，并能够进一步助推区域创新驱动发展和经济增长新动力集聚，对创新型国家建设具有重要的实际意义。

综上，尽管以往文献结论和成果从不同角度、维度等展开了心理契约的相关问题研究，且分别在不同程度上关于知识员工心理契约的概念和内容结构达成了一定方向性认识，然而随着新型雇佣关系的发展，以可雇佣性为重要基础和前提的新型雇佣关系成为解释组织运行结果的基本分析框架，新型雇佣关系所禀赋的可雇佣性持续开发的要素特征也成了解释知识员工与组织间新型雇佣关系的新的解释框架，因此，新时代中国中小企业要获取持久竞争优势，就需要关注中小企业自主创新的主力军——知识员工，以其对组织的主观认知和心理评价为着力点，通过将可雇佣性元素导入对知识员工心理契约变化的审视当中，考察一种新型心理契约——可雇佣型心理契约的概念界定与内容结构。借助对知识员工可雇佣型心理契约所产生的组织态度与行为效应的途径来预测企业创新效能，是新时代中国中小企业获取可持续性创新效能的有效途径，对中小企业创新发展有重要意义。

二 研究方案

定性研究方法旨在帮助研究人员了解人和他们生活的社会和文化背景。定性研究方法主要有行动研究（Action Research）、案例研究（Case Study）和人类学研究（Ethnography Study）等。定性数据来源包括观察和参与观察（实地观察）、访谈和问卷调查、文献和文本信息，以及研究人员的印象和反应等（Myers，2009）。其中，案例研究是在社会科学领域、管理学领域，特别是组织管理领域内最为常用的一种定性研究方法。案例研究方法能够深度剖析事物发展的复杂过程，通过分析组织发展的历史演变来挖掘诸多人物、事件及其中蕴藏的关系、结构和逻辑。案例研究方法能够再现已经发生的所有里程碑事件及其前因后果，这对于剖析组织或事件的发展历程、发展现有管理理论而言是最为深刻、有效的方法。[1]

新时代中国中小企业的组织行为管理中蕴藏了诸多人物、事件及其之间的关联逻辑，其中更不乏能够预测组织运行结果的典型事件，以这些关系事件为分析单位，有助于深入挖掘人与事之间的内在关联，从而提炼出助推组织效果的关键作用路径。因此，本章采用案例研究方法，秉承扎根理论思想，导入深入现场的质性研究，并结合定量实证性研究，以期通过探索性研究和解释性研究相结合的混合式研究方案，借助利用多元数据源的三角验证观，揭示蕴藏在动态多变组织环境下的变量之间的内在机理，从而阐明知识员工可雇佣型心理契约的概念界定与内容结构，为深入剖析中小企业创新效能的动力机制提供理论和经验依据。

---

[1] 潘善琳、崔丽丽：《SPS案例研究方法：流程、建模与范例》，北京大学出版社2018年版。

第二节　理论基础与研究框架

案例研究方法在被引入管理学之后的百余年间，能够通过生动的描述使读者达到身临其境的感受，便于理解和体验，因此其被广泛应用于管理学研究领域，并始终作为最为核心的研究方法之一，在整个管理学理论的建构发展过程中发挥着举足轻重的作用，历久而弥新。这不仅仅与案例研究具有重要的实践价值有关，更为关键的是，案例研究在建构理论方法方面具有不可替代性。结合本书研究背靠"中国进入新时代"这一前所未有的历史时期，社会经济结构转型升级迫在眉睫，中小企业作为助推我国创新驱动发展的重要"引擎"，其自主创新主体——知识员工在这起社会经济结构转型升级的历史大潮中更扮演了举足轻重的角色。综观以往研究，知识员工心理环境受限于宏观和微观两个层面，宏观层面上的社会经济形势、组织政策与微观层面上的个体心理概念、认知水平等都对心理环境有显著解释力。基于此，本章针对新型雇佣关系下知识员工心理契约变迁问题，以新型心理契约为切入点，从宏观、微观两个角度展开知识员工心理契约变迁问题讨论，旨在阐明新型雇佣关系下中小企业与知识员工间构筑的新型心理契约内容及其形成的内在机理理论模型，为接下来展开中小企业知识员工可雇佣型心理契约结构与形成的探索性案例研究提供理论依据。

一　心理契约形成的理论分析

心理契约可以作为雇佣关系解释的基本分析框架，阐明心理契约形成可以为理解雇佣关系提供一个解释视角。Levinson 等（1962）和 Schein（1980）提出，心理契约源于雇佣双方的需求。事实上，心理契约的功效就是要满足雇佣双方对彼此的需求。与此同时，Rousseau（1995）研究发现，心理契约源于员工与组织之间承诺的交换。一般而言，这两个研究视角并不矛盾，因为承诺的交换旨在满足雇佣双方建立在交换关系上的彼此的需求。换言之，心理契约内容主要是由雇佣双方的需求来决定的。这个理论视角有助于解答心理契约究竟如何形成的疑问。在该研究领域，展开了关于心理契约形成过程的研究综述，其间，对于员工和组织彼此向对方做出的未来的承诺也进行了讨论。

一些文献将心理契约形成视作一个过程，即开始于雇佣协议缔结阶段，纵贯于组织社会化进程。Levinson 等（1963）提出，事实上，一些心理契约内容早在雇佣关系发生之前就已经存在。心理契约概念的意义源于 20 世纪 90 年代建立的一种雇佣关系类型。通常，在招募和甄选过程中，员工会寻找关于组织特征的信息（Mcfarlane et al.，1994）。Mcfarlane 等（1994）认为，这种信息寻找行为和心理契约发展是相同目标导向的过程，在此过程中，员工试图实现自己的工作目标。"目标"这个术语意指员工对于自己拥有或者期望实现的组织目标的清晰具体的描绘。Levinson 等（1962）和 Schein（1980）的研究都表明，人们试图满足自己的需求，然而许多需求并未清晰地描绘在人们心中或者其他场所。"目标"这个术语缺乏清晰性与 Blau（1964）的社会交换理论存在不谋而合之处，Blau（1964）在社会交换理论中论及"包含在社会交换关系中的个体责任仅仅是一种一般性界定，有时甚至出现违反交换关系的现象"。Herriot 和 Pemberton（1996）指出，个体身份或自我概念有时决定了组织会向员工提供什么以及员工又会接受什么。

员工对于所接受的组织信息的理解构成了心理契约形成的基础。在招聘雇佣阶段，员工可以就心理契约内容与组织进行协商以便满足自己的需求、期望、职业目标，作为交换，员工也相应地做好为达到组织的工作要求付出自己的努力和贡献（Herriot and Pemherton，1996）。一些学者提出，员工是雇佣关系谈判中的积极参与者（Schein，1980；Herriot and Pemberton，1996）。还有学者认为，员工是雇佣关系谈判中的被动参与者，员工的心理契约事实上就是组织对员工的期望和要求（Rousseau，1995）。Rousseau（1995）将心理契约视作"由组织构筑的"，这意味着组织的要求决定了员工的责任和期望，并且组织施加于员工的工作要求决定了员工应履行的责任。Lawless（1979）也提出，组织是决定雇佣双方彼此应履行责任的主导者。Lawless（1979）进一步研究得出，组织通常是雇佣关系中的主体，心理契约是组织管理哲学的反映。McLean Parks 和 Kidder（1994）也提到，当权力非对称时，心理契约的主导者很大程度上会将其对于心理契约的理解强加于雇佣关系中的另一方。无论员工是否为雇佣关系谈判的积极参与者，组织都必须满足员工的最小期望，以此作为交换载体，使员工能够接受组织的期望（即工作要求），从而构筑组织与员工之间的心理契约。

Louis（1980）探索了新员工是怎样经历了一个充满惊喜、协商谈判、变化、意义建构的过程，其间，他们基于社会化视角应对着组织社会化经历。事实上，员工是通过同僚和组织代理人的途径接收到组织社会化信息的。这些信息是关于雇主的行为，雇主对这些行为加以解释并最终纳入与雇员之间的心理契约（Mcfarlane and Tetrik，1994；Rousseau，1995）。一般来讲，基于雇主的视角，这些解释将可能对心理契约内容进行澄清、调节、去除和增补。研究者们则主要依赖于信息加工模型或者对雇佣过程的观察来形成对心理契约动态发展的解释（Rousseau，1995；Mcfarlane and Tetrick，1994）。这种研究视角所基于的理论观点是，员工拥有特定的期望，即员工试图通过雇佣关系来满足自己的需求。然而，这种研究视角在理解员工的需求究竟是什么，需求源自何处，这些需求又究竟如何影响心理契约的动态发展方面，仅提供了非常有限的帮助。

之后，Rousseau（1995）总结道，员工通过三个主要途径形成心理契约。第一，员工可能接收到来自其他同僚的说服性信息。当应征者身处招聘面试阶段时，他们可能会接收到来自招聘人员或面试官的隐含的或者明确的承诺。一旦被雇佣，同僚和主管就可能从自己的角度向新员工描绘员工与组织之间彼此应履行的责任。第二，员工关于同僚和主管的组织行为以及被组织所对待的方式的观察也是员工构筑心理契约的信息源。第三，组织提供了结构化的信息或信号，如正式退休体系和福利计划、绩效考核评价、组织文化、工作手册（指南）、工作任务说明等，这些在构筑员工心理契约方面发挥了关键作用。

综上所述，阐明心理契约形成机理能够为理解雇佣关系提供一个科学和稳健的解释视角，目前，学术界和实务界达成了一个普遍共识，即形成一个新的心理契约会建立起组织信任、组织承诺、组织忠诚，并减少组织信息模糊所带来的负面效应（Rousseau and Greller，1994）。一个新的心理契约主要关注新的职业生涯规划、技术改进方案、短期激励、报酬红利，这些将取代旧的心理契约（聚焦于传统激励方式，如工作保障、职务晋升、退休福利等）（Brousseau et al.，1996）。

二 心理契约构成的理论分析

心理契约内容结构一直是组织行为学领域关注的焦点，结合特定组织情境来探究心理契约内涵特征与要素构成模式能够为心理契约相关问题解析提供关键概念的基本分析框架。目前，心理契约内容结构研究一直存在分歧，"心理契约是什么"对于区分心理契约而言是非常重要的，多数研究者将心理契约划分为交易型（Transactional）心理契约和关系型（Relational）心理契约两类（Morrison and Robinson，1997）。通过对即将入职的 228 名 MBA 毕业生的调查，Rousseau（1990）发现，员工和组织间的潜在关系要么是交易型，要么是关系型。这些类型的划分取决于交易物的本质特征，如因为提供服务而索取酬劳。这样，就形成了交易型心理契约和关系型心理契约的理论建构（Rousseau，1995；Rousseau and McLean Parks，1993）。该理论观点认为，一个连续体的两极是交易型心理契约和关系型心理契约，每名员工的心理契约都归属于其中之一。交易型心理契约的典型特征是短期性、客观的、特定性、狭义的内涵本质、外部经济性（Rousseau and McLean Parks，1993）。与此同时，关系型心理契约则表征为宽泛的、包含交易性质的和内部的社会情感性因素（Rousseau and McLean Parks，1993）以及长期责任（如组织忠诚、组织支持、组织公民行为）。基于此，心理契约可以被视作包含非常宽泛的构面，涉及正式或隐含的契约关系，且尤其表现为交易型心理契约和关系型心理契约。更为常见的是，一种平衡型心理契约概念被提出，用以描述员工与雇主之间交易型心理契约和关系型心理契约的平衡性特征（Rousseau，2000）。

交易型心理契约和关系型心理契约的区别主要在于社会交换理论所指出的关系型契约交换与经济型契约交换的相对内容方面。该理论观点的主要假设是雇佣双方之间所交换的事物的本质特征有所不同。通常，经济型交换内容（如因为按规定出勤而获得工资回报）是最经济型和短期利益导向的心理契约特征表现，而关系型心理契约（如因为组织忠诚和组织承诺而获得长期工作保障）并非是明确且长期关系导向的。然而，Arnold（1996）注意到，对于交易型心理契约和关系型心理契约的区分并不足够明显。这一观点在 Rousseau（1990）关于交易型心理契约的研究中和 Robinson 等（1994）关于关系型心理契约的研究中也被证实。一些学者采用个体认知内容取代测量量表（Prother et al.，1998）。他们还采用其他责任作为一般性心理契约分类而非仅将特定的个体责任纳入心理契约内容（Lewis-McClear and Taylor，1998）。在采用这个理论框架时，一些实证性研究将交易型心理契约内容和关系型心理契约内容囊括在一起，取代了分别以交易型和关系型两种类别来解释心理契约的相关问题。这方面典型的研究如 Brokner（1988）、Sutton（1987）、Wong 等（2005），他们提出，当某个组织不能够提供关系性交换物时（如长期工作保障），如果组织能够提供更多的经济性交换物（如红利和有益的推荐信息），那么员工就会表现出高角色内行为和高角色外行为。雇佣双方所承诺的责任的本质特征是对彼此履行责任，并且应作为一个整体心理契约内容而非两种独立的心理契约类型。

目前，在雇佣双方之间单方面消除交易型心理契约有助于发展起以相互信任、组织忠诚、组织承诺为典型特征的关系型心理契约。一般来讲，人们并不相信组织会完全满足自己的需求，除非契约关系有助于组织实现短期利益（Hall，1996；Lee，1987）。而且，员工更可能与组织建立起交易型交换关系而非关系型或平衡型交换关系。例如，组织支付的高工资被视作对员工短期绩效的交换。从长远来讲，这对构筑长期的组织忠诚或组织承诺而言有益。尽管这种构筑具有一定困难，然而组织和员工都欢迎长期交换关系。恰恰因为如此，越来越多的研究者涉足雇佣关系研究领域。这就为可雇佣性理论与心理契约理论的结合提供了研究契机，即将可雇佣性元素导入心理契约内容结构讨论，以此来解释新型雇佣关系模式下，在以可雇佣性开发为重要基础和前提的雇佣关系发展过程中，个体心理环境变化的趋势，以及对组织结果的影响。

第三节 研究方法与数据来源

一 研究方法

本章对于知识员工可雇佣型心理契约的内容结构与形成机理的讨论采用探索性案例研究方法，其中导入了秉承扎根理论思想的质性研究与秉承后实证主义思想的定量实证性研究，结合研究问题需要，采用相适宜的研究方法。具体而言，（1）选取案例样本，分为如下研究步骤：①搜索中国本土权威测评结构发布的统计信息，根据统计数据，查找与本书研究问题相吻合的企业，结合本研究课题组社会资源，初步遴选案例企业；②整理研究资源，在初选案例企业中进行遴选；③利用课题组掌握的社会资源，征询备选企业意见，确定案例企业；（2）展开案例企业调查，分为如下研究步骤：①课题组紧扣研究问题展开头脑风暴，以共同商定案例研究草案；②结合研究草案，展开外联工作；③面向案例企业，展开深度访谈和现场调查，收集本研究所需要的一手信息；（3）制作研究报告，分为如下研究步骤：①基于每个案例企业制作研究报告；②将研究报告呈送相关案例企业，征询修改意见，以完善研究报告；（4）案例讨论，分为如下研究步骤：①整理所有案例企业的研究报告，采用内容分析法，提炼本研究所涉及的关键构念；②综合文献和研究成果，在借鉴经典测量工具基础上，设计并发放调查问卷；③对调查问卷数据进行统计与分析，基于调查数据来取得量化证据；④综合单案例分析与跨案例分析的研究结果，结合相关理论的对比分析，验证案例研究的信度与效度，为发展理论、提出本研究的概念模型提供坚实的理论依据。

为保证这部分探索性案例研究结果的信度与效度，本章秉承社会科学领域所倡导的三角验证观，即通过多元化渠道收集调查数据，同时结合调查现场使用关键事件收集和信息采集等技术手段，以期保证案例分析结果的科学有效性和统计分析的信度效度。要使案例分析结果达到信度与效度的测量要求，就需要确保理论—数据—模型的一致性，即最理想的理论建构需要禀赋的特性（Sutton and Staw，1995；Weick，1979）。

具体而言，首先，理论与数据的一致性，其本质是在回答所得案例数据能否用理论解释。因为理论对数据有很强的概括性（Pettigrew，1990；Weick，2007），所以保证理论与数据的一致性既可以避免大量数据所带来的混淆（Hall et al.，1998），又可以为数据找到合适的理论解释。因此，在数据收集中研究者必须不断地比较数据和候选指导理论（Eisenhardt and Graebner，2007），并用客观的分析来选出最适合的理论。除了以上阐述的优点，理论与数据的一致性也可以使研究结果更容易被理解（Bacharach，1989），同时提升研究结果被其他文献引用的概率。其次，数据与模型的一致性，其本质是在回答所得的案例数据能否支撑推导出的理论模型。因为理论模型仅仅是研究者自己想法的体现（Walsham，2006），并不一定反映真实的情况。所以，数据和模型的一致性也就保证了研究者的想法能够与现实情况相吻合。这种吻合，也是创建新理论的基本条件（Eisenhardt，1989）。为了确保两者的一致性，在案例分析过程中，需要注意两点：第一，保证所有出现在案例分析中的数据都能支持理论模型；第二，所有没有出现在案例分析中的数据都不会与理论模型相冲突，这是为了避免有价值的信息被忽略。最后，理论与模型的一致性，其本质是在回答已知的理论能否支持所推导出的理论模型。理论往往具有概括性，但是案例分析的结果通常无法取得统计学的那种统计概括性，而模型和已知理论之间的一致性却能够使这个结果达到另外一致概括性——分析概括性（Lee and Baskerville，2003）。原因是，如果所得理论模型能够与已知理论相呼应，那么这个模型也应适用于其他场景，而非仅仅适用于这个特殊的案例场景（Yin，2003）。

另外，在研究结果的信度与效度检验方面，还要注意的是，当理论—数据—模型的一致性达到之后，需要确定理论饱和度（Eisenhardt，1989）和数据充分性是否达到。如果在提升循环的过程中，发现新收集的数据总是不断重复，或者模型已经很完善没必要再扩充（Strarss and Corbin，1998），便可以考虑进行案例研究的最后一步，撰写总分析报告。

二　案例选择

案例研究方法的研究重点并非构建普适性外部效度，而是要求极高的内部效度。[①] 在社会科学领域，当一种研究方法有着很高的内部效度时，其外部效度必然是低的。恰恰是因为不同的研究方法在内部效度和外部效度上各有侧重，各种类型的学术研究才能在学科发展中各展所长，互为补充，共同推动学科发展。

本章结合研究情境特征、研究问题解决的需要，按照如下标准来选取案例单元：（1）企业人数规模小于等于 500 人，符合国家权威机构认定的中小企业标准；（2）企业自正式注册成立之日起算，运营时间大于等于 3 年，企业运行状态基本上进入平稳阶段；（3）企业在同行业内具有一定影响力，企业的产品竞争力、经营模式等基本上形成了一定特色，在同行业内拥有一定认知度；（4）受调查的知识员工的入职年限大于等于 2 年，即接受调查的知识员工经历过企业招募、面试、入职培训、上岗培训、组织社会化等组织政策，形成了关于组织的基本心理感知；（5）受调查的知识员工具有大学本科（及同等学力）以上学历的教育背景，能够采用所掌握的知识、技能、信息等展开工作，拥有本职岗位所要求的可雇佣性胜任力素质，本岗工作绩效取决于个体对可雇佣性能力的运用；

---

① Eisenhardt, Kathleen M., and Melissa E. Graebner, "Theory Building from Cases: Opportunities and Challenges", *Academy of Management Journal*, 2007, 50 (1): 25-32.

（6）所选取的事件与本研究主题紧密相关，具有一定代表性，能够由此反映出关于研究问题解释的说服性论据；（7）基于跨案例选取原则。根据 Eisenhardt（2007）所指出的，选择什么案例，选择几个案例，要从案例对于理论抽样的需要角度出发。如果一个案例所蕴含的信息足以说明与研究问题阐释有关的关键构念间的逻辑结构，则以这个案例为取样单位来解析问题是可以接受的。但是在社会科学领域，针对某一组织问题解释来讲，跨案例研究较之单案例研究更易于洞察到组织问题发生的根本致因，找到诸多纷繁复杂表象下所掩盖的问题实质。鉴于新时代中小企业所面临的高动态不确定性的外部环境，人才、成果、知识、技术等竞争已呈现出密集化，知识员工由组织信息所形成的心理图式越发动态多变，拥有不同知识、技能等可雇佣性能力的知识员工由组织信息所缔结的心理契约水平有所差异，且复杂多变环境中组织信息更具有动态波动性特征，因此，本章采用跨案例研究方法，旨在通过对多个案例单元的调查分析，剖析知识员工可雇佣型心理契约的内容结构及其形成，为揭示中小企业创新效能动力机制提供理论依据。

本章选取了 4 个案例企业进入案例研究范围。这些企业均符合国家权威机构所认定的中小企业资质，成立年限为 3—8 年，企业的产品、品牌、核心竞争力、经营（商业、运营）模式等在业界具有一定认知度，形成了一定经营（商业、运营）特色，且案例企业拥有一些满足研究需要的知识员工，这些知识员工运用自身所具备的可雇佣性能力展开本职工作，并能够接受访谈和问卷调查。另外，为了提高案例研究效度，尽量选取源自不同行业并涵盖朝阳行业的企业（如互联网企业、新能源企业、科技型企业等），且案例企业能够提供符合研究需要的关键事件和典型案例，来自不同案例企业的案例事件具有一定可比性，为展开跨案例研究提供了现实证据。

在开展案例研究之前，征求了案例企业的意见，采用英文字母（如 A、B、C、D）取代企业名称，对受访者姓名也进行了匿名处理（在展开正式调查前征询了案例企业相关负责人和受访员工的意见，出于经营、品牌、核心竞争力等战略选择以及个人绩效考评等考虑，在案例企业和受访员工不支持公开信息的情况下，本章视这些信息为"隐私信息"，在研究报告中采取隐匿方式处理）。

遴选的 4 个案例企业的背景信息如下。

A企业成立8年有余，至今发展成为专业承接热水器工程、太阳能热水工程、温泉热水工程、洗浴中心供热系统和热水工程、酒店供热系统和热水工程、商用CBD供热系统、生产企业中央供热控制系统等的新能源企业，还从事太阳能热水器批发、太阳能热水器开发和制造、太阳能热泵开发和制造、空调热水器开发和制造、中央供热系统开发和控制、节能热水器开发和制造、空调热水器一体机开发和制造、环保热水器开发和制造、空气能热水器开发和制造等热能专业设施设备的研制。企业拥有的知识员工约占整体员工总数的2/3，具备产品相关专业知识和技术的知识员工已成为企业自主创新的生力军。企业与一些知名高校建立了产学研用平台，不仅促进科技研发成果转化，助推新技术、新能源、新模式等创新发展，还为对口高校提供了人才培养和就业渠道。总体而言，企业力争在产品开发、运营核心竞争力、人才队伍建设、组织管理等各方面跻身行业领先地位。

B企业成立于2011年，是从事CATV、SATV、CCTV领域销售、开发、工程服务，集技、工、贸于一体的有线电视设备集成的专业化公司。公司一贯致力于有线电视设备开发与系统集成，为适应有线电视宽带、双向和数字系统最佳性能价格比的需求，依靠多年从事有线电视业的技术开发实力及面向全国各台、网的丰富业绩，与国际上著名的跨国公司合作，积多年CATV研制、生产、经营之经验，针对国内CATV器材方面的特点，集国外优良产品之长，在为各级用户提供最佳解决方案的同时吸收借鉴国际最新技术，引进技术领先产品，使用户从前端设备，至用户终端、测试仪器多品种、多规格比较选用，协助、促成完整性、系列化全系统配套。公司结合互联网时代商业模式特征，采用灵活的经营方式。公司拥有产品研发的专业人员，研发团队建设具有一定成效，团队成员基本能够响应公司号召，围绕公司战略导向，组织产品创新。

C公司堪称业内一匹"黑马"，短短三年时间里，就成为业内有一定知名度的专业致力于综合布线系列产品的企业。企业的专业技术人员基本上形成了梯队建设模式，老中青三代专业技术人员可谓企业产品不断实现突破发展的中坚力量，企业的管理政策也呈现出向专业技术人员大力倾斜的导向，以鼓励不同年龄和资历的专业技术人员积极创新、主动创造，最大限度地推动企业自主创新建设。

D公司成立于2016年，坐落于省核心创新空间，是以提供国内领先的网络营销软件为主、为客户打造一流网络营销工具的互联网科技公司。基于互联网运营+，公司致力于在互联网领域构建合作更牢固、分工更科学、竞争更有优势的全新合作模式。公司在互联网营销软件的研发、系统平台的搭建等方面拥有强大的研发团队和雄厚的资金实力，自成立以来，已为数十家大型企业提供了满意的产品，成为大型商业企业业绩大幅提升的助推器。公司秉承"质量、信誉、共赢"的宗旨，坚持"优质、快速、高效"的服务理念，并将这些管理方针贯彻到新员工招聘、面试、入职培训以及组织内化的各个阶段。目前，公司拥有一支禀赋了公司运营和发展特色的知识员工队伍。公司选派了人力资源管理人员赴知名高校 MBA 进修，培训结束后，这些受训人员结合公司的网络型组织发展和变革方向，针对知识员工管理特征，专门制定了相关管理政策，旨在激励知识员工加强自主创新意识和创新能力，能够创造出更大价值的企业核心竞争力。

三 数据来源

本章针对中小企业迫切需要提升创新能力的问题，聚焦于中小企业创新的主力军——知识员工，期望通过洞察知识员工在新型雇佣关系模式下的心理契约变迁，来找到研究问题解决的有力途径。基于此，通过焦点小组商榷了案例研究的方法、流程、技术标准、控制要点等，包括案例资源、调查数据的采集与取样途径、内容和渠道以及数据来源可靠性把控、访谈问题大纲等。由表 3-1 可知，接受访谈的知识员工符合本研究对中小企业知识员工的界定（判别标准），且与案例企业的判别标准一致（见表 3-2）。

对访谈研究而言，课题组事先通过查阅文献、考察我国中小企业发展状况、了解知识员工所禀赋的个体特征、学习社会调查方法等，并经由"访谈大纲初稿—焦点小组讨论—访谈大纲修改—课题组不断讨论和修缮—访谈大纲成稿"的步骤，确定了适用于本研究问题解决的访谈大纲（参见附录）。访谈工作以访谈小组的形式开展，成员包括两位，其中一位负责提问，另一位负责记录。为了便于记录访谈信息，访谈小组事先征询访谈对象的意见，在得到对方允许后，对访谈全程进行了录音。需要说明的是，当遇到访谈对象不同意录音的情况时，访谈小组则不录音，而仅以纸笔形式记录访谈内容。对于案例研究所需要的文档材料的收集工作，课题组通过访谈过程中随时采集、深入调研现场中收集、检索案例企业网站收集相关信息等多元渠道进行，符合社会调查研究所倡导的三角取证原则。另外，课题组按照社会调查研究所规定的范式和判别标准，结合访谈信息处理结果以及对文献、研究成果的归纳来编制本研究所需要的调查问卷（访谈记录的定性分析与调查数据的定量分析同时展开），相继经由小规模前测和正式调查两个步骤，得到本研究所需要的调查结果。

表 3-1 案例研究的数据来源

来源	方法	数据量	内容	备注
深度访谈	预试访谈	1 人次，约 110 分钟	形成可雇佣型心理契约的影响因素，主要划分为组织和员工两个方面	检验访谈大纲的科学性和可操作性，采取面谈方式
	正式访谈	14 人次，约 60 分钟/人	同上	按照访谈大纲的问项设置，采取面谈、电话访谈、网络聊天平台的音频和视频方式
	补充访谈	2 人次，约 45 分钟/人	对于正式访谈所收集信息的不完整之处	在以上访谈记录整理基础上，针对不完整之处，进一步补充记录
文档收集	企业提供	6 份案例企业内部文件	企业新闻、大事记、人物专访等	企业内部公文
		11 份会议纪要	部门（企业）工作总结和计划	例会纪要
	网络检索	7 份年度报告	企业业绩、管理状况、工作部署等	工作报告、年度报告
问卷调查	知识员工填答	预调研有效问卷 51 份 正式调研有效问卷 123 分	员工对可雇佣型心理契约形成致因的心理感知和主观评价	根据社会调查研究和社会统计学原理，展开问卷调查和数据统计分析工作

表 3-2 访谈对象的基本信息

编号	性别	年龄	司龄	最终学历	职位/岗位	访谈时间	编号	性别	年龄	司龄	最终学历	职位/岗位	访谈时间
A1	男	34	4	本科	客服部经理	50 分钟	C1	男	28	3	硕士	企划部发展专员	1 小时
A2	男	36	3	硕士	品控专员	45 分钟	C2	女	35	3	本科	研发部工程师	56 分钟
B1	男	40	6	本科	研发部经理	1 小时 22 分	C3	女	36	6	本科	市场部经理	1 小时
B2	女	30	2	本科	品质部经理	1 小时 15 分钟	C4	女	29	3	本科	人力资源主管	55 分钟

续表

编号	性别	年龄	司龄	最终学历	职位/岗位	访谈时间	编号	性别	年龄	司龄	最终学历	职位/岗位	访谈时间
B3	男	33	3	硕士	销售部主管	55分钟	D1	男	37	4	本科	研发部主管	1小时33分钟
B4	男	35	5	硕士	人力资源主管	35分钟	D2	男	32	3	本科	生产部主管	45分钟
							D3	女	35	5	本科	品控人员	45分钟

第四节 案例分析与理论建构

鉴于知识员工所具有的高动态心理活动、高心理感知敏感性，以及不同教育背景和社会经历的知识员工拥有不同程度的心理环境特征，本章拟采用单案例分析与跨案例分析两种方法，针对知识员工可雇佣型心理契约结构与形成的内在机理进行案例研究。

一 中小企业与知识员工之间关系模式探析

尽管以往研究结合各自兴趣，从不同的研究角度针对心理契约进行了诸多讨论，然而基本上形成了一种共识，即心理契约是组织与员工之间关系阐释的基本框架，员工由组织信息所构筑的心理契约反映了员工对组织管理、经营、运行等一系列政策的心理感知和体验，从一个侧面映射出员工的组织态度与行为状态，并可进一步预测组织结果。由此可见，心理契约相关问题的解释需要结合特定研究情境来讨论，才能更为深入地揭示掩藏在其间的组织管理问题背后的实质。具体到本章所关心的研究问题，中国步入新时代，社会经济结构转型升级迫在眉睫，外部复杂多变的竞争性环境迫切要求中小企业不断加强自主创新能力，这就需要中小企业除了进行产品迭代创新，还势必需要注重组织管理机制创新，知识员工作为中小企业自主创新的主体，其心理环境对企业结果具有影响力，因此，把握住知识员工对所在企业的心理图式，并因地制宜地进行干预，是中小企业进行知识员工管理的必由之路，能够助推中小企业可持续性创新与发展。基于此，本章的案例研究深入企业的工作现场，以期通过实地探索与理论演绎相结合的形式，解析知识员工可雇佣型心理契约的内容结构、内涵特征和形成的内在机理，从中明晰知识员工可雇佣型心理契约相关问题研究的解释视角与问题解析的基本构念分析框架，为接下来的研究工作提供理论依据。

按照以上研究思路，本章面向案例企业的知识员工展开开放式访谈，访谈问题如："详细描述当前知识员工和企业之间的关系……"对于现场收集的访谈记录和文档信息，内容分析法被学术界认为是能够有效处理文本信息的技术手段，可以对大量文本信息进行碎片化处理、统计和分析等，进而得出反映现实世界和问题本质的翔实的数据（Thulesius, Hakansson and Petersson, 2003）。本章采用内容分析法来处理案例研究信息，从中探析当前我国中小企业与知识员工之间的关系模式。本章采用 Nvivo 12 软件进行内容分析工作。通过对访谈记录、现场调研收集的材料信息等内容进行分析编码，可以发现，访谈对象普遍形成一定方向性的认识，即知识员工对企业的期望可以主要概括为交易型和关系型两个方面，将这两个方面视作两个维度，并分别划分为高、低两极来理解，很显然，中小企业与知识员工之间的关系可以归纳为四种类型，按照各类型所禀赋的内涵特征，将之分别命名为共享收益型、互惠双赢型、关系和谐型、唯经济性交易型，如图 3-1 所示。

	交易导向 低	交易导向 高
关系导向 高	关系和谐型	共享收益型
关系导向 低	唯经济性交易型	互惠双赢型

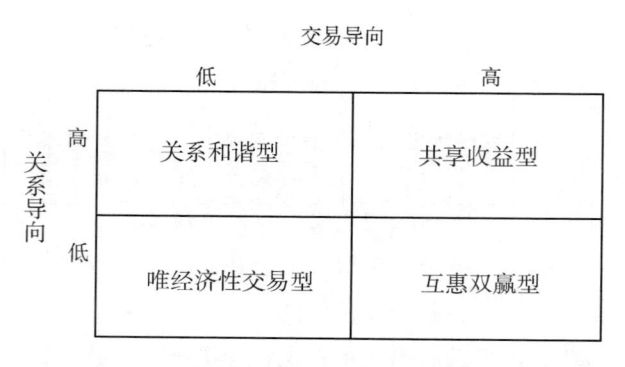

图 3-1 中小企业与知识员工之间关系的类型

基于以上分析，本章进一步整理访谈记录，结合所提炼的每条记录的内涵主旨，将之投到以上提出的四个雇佣关系类型当中，如表 3-3 所示。

第三章 中小企业知识员工可雇佣型心理契约动力机制及结构模型探析 | 53

表 3-3 中小企业与知识员工之间的关系类型及描述[1]

序号	类型	内涵特征	访谈记录	案例企业
1	共享收益型	企业和知识员工作为共同利益体的两极，双方之间的关系呈现出以共享收益为主要特征	处于共享经济下，企业和知识员工如两个经济实体，能够使双方形成利益共同体，彼此目标一致，才能实现共同发展（A1）	企业 A（392）、企业 C（270）、企业 D（172）
2	互惠双赢型	企业很看重与知识员工之间的关系，在获利方面，秉持的理念是，通过以物换物来实现等价交换，雇佣双方之间的关系呈现出以互惠双赢为主要关系特征	企业因为知识员工作投入和贡献值来支付报酬，知识员工因为想提升个人职业价值而选择适合自己发展的企业来供职，雇佣双方之间的关系如互惠互利，以实现双赢（C1）	企业 B（210）、企业 C（217）、企业 D（366）
3	关系和谐型	企业格外注重维系与知识员工之间的关系，筑起健康有序的关系，雇佣双方之间的关系表现出以和谐融洽的关系建设为主要特征	每个企业是社会运行组织中的一个单元，是助推企业发展的关键要素，面对社会发展迫切、知识员工社会形势对企业发展的要求越发迫切的状况，提高个体能力的形成，从这个意义来讲，企业和知识员工需要保持和谐的关系，有益于雇佣双方长久发展的重要基础（B2）	企业 A（61）、企业 B（60）、企业 D（29）
4	唯经济性交易型	企业不是非常重视与知识员工之间的关系，而是重视如何通过知识员工的工作付出来获取企业所需要的运营效果	雇佣双方之间，企业是主导方，知识员工是雇者，即从属方，在当前经济结构调整转型升级需要的形势下，短期经济性行为、利益驱动性行为充斥入雇佣双方之间的关系（D3）	企业 A（21）、企业 C（29）、企业 D（41）

[1] 在"案例企业"一列，括号中的数字表示内容分析编码的累计频次。

在以上案例研究过程中,访谈小组在设计访谈问项时,分别从知识员工视角和企业视角来调查雇佣双方对于彼此责任和义务的理解。然而,实际调查中却发现,当从知识员工视角来审视企业应履行的责任和义务时,知识员工的回答往往与企业本身既定的要对知识员工履行的责任和义务相一致,而从企业视角来审视知识员工应履行的责任和义务时,与企业所期望的知识员工应该提供的责任和义务相吻合。访谈对象 B2 谈道:

> 员工的本职工作是企业制定的,在招聘公告、面试介绍、上岗培训、上级工作安排等各个阶段,都对本岗本职应从事的工作内容、工作标准、奖惩政策等进行了讲解。反过来,在招聘、面试、岗前培训、入职后各阶段培训等各个阶段,通过企业政策宣传的正式渠道和与企业信息有关的非正式渠道,企业也都将对知识员工胜任力素质、工作绩效、个体可雇佣性持续提升的要求等进行了宣贯,就是使知识员工能够有的放矢地展开工作,更好地履行自己的职责,假如每位员工都能做到这样,那么又何愁企业效果的达成。

访谈对象 C1 谈道:

> 如果说员工对于企业责任和义务的认知,那就是企业向员工展示的要为员工提供的责任和义务,事实上,无论从员工角度抑或从企业角度来审视对方应履行的责任和义务,都源于企业向员工灌输的信息,即便存在非正式渠道所传递的信息,也离不开企业政策宣导。

由此,研究归纳得出,从雇佣关系双边视角来考察雇佣双方对于彼此履行责任和义务的期望实质上就可以仅从知识员工单边的视角来着手。导致这种情况发生的原因可能是,实质上,知识员工在应聘、面试、入职培训和组织内化等各个阶段上所接受的企业管理政策宣贯在知识员工内心深处形成了一种心理图式,使得知识员工对企业的期望就是企业管理政策在知识员工内心世界的投影。综上分析,讨论知识员工可雇佣型心理契约的相关问题,就可以从知识员工个体微观层面的视角出发,通过透析知识员工可雇佣型心理契约,能够折射出知识员工对企业的组织态度与行为,对企业运行结果也具有一定解释力。因此，本章尝试将雇佣关系双边视角转化为个体单边视角，以便在保证研究效度的同时，增强研究工作的可操作性，具体如图 3-2 所示。

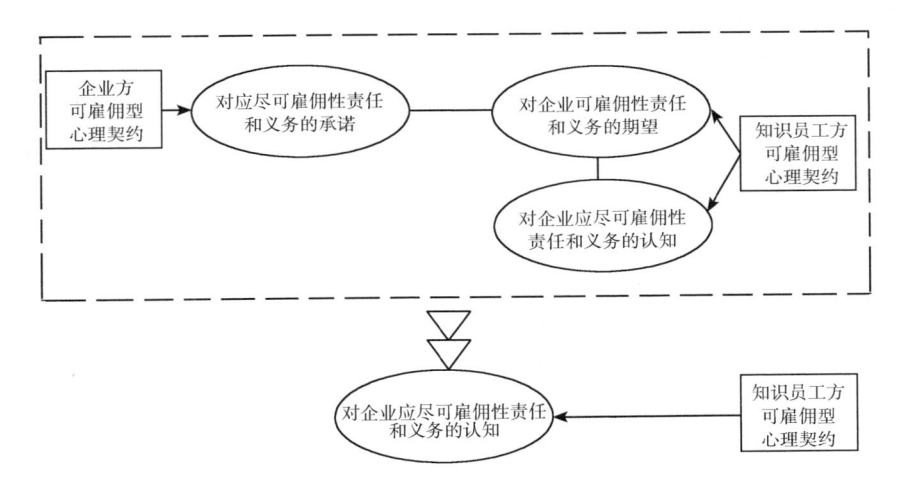

图 3-2 知识员工可雇佣型心理契约研究视角的转化过程

二 中小企业知识员工可雇佣型心理契约形成探析

基于以上分析，为夯实个体微观层面研究视角对于本章研究问题解析的科学性和可行性，课题组在以上研究基础上，进一步围绕知识员工可雇佣型心理契约形成展开深度访谈，以证实所提出的个体微观层面研究视角对于研究问题的适切性，为接下来本章深入讨论知识员工可雇佣型心理契约的相关问题提供科学、可靠的解释视角。

（一）中小企业知识员工可雇佣型心理契约形成的关键影响因素

按照前述的质性研究思想和研究步骤，课题组采用扎根理论，结合新时代下我国中小企业环境特征，以其知识员工为研究对象，专门针对中小企业知识员工可雇佣型心理契约形成的关键前置因素及其内在作用机理展开开放式访谈。对于访谈记录整理而言，为了保证所提炼的关键构念能够切实反映研究问题，并增强研究结果的内容效度，课题组借助专业质性研究软件 Nvivo 12 辅助进行案例研究工作，并采用内容分析法进行文本信息编码，编码结果见表 3-4。

表 3-4　　　　　　　　　　内容分析编码及对照示例

一级目录	二级目录	编码示例	对照示例
企业层面前置因素	真实工作预览	招聘公告、面试时都给应聘人员讲明了企业信息，帮助应聘人员了解企业（A2）	岗位职责与绩效考核挂钩（A企业《招聘公告》）
	组织社会化	上级领导的工作指导、同僚非正式场合的工作说明等，都影响员工的工作态度和行为（B1）	倡导工作团队建设，团队工作模式有助于个体获取持续创新能力（B企业官网发布信息）
	其他人力资源政策	员工在企业里是有职业晋升路径的，工作业绩考核与职业晋升直接相关（C2）	绩效考核方案说明了工作绩效的奖励措施，与职业发展紧密结合（C企业《绩效考核方案》）
	组织特征	每位毕业生在求职时，企业规模、经营状况、薪酬待遇、工作环境、工作保障等都是必然要考虑的（C2）	雄安新区发展战略给企业展开了一幅勇于面对挑战、不断搏击竞争形势的创新性画卷，环境特征明显不同于以往（C企业官网信息）
知识员工个体层面前置因素	工作价值观	工作价值观是社会价值取向的反映，如同"学而优则'势'"，多读书为了有更好的职业未来（A1）	这里为每位员工提供了职业发展的舞台，创新世界、创新自我（A企业《招聘公告》）
	创新效能	拥有创新精神、创新意识、创新能力是当前需要具备的职业素质（C1）	企业的创新效能来自不断的创新驱动发展能力，员工的首创意识和能力很关键（C企业《年度报告》）
	个体特征	教育背景、生活环境、社会经历等都影响个体的职业决策（D1）	员工期望企业为自己的职业成长提供机会（D企业官网信息）

为了保证案例研究结果的信度与效度，本章根据 Miller（2000）关于研究结果的信度效度评价的内容分析原则，采用 Holsti 开发的信度检验方法对以上内容分析结果的信度进行评测，公式为：

$$\begin{cases} K = \dfrac{2M}{N_1 + N_2} \\ R = \dfrac{2K}{1 + K} \end{cases} \quad (3-1)$$

公式（3-1）中，M 表示相同的编码个数，N_1、N_2 表示不同编码者编码的个数，K 表示编码一致性均值，R 表示编码信度系数。据此结算，如表 3-5 所示，一级、二级目录编码信度都超过 0.5 的经验标准（在社会科学领域的探索性研究中，要求信度系数大于等于 0.5，即满足分析要求）。因此，本次内容分析编码的一致性信度较理想。

表 3-5　　　　　　　　内容分析编码一致性的信度①

一级目录	二级目录
可雇佣型心理契约的前置因素——企业层面上（0.712）	真实工作预览（0.730）、组织社会化（0.822）、其他人力资源政策（0.675）、组织特征（0.594）
可雇佣型心理契约的前置因素——员工个体层面上（0.757）	工作价值观（0.812）、创新效能（0.741）、个体特征（0.804）

Eisenhardt（2007）指出，案例研究结果需要进行内容效度检验。借鉴经典统计类文献所倡导的"内容效度比"（Content Validity Ratio, CVR）来对内容分析结果进行内容效度评测。按照公式（3-2）：

$$CVR = \frac{ne - \frac{N}{2}}{\frac{N}{2}} \quad (3-2)$$

其中，ne 表示认可编码结果的专家数，N 表示专家总数。编码节点总数为 436 个，征询两位专家的意见②，最终确定 413 个节点。由公式（3-2）计算，291 个节点的 $CVR = 1$，73 个节点的 $CVR = 0$，其余节点的 $CVR = -1$。根据 Miller（2000）的内容效度判别规则，"$CVR = -1$"表示编码结果不被专家认可；"$CVR = 0$"表示认可编码结果与不认可编码结果的专家数各占一半；"$CVR = 1$"表示编码结果被专家认可。因此，本研究的内容分析编码结果符合内容效度的检验标准。

由以上分析可知，形成知识员工可雇佣型心理契约的因素主要在企业层面和员工个体层面。而除了以上因素，是否存在其他主要影响因素？为解决这个疑问，以便更加完整和清晰地回答影响知识员工可雇佣型心理契约构筑的关键要素，从中剖析知识员工可雇佣型心理契约形成的典型特征，在以上研究结果的基础上，进一步分别从企业层面、知识员工个体层面进行分析。图 3-3 所示的分析结果表明，在企业层面上影响知识员工可雇佣型心理契约形成的各个因素（列示了内容分析编码统计频次较高者）有：真实工作预览、组织社会化、率先垂范、组织支持、组织自尊、

---

① 括号中数字表示不同编码者内容分析编码一致性的信度。

② 一位为某企业主管人力资源管理工作的副总裁，一位为某企业人力资源管理部主管。为提高研究结果的内容效度，本章特地从非案例企业选取了两位业界资深人力资源管理者。

授权赋能、组织认可、其他人力资源管理政策、组织特征。其中，尽管案例企业存在异质性，然而相对于其他因素而言，组织社会化、真实工作预览对知识员工可雇佣型心理契约形成的影响力更大（统计频次更高，且高于影响因素统计频次均值）。而在图 3-4 所示的分析结果中，在个体微观层面上影响知识员工可雇佣型心理契约形成的因素包括：工作价值观、创新效能、个体可雇佣性、组织情感依附、组织承诺、职业取向、组织认同、职场压力、组织文化感知、组织嵌入、工作卷入、个体特征等。其中，相对于其他影响因素而言，工作价值观、创新效能对知识员工可雇佣型心理契约的影响力更大（统计频次更高，且高于影响因素统计频次均值）。

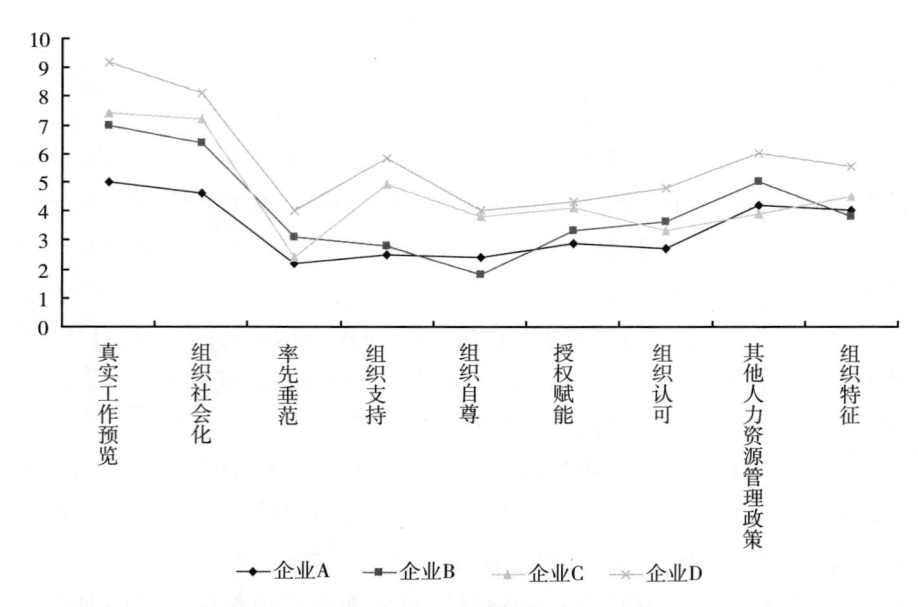

图 3-3　知识员工可雇佣型心理契约动因的内容分析编码（企业层面上）

（二）知识员工对其可雇佣型心理契约前因的认知

由以上分析可知，影响知识员工可雇佣型心理契约形成的关键因素主要源于组织和个体两个方面，内容分析编码结合图 3-3、图 3-4 的图形分析均表明，企业层面上的真实工作预览和组织社会化、员工个体层面上的工作价值观和创新效能对知识员工可雇佣型心理契约形成的影响力最为凸显。为了进一步明晰真实世界中知识员工对于这四个因素的认知度，本章又采用问卷调查法，力图变换研究理念，秉承后实证主义哲学思想，围绕

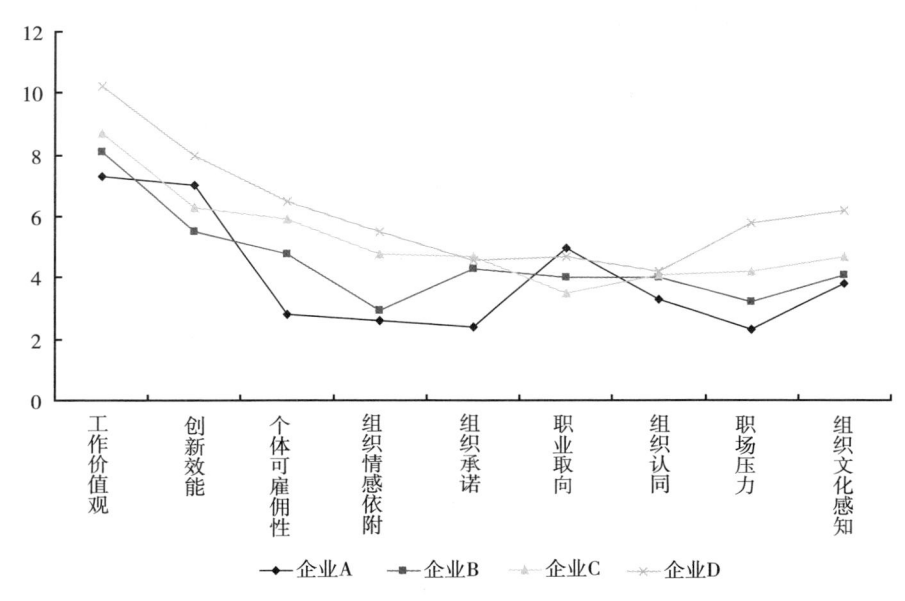

图 3-4 知识员工可雇佣型心理契约动因的内容分析编码（员工个体层面上）

知识员工对于以上四个因素在可雇佣型心理契约形成中所发挥作用的问题展开问卷调查。根据社会调查统计学对于问卷调查方法的阐述，能够运用于社会科学问题分析的调查问卷需要具备统计意义上的科学性和可行性，相关统计学文献就此指出，信度和效度是鉴别调查问卷具备统计应用的科学性和可行性的测度指标，直接影响调查问卷对于社会科学问题研究的价值。而基于调查问卷展开的预调研和正式调研，不仅能够检测调查问卷的信度和效度，还可以为研究问题解析提供科学和稳健的答案。基于此，研究采取小规模预调查的前测和大规模调查的正式调研两个步骤，针对知识员工对于真实工作预览、组织社会化、工作价值观、创新效能对个体可雇佣型心理契约的关键解释力进行了问卷调查。首先借鉴以往文献、结论、研究成果，对真实工作预览、组织社会化、工作价值观、创新效能四个构念进行操作化，编制研究变量的初始问卷。面向企业知识员工发放调查问卷 90 份，有效回收 67 份，有效回收率 74.4%。经由数据整理、统计和分析，信度、效度均满足统计检验的有效性标准（KMO 值、α 系数 $\geqslant 0.6$），如表 3-6 所示，表明以上问卷调查数据具有统计学意义。面向企业知识员工发放问卷 213 份，有效回收 136 份，有效回收率 63.8%。经由数据整理、统计和分析，基于有效问卷调查数据的信度和效度均满足统计意义上的有效性要求（KMO 值、α 系数≥0.6）（见表 3-7）。至此，不仅充分表明了以上问卷调查数据具有统计学意义，工作价值观、创新效能、工作价值观、创新效能四个量表还可以用于接下来的大规模问卷调查。鉴于此，研究确定了适用于这部分案例研究工作需要解决的中小企业知识员工可雇佣型心理契约形成问题讨论的定量实证性研究所需要的测试量具，采用李克特 5 级尺度作为量纲（"1、2、3、4、5"依次表征题项内涵重要性的程度为"非常不重要"至"非常重要"）。鉴于本章内容精简、高效、针对性解决研究问题的考虑，关于测量量表信度和效度的检验流程及判别准则详见第四章，此处不再赘述。

表 3-6　　　　　　　　　　调查问卷的信度和效度

	企业层面				员工个体层面			
变量	预调研（N=67）		正式调研（N=136）		变量	预调研（N=67）		正式调研（N=136）	
	KMO 值	α 系数	KMO 值	α 系数		KMO 值	α 系数	KMO 值	α 系数
真实工作预览	0.625	0.667	0.690	0.709	工作价值观	0.877	0.820	0.721	0.814
组织社会化	0.635	0.650	0.625	0.704	创新效能	0.635	0.714	0.608	0.722

表 3-7　　知识型员工对影响其可雇佣型心理契约形成的关键因素的认知分析

	变量	案例 A（N=41）		案例 B（N=38）		案例 C（N=19）		案例 D（N=38）	
		均值	标准差	均值	标准差	均值	标准差	均值	标准差
企业层面	真实工作预览	2.818	0.978	2.762	1.055	3.708	0.729	3.638	0.659
	组织社会化	2.703	1.093	2.604	0.433	2.631	0.843	2.650	0.680
员工个体层面	工作价值观	2.835	0.674	2.942	0.723	2.610	0.734	2.825	0.717
	创新效能	3.342	1.110	3.860	0.678	3.750	0.792	3.700	0.805

样本均值（Sample Mean）又叫样本均数，即为样本的均值。标准差（Standard Deviation）是离均差平方的算术平均数的平方根。标准差是方差的算术平方根，反映了一个数据集的离散程度。平均数相同的两组数据，标准差未必相同。本章采用均值和标准差来评价以上四个因素对知识员工可雇佣型心理契约形成的效力。计算结果如表 3-7 所示，在企业层面上，真实工作预览、组织社会化的均值偏高、标准差偏低，说明知识员工对这两个变量的心理感知度较高（即认为此二者是影响其可

雇佣型心理契约形成的重要因素），同时还折射出，案例企业所采取的组织诱因当中，以真实工作预览、组织社会化策略对知识员工形成可雇佣型心理契约的影响较大。借此，这两个策略在案例企业招募新员工、维系老员工方面发挥了较大效力。另外，在员工个体层面上，工作价值观、创新效能的均值偏高、标准差偏低，表明知识员工对这两个变量的心理体验较为凸显（即认为这两个因素是影响其可雇佣型心理契约形成的关键因素），也反映了案例企业在招募、培训等引导知识员工的过程中，相较之拥有一般个体特质的员工而言，更倾向于具备高工作价值观、高创新效能的知识员工，这恰恰与当下我国中小企业急于解决的如何持续提升自主创新能力的问题相吻合，知识员工作为中小企业自主创新的主体，面对企业亟须发展创新效能时，势必需要不断增强自身可雇佣性，具备高工作价值观、高创新效能的知识员工往往拥有对自身可雇佣性不断提高的期望，并自愿为之投入。从这个意义来讲，很显然，工作价值观、创新效能成了影响知识员工关于企业可雇佣性责任履行的心理图式的关键因素。

（三）中小企业知识员工可雇佣型心理契约前因机制的理论建构

1. 企业的真实工作预览、组织社会化对知识员工可雇佣型心理契约的直接影响

真实工作预览（Real Job Preview，RJP）自被提出之日起，就成了学术界与实务界广泛关注的焦点。在学术界，学者围绕真实工作预览与组织态度和行为结果的关系展开了诸项讨论，并取得了一定成果，达成了一定的方向性认识，即真实工作预览是预测组织态度与行为的一个解释变量（Erez and Isen，2002）。在实务界，尽管管理实践充满了诸多不确定性因素，但企业所处行业环境、竞争态势、战略选择等存在异质性，致使即便采取了真实工作预览，从策略实施效果来看，也存在一定程度的差异性。然而，就策略实施的整体效果来讲，都呈现出推动新员工对所任职企业认知、提供组织内化的稳定基础。因此，整体而言，无论学术界抑或实务界都遵从一种认识，即真实工作预览是促进（准）新员工形成对组织的心理认知、加强对组织的心理体验的一种有效途径，通过构筑起对组织的积极心理图式，促成建设性组织态度与行为。

B企业的一位访谈对象谈道：

当前行业竞争很激烈，不仅体现在产品、品牌、人才、技术等方面，企业内部管理也面临着激烈竞争。为了能够跟上时代发展步伐，学习标杆企业管理经验是当务之急。真实工作预览虽然在国外企业早已不鲜见，但在国内中小企业管理中能够应用得心应手的依然为数不多。真实工作预览不仅像理论上所指，是能够增进新员工了解企业的一种策略，事实上，也的确是一种有利于新员工认识、熟悉企业，快速转换为企业人角色，促进员工职业成长的有效途径。而这些都需要真正触及员工的心田，也即切实能够深入并触动员工的对企业的心理概念，才可以影响其心理环境。

D 企业一位访谈对象谈道：

回想起自己当初求职时，先从网上搜索企业招聘信息，通过浏览招聘信息，对企业形象、产品、管理等各个方面有个初始了解，就是在了解到现在供职的这件企业需要生产品质管理人员，且衡量了企业岗位招聘要求和自身所具有的能力后，认为自己基本能够胜任，才投递简历，之后，如约面试，双方谈妥，便入职。这一路走来，与企业人力资源部门的人员多次接触，是他们给我更加详细地介绍了企业从始建到稳定经营过程中的大事件，使我加深了对企业的了解，在这个过程中，不断坚定了自己要扎根在企业，争取更快、更好的职业发展。

基于以上分析，本章提出研究假设 H1：真实工作预览对知识员工可雇佣型心理契约具有显著的直接正向影响。

通过文献综述，组织社会化对员工心理环境具有显著影响力，是继真实工作预览对于新员工实施的组织政策宣导以外的另一种有力的影响员工认知系统的重要途径，包括正式渠道和非正式渠道两种方式。正式渠道是指组织官方途径（如企业官方网站、微信公众号、各类型工作会议、年会等），非正式渠道即以上正式途径以外的其他能够了解到组织信息的途径（如非工作时间内同事之间聊天、外媒的相关组织信息、其他涉及组织的信息来源）。无论正式渠道抑或非正式渠道，都在不同程度上通过影响员工的内在心理感知和体验来调节对组织的认知度。新型雇佣关系模式下企业与知识员工对于可雇佣性的迫切追求，都促使知识员工必须加强自身可雇佣性塑造，这就使相较之一般员工，知识员工更倾向于从可雇佣性发展的角度来审视企业可雇佣性责任履行，而组织社会化所蕴含的企业政策信息等恰恰传递了企业可雇佣性责任履行的相关信息。在这种情况下，组织社会化影响着知识员工由企业可雇佣性责任形成的心理图式。

A 企业一位访谈对象谈道：

> 企业信息可以从很多渠道了解到，如企业的对外官方网站、产品外部宣传、各类工作例会、年会、媒体的介绍，以及周围认识的人，在信息时代，不想了解的事情都会不自觉了解到，何况如果主动想了解一些事情，就总能找到途径了解到，对企业的认识也如此般。那么对于员工来讲，从进入企业开始，就不自觉地开始了企业人成长的生涯之旅。通过日常工作能够逐渐加深对企业的了解，工作时间以外的人和事也会不自觉地传递企业信息到员工身边。加之新时代下竞争日趋激烈，知识员工在某一时刻拥有的可雇佣性能力并不能永久存留，要想跟上时代发展的步伐，就必须不断加快脚步，持续提升可雇佣性能力。知识员工对企业的看法和认知在多数情况下也是从提高可雇佣性能力的角度出发，当认为企业促进自己提高可雇佣性时（如提高提供可雇佣性的机会），则对企业怀有正向认知，反之，就会产生负向认知。

B 企业一位访谈对象谈道：

> 企业里倒是从未提过"组织社会化"这类词汇，但就企业组织的各级会议、工作部署、春游、运动会等形式来讲，的确对员工起到了不小的影响力。特别是春游，趁着风和日丽，组织大家到野外游玩，平时从不认识的其他部门的人，通过春游加深了了解，这样做，对日常工作也是一种促进作用。对于新进员工来讲，春游、运动会是除正式工作场合以外的能够快速了解企业的人和事的大好机会。现在无论年轻员工抑或老员工，都需要不断提升能够跨越不同岗位、职能的综合素质，因此，员工们自然希望企业能够多提供有利于自身综合素质发展的机会。获得了这种机会的员工，易于产生依赖于组织的正

向心理反应，从未获得过类似机会或者获得机会极其有限者，则难以想象会对企业产生正向心理期寄。

基于以上分析，本书提出研究假设 H2：组织社会化对知识员工可雇佣型心理契约具有显著的直接正向影响。

2. 组织社会化对真实工作预览与知识员工可雇佣型心理契约间关系的中介作用

本章还发现了组织社会化所发挥的中介效应机制。综观以往研究，学者结合各自兴趣，基于不同研究情境，展开了组织社会化之于组织效应的探讨，尽管研究动机不尽一致，却普遍形成了一定的方向性的认识，即组织社会化影响员工个体的心理体验，其中包括了从初识企业至退出企业全过程的心理体验。根据社会认知心理学的解释，组织社会化通过影响个体的心理感应进而触及个体的态度与行为（Wanous and Reichers，2000）。如果说组织社会化是对处于不同在职阶段上员工的心理环境进行调节，那么真实工作预览就是从招聘开始干预应聘人员的心理环境，使得准入职者能够形成并加强对组织的了解，促进个体形成对组织的正向心理图式。这种心理图式并非永久不变，而是随着员工的组织内化过程不断地进行演变（Feldman，1981）。事实上，一些组织已开始利用个体心理环境由真实工作预览的塑造进而又受到组织社会化调节的心理活动特征来干预员工的心理认知系统。

B 企业一位访谈对象谈道：

> 工作开展的方方面面都是对员工内在心理活动的调控。比如，绩效考核令人满意，员工就会表现出积极的心理活动，对企业抱以正向感知，反之，则表现出消极的心理活动，更难以想象会对企业怀有多么正向的认识。这种心理活动还会影响员工从入职时开始形成的对企业的印象。如，不少员工从侧面表示出，入职后感觉企业的某些做法与应聘面试时的企业介绍并不完全吻合，甚至存在很大的出入。其实，这种表达就蕴藏了对企业的不理解和不满。

D 企业一位访谈对象谈道：

真实工作预览是从初次接触企业时就开始实施的组织管理政策，如果要想让员工最大限度地保持对企业的情感依附，仅凭入职那一刻的干预活动是难以奏效的，这就需要组织社会化贯穿员工在企业内工作生活的全部过程。组织社会化是对每位员工都实施的一种组织政策宣导，以期促进员工的组织内化，使其真正作为一名企业人来为企业结果优化贡献力量。面对当前外部竞争白热化的态势，不断提高可雇佣性是使员工和企业双赢的有力途径。因此，当前一些企业的组织社会化就蕴含了为员工可雇佣性提高而提供的机会，从另一个侧面则折射出，企业寄托于组织社会化来进一步增进真实工作预览对员工灌输的需要不断提高可雇佣性以及企业为之可能提供的发展平台的组织内规范取向。

基于以上分析，本章提出研究假设 H3：企业的组织社会化对真实工作预览与知识员工可雇佣型心理契约之间的关系具有中介作用。

3. 知识员工所秉持的工作价值观、自我效能对可雇佣型心理契约的直接影响

工作价值观是个体价值观系统的一个子集，工作价值观的形成不仅受限于个体自身价值观系统，还受到个体的学习、工作等社会经历的影响。就像价值观是个体态度与行为的"助推器"一样，工作价值观牵引着个体对工作事件的认知和理解，并指引着个体对于未来期望成为的一种模式的行为表现（Johnson and O'Leary-Kelly, 2003）。由社会认知心理学的解释，价值观是指引个体期望发展的方向和为此值得付出的一种信念系统。照此逻辑递推，工作价值观即为个体期望在职场生涯上发展的方向和为之而努力投入的一种职业信念系统。那么，对于当前新型雇佣关系模式所禀赋的对可雇佣性追求日益迫切的情况下，知识员工的工作价值观系统势必蕴含了对自己可雇佣性提高的信念，驱使着知识员工从提高可雇佣性的角度来审视企业信息。可以说，受不同的工作价值观驱使，知识员工对企业可雇佣性责任的期望也会呈现出不同程度的差异性。

B 企业一位访谈对象谈道：

价值观是个体感知、认识、理解世界的方向标，价值观好似一个

信念系统，包含了人生价值观、创业价值观、婚姻价值观、学习价值观、工作价值观等，囊括了生活、学习、工作等各个方面。工作价值观作为价值观系统的一个子集，既秉承了价值观系统特有的对于个体为人行事的基本准则的指导作用，又特别体现了对个体职场生涯的指导意义。知识员工对于可雇佣性的心理诉求是受当前社会普遍公认的个体成长的工作价值观指引下对可雇佣性发展的心理活动的反射。从这个意义来讲，可雇佣型心理契约受限于工作价值观。

C企业一位访谈对象谈道：

> 知识员工是利用知识、技能、技术等知识化信息开展工作的员工，处于高度竞争性环境下，知识员工需要不断提高个体所拥有的可雇佣性，只有这样，才能持续提升个体的胜任力素质，增强驰骋职场的综合竞争力。事实上，这些信念都源于个体身处的社会环境所宣导的工作价值观。

基于以上分析，本章提出研究假设H4：工作价值观对知识员工可雇佣型心理契约具有显著的直接正向影响。

本章所讨论的创新效能是自我效能的一个子集。自从Bandura（1977）首次在学术界提出自我效能的概念并指出自我效能对个体实现目标的重要意义以来，自我效能的相关问题研究就成了组织行为研究和实践领域中各界人士所普遍关注的焦点。自我效能是有关个体对完成某项任务或达成某个目标的一种强烈的心理信念，对个体心理认知系统具有极为强烈和直接的影响力。根据Bandura（1977）的观点，高自我效能者通常具备极强的信念，在这种信念指引下，个体往往能锚定目标，勇往直前，即便遭遇险阻，也依然保持强烈的行为动机。一般来讲，在知识员工群体中，拥有高创新效能者较多，在这种强烈信念的驱使下，知识员工往往具备高创造性、高创新性、高自我突破能力，这些能力恰恰是个体可雇佣性能力所涵盖的。由此可见，创新效能影响知识员工个体对于可雇佣性能力发展的心理感知，照此逻辑递推，知识员工对于企业可雇佣性责任的心理感知也会受限于其个体所秉持的创新效能。

A 企业一位访谈对象谈道：

知识员工普遍具备一定的创造性能力和创新性能力，这些能力并非与生俱来，而是后天习得的，在锻炼这些能力的过程中，势必遭遇困难，如何克服困难、达成目标，就需要一种信念，这就是创新效能。也即，拥有高创新效能的知识员工，从内心深处会油然而发一种强烈的进取精神，即便遭遇坎坷，也通常会坚持到底。

D 企业一位访谈对象谈道：

"坚持就是在实在坚持不住的时候再坚持一下"，"胜利往往在最后再坚持一下的努力之中"……类似这种励志性言语往往出自知识工作者，转而又通常被知识工作者所援引，用以鼓励如何在遇到困难时坚持梦想、坚持不懈。如果说坚持不懈是一种自我效能的体现，那么处在当前高度竞争性环境中，迫切需要不断提升创新能力就亟须一种秉承坚持不懈思想的创新效能作为心理支撑。可以说，知识工作者就是迫切需要不断提升创新性、创造性等可雇佣性能力的特定人群，知识工作者也往往具备这种创新效能。比如，比尔·盖茨、乔布斯、马云、马化腾、刘强东等，不胜枚举，都无一例外地拥有高创新效能，使之在频繁遇到坎坷时，不退却、不犹疑，而是坚定信念、勇往直前，在这种强烈的信念下，他们保持高战斗力，历练中不断提升自身可雇佣性能力。事实上，恰恰是在这种强烈信念驱使下，这些高知识工作者对组织可雇佣性价值的审视往往出于持续提高可雇佣性的内在动机。

基于以上分析，本章提出研究假设 H5：自我效能对知识员工可雇佣型心理契约具有显著的直接正向影响。

综上所述，本章提出中小企业知识员工可雇佣型心理契约形成的理论分析框架，如图 3-5 所示。

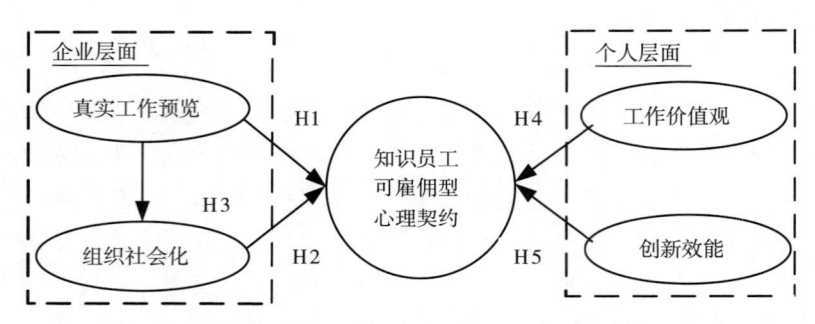

图 3-5　中小企业知识员工可雇佣型心理契约形成的理论分析框架

三　中小企业知识员工可雇佣型心理契约的内容结构探析

（一）中小企业知识员工可雇佣型心理契约的构成要素

为探索中小企业知识员工可雇佣型心理契约的构成要素，本章对访谈记录和现场调查材料展开内容分析，凭借 Nvivo 12 软件，在分析过程中以每条语句为分析单元，对访谈记录和调查材料进行新概念提取，统计构念提及的累计频次。通过初始编码和聚焦编码两个步骤，对所有访谈对象的访谈记录进行了完整的梳理和提炼，提取出反映知识员工可雇佣型心理契约的三大类别。通过对三个类别的内涵特征进行总结，并借鉴以往研究成果对于心理契约内容结构的阐释，考虑到与学术界既有理论需保持一定延承性，以保持本研究理论建构的学术特色，故将所提炼的三个类别分别命名为：为了个体可雇佣性提升提供组织环境性支持（如工作氛围、工作条件、组织支持等）、为了个体可雇佣性提升提供经济获益性支持（如薪酬待遇、绩效考核、物质奖励等）、为了个体可雇佣性提升提供职业发展性支持（职务晋升、学习培训机会、自我价值实现等）。其内容分析编码如表 3-8 所示。

表 3-8　　　　　　　　内容分析编码及对照示例

一级目录	二级目录	编码示例	对照示例
知识员工可雇佣型心理契约	为了个体可雇佣性提升提供职业发展性支持	拥有职业发展的能力是可雇佣性能力的一种表现，现实世界里知识员工不断面临着提高自我可雇佣性能力的挑战，这促使知识员工无形中秉持着持续发展可雇佣性的内在动机，对企业信息的认知也多从这个动机出发（B1）	企业为员工提供了职业发展的平台，无论新、老员工，有创意者都可申请进入创客孵化器，孵化成功（有了成果），就可以以项目部方式运行（B 企业官网新闻）

续表

一级目录	二级目录	编码示例	对照示例
知识员工可雇佣型心理契约	为了个体可雇佣性提升提供组织环境性支持	员工所拥有的各项能力增长都需要企业的支持，难以想象，在毫无企业支持的环境中，如何开展创新活动（A2）	QC小组是面向全体员工开放的，每次小组活动时，都要形成活动记录，最后各小组要进行"比武"，通过实战演练形式，锻炼自身能力成长，学习他家优势长项（A企业官网新闻）
	为了个体可雇佣性提升提供经济获益性支持	工作有很多种说法，"打工""工作""谋生""择业"等，虽然都是工作，但其中内涵不同，如特别针对一般员工来讲，工作的内涵就相对宽泛，无论哪种称谓，外出工作的基本目的无外乎是求得回报（C1）	绩效考核即将开展，考核结果与职级挂钩，并将兑现为收益性回报和奖励（C企业官网通知）

社会科学领域对于探索性研究的结果尤其强调信度和效度保证，据此，本章针对以上内容分析编码的信度和效度进行了检验，结果如表3-9所示。

表3-9　　　　　　　　内容分析编码一致性的信度①

一级目录	二级目录
知识员工可雇佣型心理契约（0.702）	为了个体可雇佣性提升提供职业发展性支持（0.770）
	为了个体可雇佣性提升提供组织环境性支持（0.573）
	为了个体可雇佣性提升提供经济获益性支持（0.642）

按照公式（3-1）计算，不同编码者对访谈记录和调查材料进行内容分析编码的一致性信度R值都在0.5以上。由社会科学研究中对信度和效度的判别原则，探索性研究结果的信度需大于0.5，因此，本章案例分析结果（对访谈记录、调查材料进行内容分析编码）的信度较理想，具有社会科学研究意义。

进一步，针对访谈记录和现场调查材料进行效度检验。本次内容分析编码总计提取内容节点896个，通过课题组的焦点小组讨论以及咨询两位业内专家（为了保证研究结果的内容效度，特地从非案例企业找到两位专家，且两者又分别来自不同企业，其中一位是某中小企业主管人力资源

---

① 括号中数字表示不同编码者内容分析编码一致性的信度。

管理工作的副总，另一位是某中小企业人力资源部经理），最终确定内容节点 513 个。按照内容效度计算公式（3-2）进行测评，结果表明，211 个内容节点的 $CVR=1$，152 个节点的 $CVR=0$，其余节点的 $CVR=-1$。根据已有文献对内容效度判别标准，$CVR=1$ 表示所有专家都认为内容分析编码结果恰当，$CVR=-1$ 表示所有专家都认为内容分析编码结果不恰当，$CVR=0$ 表示认为内容分析编码结果恰当的专家人数等于认为内容分析编码结果不恰当的专家人数。因此，可以判定，本章内容分析编码结果的内容效度较好。

在以上分析基础上，本章采用聚类分析方法对访谈记录和现场调查材料做定量分析，旨在与以上三维结构进行比对，从而进一步验证三维结构的科学性、可靠性。聚类分析结果显示（见表 3-10），知识员工可雇佣型心理契约的内容结构可以提炼为三个构面，分别为：为了个体可雇佣性提升提供职业发展性支持、为了个体可雇佣性提升提供组织环境性支持、为了个体可雇佣性提升提供经济获益性支持。综观以往研究，国外学者提出了心理契约的二维、三维、四维和多维模式，尽管研究结果有所不同，然而整体而言，应用较多的当属三维模式。在我国，李原（2002）针对我国企业员工心理契约的内容结构和内涵特征进行了讨论，提出了心理契约的三维结构；朱晓妹和王重鸣（2005）聚焦于我国企业知识员工的心理契约问题，通过理论探索和定量实证性研究得出了知识员工心理契约的三维模式（包括物质激励、组织支持、生涯发展）；陈加洲（2004）以我国贵州地区企业员工为例，通过大规模问卷调查研究，得出了心理契约的二维模式。与之对比分析，很显然，本章的研究对象是中小企业的知识员工，与朱晓妹和王重鸣（2005）的研究结论不谋而合，与李原（2002）的结论也存在维度构建数量相同之处，与陈加洲（2004）的结论（二维模式）存在差别。对此分析，主要是因为研究对象、研究情境、研究维度等存在显著差异所导致，因此，本章认为，以上内容分析所构建的知识员工可雇佣型心理契约的三维结构符合当前我国中小企业的特定组织环境特征，与知识员工的个体特质相吻合，能够反映这部分员工的可雇佣型心理契约内涵特征，可以用于接下来研究主题的讨论。

表 3-10　知识员工可雇佣型心理契约的内容结构聚类分析

聚类	包含内容	
1. 为了个体可雇佣性提升提供职业发展性支持	职业发展	可雇佣性能力提高
	品牌形象	培训学习机会
	促进个体能力增长的组织支持	授权赋能
	企业美誉	……
2. 为了个体可雇佣性提升提供组织环境性支持	工作条件	劳动保护条件
	领导指令明确	组织内社交网络
	组织宽容	工作—生活冲突
	上班交通便利性	沟通有效性
	工作保障	岗—责匹配
	职场压力	工作丰富性
	工休场所适宜性	组织公平
	组织机构扁平化	工作弹性
	带薪休假	……
3. 为了个体可雇佣性提升提供经济获益性支持	福利	奖金
	绩效考核	工资
	额外回报	

（二）中小企业知识员工可雇佣型心理契约维度结构的理论建构

前文基于我国中小企业环境特征，结合新型雇佣关系模式下知识员工所禀赋的高知识、高技能、高创新、高自我价值实现等个性特质，通过扎根于现场的探索性案例研究，提出中小企业知识员工可雇佣型心理契约内容结构的理论命题。进一步，本章结合文献分析、已有研究成果的讨论论证，将理论命题转化为研究假设，以便接下来采用调查数据的定量实证性研究验证研究假设的真伪性。理论分析与案例研究结果相互比对与复现的方法，有助于提高案例研究结果的效度。

20 世纪末以来，全球经济结构发生了纵深性变化，在从工业革命到新知识经济演变的发展历程中，雇佣关系模式发生了根本性的转变，传统的以效忠于组织来博取终身就业保障的雇佣关系模式转变为员工个体自我职业管理为显著特征的新型雇佣关系模式。在这种新型雇佣关系模式下，组织不再为员工提供终身工作机会和生活保障，员工也不再以终身服务于一家组织作为自己组织忠诚的唯一表征，取而代之，组织和员工都将可雇佣性发展作为矢志不渝的努力目标，即组织整体可雇佣性（产品、技术、管理、人才等核心竞争力，潜在发展优势等）面临持续提升的挑战，员工个体可雇佣性（跨越不同岗位、不同组织所需要的知识、技能等胜任力素质）亟待不断开发。在这种情况下，可雇佣性开发成了新型雇佣关系构筑的重要基础和前提，组织期待拥有高可雇佣性员工，特别是对于我国中小企业而言，作为企业自主创新的主体，知识员工势必需要不断开发自身可雇佣性，以便为组织整体可雇佣性提高提供动能。这就为可雇佣性理论与心理契约理论的结合提供了研究契机，本章恰恰以此为切入点，尝试提出"知识员工可雇佣型心理契约"这一新的概念，前文更是围绕这一新概念的内涵特征展开了探索性案例研究，通过访谈记录、现场调查材料等内容分析编码，提炼出知识员工可雇佣型心理契约的三维结构，分别表征知识员工关于组织在促进个体职业发展方面的责任、关于组织在提供组织环境支持方面的责任、关于组织在提供经济获益方面的责任的心理图式。

综观以往研究，在组织行为学领域，雇佣关系讨论一直是学者广泛关注的焦点，在不同时期针对雇佣关系研究的结果有所差异。自心理契约的概念在学术界提出以来，作为雇佣关系解释的基本分析框架，心理契约的内容结构和内涵特征随之引起了学术界热议。目前，学者普遍聚焦于心理契约的二维、三维结构模式。有学者关注新工业经济时代下知识员工心理契约的变化，选取刚刚从国际商学院毕业、即将步入工作岗位的 200 多名 MBA 学生为研究对象，针对其心理契约内涵要素展开了追踪式问卷调查，通过纵贯性研究设计与数据的定量实证性研究发现，这些新知识员工的心理契约内容可以归纳为"交易—关系"二维结构模式（Robinson, Kraatz and Rousseau, 1994; Robinson and Morrison, 1995）。还有学者结合各自研究兴趣、背靠所关注的研究情境、基于各自研究动机提出了心理契约包含"交易—关系"的二维结构模式（Mirvis and Kanter, 1992; Tsui et al., 1997）。在我国，陈加洲等（2004）在 Rousseau（1998）的交易、关系两维结构模型基础上，针对我国贵州省广大企业员工展开了问卷调查，通过大规模调查数据的定量实证性研究，将员工心理契约内容概括为交易性成分和关系性成分两个因子。理论建构总是随着现实世界实践活动不断发展，就在二维结构模式研究成果不断涌现之时，针对这个观点的挑战也接踵而至。交易性成分与关系性成分究竟应该理解为一个连续体上的两极，抑或是能够反映一个完整概念的两个不同构面？有研究提出，交易型心理契约内容与关系型心理契约内容存在中度负相关（$0.2<\rho<0.3$），即调查对象同时报告了高水平的关系型契约与交易型契约。之后，学者逐渐将二维观转移到引入更多元素考虑的多角度研究范畴，将原先仅关注结构归纳转换为深入内涵特征，期望能够更为清晰地提炼符合研究情境的心理契约结构模型。

之后，心理契约的三维结构模式开始"浮出水面"。三维结构是在二维结构基础上发展而来。Coyle-Shapiro 和 Kessler（2000）面向英国本土中层经理人员和近 7000 名一般员工展开大规模问卷调查研究，通过因素分析法分析其对雇主责任的心理感知，进而提炼出交易型、关系型、培训型三个维度。Lee 和 Tinsley（1999）针对美国本土地区和中国香港特别行政区的工作团队，证实了交易型、关系型、团队成员型三个维度。在我国，心理契约研究方兴未艾。研究者们结合各自研究领域和研究兴趣，展开了心理契约相关问题的诸项讨论，其中就包括关于心理契约内容的研讨。李原和郭德俊（2002）通过问卷调查数据的定量实证性研究提出了心理契约的三维构面。朱晓妹和王重鸣（2005）选取了我国本土企业知识员工为研究对象，在以往心理契约研究成果基础上，进一步从组织和员工双方的视角讨论心理契约内涵特征，通过调查数据的实证性研究得出了我国企业知识员工心理契约的三维结构模式，即员工责任可以由组织认同、创业导向、规范遵从三个构面来反映，组织责任可以由环境支持、发展机会、物质激励三个构面来反映。

基于以上分析，国外研究者较倾向于心理契约的三维构型，随着全球经济一体化所带来的组织行为变迁，心理契约的三维结构模式已经成为解释雇佣关系的一种基本分析框架。在我国，多数研究采用了心理契约的三维结构，在此基础上展开了特定情境下组织行为问题讨论，收效颇丰。

事实上，本章案例研究发现，当触及可雇佣型心理契约的内容构成时，访谈对象的话语往往能够提炼出三方面内容，即基于个体可雇佣性发展的动机，对组织在个体的职业发展、物质获益、工作环境支持三个方面的心理感知和体验。例如，访谈对象 A1 说道：

> 付出换取回报，这是外出工作的最基本的经济平衡法则，除此之外，工作的目的还需要满足个体的职业发展、社会交往等需要，所

以，企业如果想获得高员工满意度，就可以从这三个主要方面着手。

访谈对象 C2 说道：

> 择业时，行业背景、企业品牌美誉度是需要考虑的，再深入下去，圈定某个目标企业时，还需要考察企业的人才政策，如薪酬待遇、职业发展机会、学习培训机会、工作环境、生活条件等，或许不能够同时都满足应聘者的所有需求，只要多数需求能够满足，就可以称之为具有一定诱因的目标企业。

基于以上分析，本章提出研究假设 H6：中小企业知识员工的心理契约结构包含三个维度，即为个体可雇佣性提升提供职业发展性支持维度、为个体可雇佣性提升提供组织环境性支持维度、为个体可雇佣性提升提供经济获益性支持维度。

本章小结

本章秉承管理学、经济学、社会认知心理学等跨学科思想理念，采用了扎根理论的探索性案例研究方法，针对新时代下我国中小企业迫切需要提升创新能力的问题，面向企业知识员工，以其可雇佣型心理契约为研究的切入点，探讨了知识员工可雇佣型心理契约的形成机理与内容结构，并结合理论论证，提出知识员工可雇佣型心理契约的形成与内容结构的研究假设。

第一，结合研究问题的需要，通过导入扎根理论的探索性案例研究，采用开放式访谈、现场观察、资料收集以及问卷调查数据相结合的定性分析与定量分析相结合的技术手段，特别是采用对访谈记录和现场调查材料进行内容分析的方法，提炼出知识员工可雇佣型心理契约形成机理的理论命题。接下来，结合现有理论论证，将理论命题转化为研究假设，为接下来研究问题的解析提供了科学稳健的研究角度。

第二，结合以知识员工可雇佣型心理契约概念的界定为切入点，导入扎根理论的探索性案例研究，采用开放式访谈、现场观察、资料收集以及问卷调查数据相结合的定性分析与定量分析相结合的技术手段，特别是采用了对访谈记录和现场调查材料进行内容分析的方法，提炼出知识员工可雇佣型心理契约的内容结构的理论命题。为了进一步提高理论建构的内容效度，也为接下来研究问题的解析提供关键构念的基本分析框架；利用问卷调查数据，采用聚类分析抽取出三个构念，结合文献结论的对比分析，从而提出知识员工可雇佣型心理契约三维结构的研究假设，为接下来从各个构面深入阐释知识员工可雇佣型心理契约的组织态度与行为结果以及对企业创新效能的影响提供了科学稳健的理论依据和实证依据。

第四章 中小企业知识员工可雇佣型心理契约动力机制及结构模型的实证研究

本章秉承实证主义思想，通过问卷调查前测和大规模正式调查对知识员工可雇佣型心理契约结构与形成进行检验，进而结合中小企业管理情境、新型雇佣关系特征以及知识员工个体特质，综合与相关理论的对比论证，展开结论的讨论与分析。

第一节 研究方法与分析工具

围绕研究问题，本章对社会科学研究方法的相关理论文献展开系统回顾，对拟运用的中介效应的研究方法与分析工具进行对比论证，从而确定本章拟应用的中介效应检验规程和结构方程模型技术。

一 中介效应检验

中介变量的重要意义在于解释变量之间关系背后的内在作用机制。在中介作用检验方法中，学术界一再强调，中介作用的含义是"X对Y的影响是通过M"来实现的，即强调建立"因果关系"的重要性，建立变量之间的因果关系是排除其他等同模型的唯一方法。

以往大多采用Baron和Kenny（1986）的中介效应检验方法（见图4-1）。首先用X对Y做回归，并显示X对Y显著；其次用X对M做回归，并显示X对M显著；再次用Z对Y做回归，并显示Z对Y显著；最后用X和Z共同对Y做回归，并显示X的作用显著降低（相比未导入Z时的X对Y的效应值显著降低）。

采用结构方程模型检验中介效应已成为校验中介作用的较为常用的运算方式。关于结构方程模型的运算规则主要集中在两种范式上：协方差估

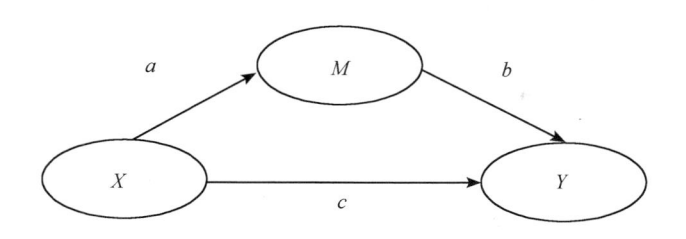

图 4-1 中介作用模型

计法、偏最小二乘估计法。相比协方差估计法，偏最小二乘分析法的结构方程模型对样本规模无严格要求、允许非完美正态分布的数据结构，是一种基于成分的求解方法。其本身并不产生参数估计的标准差，以往采用偏最小二乘技术时往往运用 Bootstraping 法来得到各个参数的标准差，以便进行研究假设检验。本章也采用基于偏最小二乘估计的结构方程模型进行中介效应检验，并导入 Bootstrapping 法进行样本重复抽样 1000 次。①

二　研究工具选定

SPSS 较多用于解释一元回归分析的问题，而鉴于多个变量间影响关系涉及因素较为复杂，且涉及变量间相关性共变的可能性，结构方程模型技术相比在单一影响关系解释方面具有优势的回归分析而言，更利于阐清变量之间的内在关联机制。因此，本章采用 SPSS 分析软件进行研究变量界定和维度结构校验，而考虑到样本数据收集覆盖范围广、地域较分散、收集时间多阶段性等，则采用结构方程模型进行研究假设检验。

结构方程模型（SEM）是一种理论模型检测的统计分析方法。除了基于协方差分析的结构方程模型（如 LISREL、AMOS），近年来，另外一种分析技术正在盛行——基于偏最小二乘的结构方程模型（SEM Based on Partial Least Squares，PLS-SEM）。

与基于协方差算法的结构方程模型有所不同，采用偏最小二乘算法估计的结构方程模型不对研究模型进行全局整体性拟合，没有基于 c^2 的那些拟合指标的要求（基于协方差算法的结构方程模型在对研究假设模型进

---

① Chin（2000）建议通过含最小偏差置信区间和最大非零效应检验功能的 Bootstrapping 法重复抽样 1000 次来估测变量间关系的显著性水平。

行数理分析之前，首先必须对模型进行一整套参数拟合度检验，当满足模型分析的参数要求之后，才可以进入接下来的测量模型和结构模型的估计），这是因为，基于偏最小二乘算法的结构方程模型的设计理念是基于预测性的数理分析，每个潜变量的 R^2 反映了这个模型的局部拟合程度。一般而言，对于某个自变量 X 的研究假设检验，不仅需要知道系数的值，还需要知道系数的标准差。然而以上迭代的求解方法使系数收敛于一个值，却难以给出一个系数的标准差。在偏最小二乘算法的结构方程模型估计中，通常采用 Bootstrapping 方法来解决系数标准差的问题。其分析思路为：首先，利用整体样本量求解模型的参数值；其次，剔除其中的 d 个样本，重新计算参数。再把剔除的 d 个样本放回模型中，剔除接下去的 d 个样本，直至所有样本都如此操作一遍。当一些样本被剔除时，就得到了一个子样本。根据每个子样本都可以得到模型参数的一个估计值，这些估计值的全体就可以用来计算模型参数的标准差，以此 t 检验来检验模型的系数的显著性。需要说明的是，Bootstrapping 方法要求每个子样本通过对整个样本进行有放回的、固定样本量的随机抽样，按照这种操作所形成的子样本的参数估计就形成了一个分布，这个分布可以用来对参数进行研究假设检验（验证研究假设的真伪性）。

学术界关于 PLS-SEM 形成了一定方向性的普遍认识：适合于预测；对样本量要求较小和非正态性分布规则（因为其分析的每一步都是局部回归，回归所要求的样本不大）；适合初期的理论模型（因为总是在局部范围内"贪婪"地寻求最大的解释，容易得到显著的关系结构，这种显著的关系结构可以作为进一步验证的基础）。

综上，基于协方差算法的结构方程模型（CBSEM）与基于偏最小二乘算法的结构方程模型（PLS-SEM）的差异性如表 4-1 所示。鉴于研究问题是关于中小企业如何有效管理知识员工可雇佣型心理契约，进而从中获得有利于企业创新效能提升的动力机制，样本覆盖我国中、东、北、南部等大面积区域的中小企业，且数据收集时间较长，势必影响样本数据分布的正态性，而基于偏最小二乘算法的结构方程模型（PLS-SEM）对样本规模正态分布的非苛刻性、允许样本规模有限、能够同时同步处理较复杂潜变量间关系结构等优势恰恰满足本书研究问题解析的特殊性，另外，SmartPLS 作为采用偏最小二乘算法的结构方程模型而言，是当前学术界应用较广泛的一种结构方程模型软件，能满足大多数情况下研究者对样本数据导入结构方程模型运算的要求，因此采用基于偏最小二乘算法的结构方程模型软件 SmartPLS，面向我国中小企业知识员工进行可雇佣型心理契约变量操作化及其形成机理、所产生的组织态度与行为效应以及对企业创新效能驱动机理的统计分析。

表 4-1　基于协方差算法的结构方程模型与基于偏最小二乘算法的结构方程模型的对比

对比内容	基于协方差算法的结构方程模型	基于偏最小二乘算法的结构方程模型
研究目的	检验参数的拟合度	检验模型的预测力
研究方法	基于协方差	基于方差
研究假设	多元正态分布和独立的观测（参数性）	预测指标规范（非参数性）
参数估计	恒定	参数不随指标和样本增加而改变
潜变量	参数估计的不确定性	参数估计的确定性
潜变量与测量指标之间的关系	仅可构建为反映型模型	可构建为反映型或形成型模型
研究意义	适用于参数的准确性	适用于预测的准确性
模型的复杂度	中等及其以下复杂程度的模型（如模型含指标数不足100个）	较复杂的模型（如模型含100个构念和1000个指标）
所允许的样本规模	最少可允许样本量 200—800 个	最少可允许样本量 30—100 个

第二节　问卷设计与小样本测试

一　问卷设计

当决定了使用问卷调查方法之后，接下来就需要思考如何设计调查问卷。社会调查统计学针对调查问卷设计和应用进行了详细阐述，结合研究情境，借鉴有助于本问卷调查的相关操作原理与判别原则，按照图 4-2 所示的问卷设计流程，展开问卷编制。

首先，鉴别问卷中需要包括哪些问项。本章采用主观型封闭式问项，以及以往社会调查研究普遍采用的自陈式填答形式（Self-Administered Survey）。有一种专属于心理变量测量的考虑是，多个问题可以测量调查对象多方面的反应。如为完整地测度忠诚度，需要从多方面来把握心理感受（忠诚度），并尽量保持问项简洁。从以往来看，李克特刻

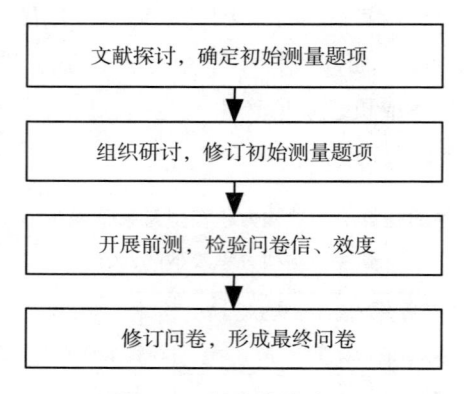

```
┌─────────────────────────────┐
│  文献探讨，确定初始测量题项  │
└─────────────────────────────┘
              ↓
┌─────────────────────────────┐
│  组织研讨，修订初始测量题项  │
└─────────────────────────────┘
              ↓
┌─────────────────────────────┐
│  开展前测，检验问卷信、效度  │
└─────────────────────────────┘
              ↓
┌─────────────────────────────┐
│    修订问卷，形成最终问卷    │
└─────────────────────────────┘
```

图 4-2　问卷设计流程

度（Likert Scale）应用较广泛，本章也采用李克特刻度对量表进行刻度标识。根据社会调查统计学的理论解释，刻度的语义标记（Anchor Text）并非越多越好，而应以能够覆盖拟测变量的概念空间，旨在促进量表能够切实反映拟测变量的真实属性为设计初衷。因此，在问卷设计中采用了五点刻度语义标记："1—5"分别表示"完全不、比较不、中立、比较是、完全是"。

而后，编写测量题项。其中需要注意，题项内容要符合研究问题、能够反映拟测问题的真实状态、的确出于测量目的和问题的考虑、便于阅读和理解、紧密结合研究主旨，以及出于对测量量表信度和效度的考虑。

再次，获取测度项。社会调查研究中测度项的获取可以通过借鉴经典测量量表或自行开发设计而来。一方面，对于借鉴经典测量量表的情况，需要注意如下问题：之前的研究与本研究是否针对相同或相近的研究对象？研究维度、研究目标、研究内容等有何异同之处？可以说，新的测量量表的编制是在以往研究成果、文献结论、测试量具基础上的选择与修改的过程。另一方面，对于自行开发新量表的情况，要结合研究情境和研究问题的需要，选用如下方法：采用头脑风暴（Brain Storming），提炼出一组测度项。此外，还可以根据理论构件的定义直接产生一个测度项。以上两种方法相辅相成，可以综合运用到一个测量量表的开发当中。

又次，保证测度项的效度。效度的基本要求是"问该问的问题"。基于此，(1) 需要对一个理论构件的定义了如指掌；(2) 测度项的形成要符合理论构件的定义。另外，还需要检验测度项的内容效度，第一种检验方法是研究者自检，即研究者要首先明确一个理论构件的内涵和外延，这种方法可以给研究者一双陌生的眼睛来审视原来的设计，在自检的过程中，如下一些经验有助于检查认知、态度、行为意向等心理变量：(1) 除非是出于理论上的设计，否则尽量保证有因果关系的变量是针对同一对象；(2) 态度与意向在对象上保持一致；(3) 明确要求调查对象报告自我态度；(4) 把一个测度项放到与它的构件定义最接近的其他构件的测度项中，检测这个测度项是否可以"蒙混过关"，使之看起来与前后的测度项表述了同一个意思，若是，则这个测度项存在问题，应予以解决。第二种检验方法是测度项分类法（Item Sorting），分两步实施，并可不断重复。第一步，把测度项一个一张打印在小卡片上，邀请4位调查对象，不告知理论构件的个数、定义和调查目的，让调查对象独立对这些测度项进行分类。这个分类的结果可能出现分类数与构件个数不一致、测度项被分错类，或两种错误兼而有之。然后，与每个人讨论为什么会如此分类，并记录出错的原因。分类的信息要记录下来，并计算同意的程度（Level of Agreement）。同意的程度有不同的计算方法。其中较为常见的是简单同意系数（Raw Agreement）与Kappa系数。这些系数反映了调查对象之间理解的一致性。若这个系数大于0.7，则说明测试项的质量可以接受。在第二步，研究者根据反馈修改测度项，并另邀请4人。这次告知其理论构件的个数与定义，4人的任务是把各测度项分到各理论构件中去。其中的错误与困难也被记录下来。分类信息也要记录下来，并计算Kappa系数。Kappa系数是一种统一系数，研究者对问卷进行修改。这两个步骤可以重复，直至研究者满意为止（即所有Kappa系数均大于0.7）。

基于以上问卷设计原理，形成初始问卷之后，需要通过小样本规模前测（预调研）来检验问卷的信度和效度。其间，需要采用修正题项总相关系数（Corrected Item-Total Correlation，CITC）方法来纯化测度项，在确认所有测度项足够净化后，接下来导入探索性因子分析和信度系数法，利用有效样本数据来考察问卷测量的建构效度和内部一致性信度，以检测测量量表能否切实反映拟测变量的真实属性。

二 变量测度

展开这部分问卷调查工作主要以当前我国中小企业知识员工为研究对

象，结合新型雇佣关系背景下知识员工与组织对可雇佣性发展的强烈诉求，特别汲取了与这种新型雇佣关系特征紧密相关的可雇佣型心理契约、真实工作预览、组织社会化、工作价值观、创新效能感五个拟测变量，按照前文阐述的社会调查研究所倡导的问卷调查方法及其操作原则，采用李克特5级标尺作为计量单位（"1、2、3、4、5"分别表征"完全不符合、比较不符合、没意见、比较符合、完全符合"），对以上五个拟测变量进行概念界定和操作化，问卷填答遵循自陈式方法进行。

（一）知识员工可雇佣型心理契约

根据研究主题（我国中小企业如何通过知识员工可雇佣型心理契约的有效干预和管理来获取持续创新效能），知识员工可雇佣型心理契约可谓最为关键的研究变量。从以往文献结论来看，关于心理契约的概念内涵、维度结构及其形成机理的研究存在一定分歧，研究者们结合各自领域和兴趣，从不同的视角展开了心理契约的相关问题讨论，所取得的研究成果总是带有各自研究背景特征。鉴此，本研究特别针对我国中小企业的组织情境，结合新知识经济时代下对个体可雇佣性发展的强烈诉求以及以此为重要基础形成的新型雇佣关系特征，融合已有文献结论，对当前我国中小企业知识员工可雇佣型心理契约进行变量界定和操作化。以已有研究成果（特别是学科领域内经典研究成果）为理论基础，结合特定研究情境，对待开发构念进行变量界定和操作化，是保证社会调查研究成果的内部一致性信度与外部效度稳健性的有力途径。在这方面，Rousseau（1998）在学术界提出的心理契约测量量表可谓心理契约变量操作化领域的奠基石，除了实现心理契约概念在定量实证性研究领域的操作化以外，还提出了从个体微观研究视角来审视雇佣关系的理论价值与实践应用价值。之后，诸多研究者在此基础上对心理契约问题继续深入探索。Hui（2004）提出了心理契约的三维结构及其测量量表，分别为交易型心理契约、关系型心理契约、平衡型心理契约。李原等（2006）较早地将心理契约这一术语引入我国组织行为学领域，以当时在全球较前沿的定量实证性研究方法为技术载体，针对我国企业员工的心理契约状态展开研讨，提出由规范责任、人际责任和发展责任三个维度来解释心理契约变量，并随之开发了相应的测量量表。综观国内外研究，三维结构能够较完整地周延心理契约概念，且能够较为全面地阐释某个特定情境下心理契约的内在属性。基于此，背靠新时代下我国中小企业的组织环境特征，融合新型雇佣关系对可雇佣性开发的不懈追求、新型组织行为特征和知识员工所禀赋的独特个性特质，本章尝试在所提出的我国中小企业知识员工可雇佣型心理契约概念基础上，将之作为拟测变量，导入数据的定量实证性研究。按照社会调查研究所主张的测量量表的设计原则，研究小组通过检索文献、收集并借鉴已有研究成果、翻译和回译程序、研究小组讨论、咨询专家和同行的意见与建议等主要步骤，对知识员工可雇佣型心理契约测量量表的题项进行斟酌和检审，剔除所共识的无效测度项，精简并修缮剩余的测度项后，形成知识员工可雇佣型心理契约的初始测量量表和初始调查问卷，如表 4-2 所示。

表 4-2　　　　　知识员工可雇佣型心理契约的测度项

构成因子	题项编号	题项内容
为了个体可雇佣性发展提供职业发展性支持	EPC1	企业提供职业发展机会
	EPC2	企业提供在职培训和学习机会
	EPC3	工作具有挑战性
	EPC4	工作中能得到上级的指导、支持和鼓励
	EPC5	企业提供职务或职称的晋升机会
	EPC6	企业提供能够施展自我才能的空间
为了个体可雇佣性提升提供组织环境性支持	EPC7	企业和我的沟通渠道畅通，并且能够及时得到企业的反馈信息
	EPC8	企业能够公平地对待我
	EPC9	企业肯定我的工作业绩
	EPC10	企业关心员工的个人成长和生活状况
	EPC11	企业提供同事间相互协作的氛围
	EPC12	企业给予我应有的信任和尊重
	EPC13	企业提供资源充分的工作环境
为了个体可雇佣性提升提供经济获益性支持	EPC14	企业提供的薪酬水平具有吸引力
	EPC15	企业提供医疗、失业等保险、住房公积金等其他福利
	EPC16	企业提供稳定的工作保障
	EPC17	我在工作中有自主权
	EPC18	企业按照工作业绩发放工资和奖金

（二）真实工作预览

真实工作预览（Real Job Preview，RJP）的国内研究尚处于理论探索阶段，将之纳入组织行为学讨论并采用定量实证性研究加以研讨的解释性研究较为匮乏。国外理论工作者和实践工作者较早地注意到真实工作预览所带来的组织效果，并将之运用到组织管理的相关理论创建和管理活动当中。从研究结果来看，通常得出了真实工作预览作为组织所实施的一种招聘策略，能够显著影响员工个体的心理概念，所营造的心理环境对员工的组织心理与行为具有显著的解释力。从以往研究所采用的研究方法来看，通常以员工自陈式回答的方式来考察员工的态度，进而透析员工的心理体验，进而得出员工对组织所实施的真实工作预览的心理感知。社会学研究主张，源于真实社会情境的问题的探讨，应还原真实情境下的要素特征。考虑到本章所讨论的真实工作预览变量选取于新时代下的中国中小企业，关注该类企业如何通过真实工作预览策略影响企业自主创新主体——知识员工的组织心理与行为，以使企业能够获取持续创新的动力，因此，本章深耕于我国广大中小企业的现实组织管理情境，遵循社会调查研究所遵从的自陈式填答形式来收集调查对象的真实工作预览体验。在对文献结论进行整理的基础上，综合以往研究关于真实工作预览测量的经验，并结合研究课题组内部焦点小组讨论、咨询专家和同行的意见与建议的形式，最终编制了初始问卷，如表4-3所示。

表4-3　　　　　　　　　　真实工作预览的测度项

构成因子	题项编号	题项内容
组织支持	RJP1	组织提供职称或职务晋升的机会
	RJP2	我在组织内有职业发展机会
	RJP3	组织提供施展自我才能的空间
	RJP4	我对自己的工作有自主权
	RJP5	我需要为工作承担一些责任
	RJP6	我可以自行改变自己的工作时间
	RJP7	我能够在组织内建立职业生涯发展通道
	RJP8	我会因为工作业绩而获得奖酬
	RJP9	组织提供一些福利
	RJP10	我能够自主决定休假时间
	RJP11	我的付出与所得相符

续表

构成因子	题项编号	题项内容
组织环境	RJP12	组织提供适宜的工作环境
	RJP13	组织关心我的生活条件
	RJP14	其他同事对我友好
	RJP15	当我需要协助时，其他同事会相应给予提供

（三）组织社会化

除了在招聘环节对员工的组织宣讲，员工在正式进入组织之后，会有更为深入的组织融入过程，此间更会形成关于组织的内在感知。从以往研究来看，员工自入职开始，便从不同角度接收关于组织的信息，按照来源渠道来划分，大致包括正式渠道信息和非正式渠道信息两个主要途径。其中，正式渠道信息如源于组织正式发布公告、通知等信息渠道的政策、规章制度、行为规范等，这些信息往往通过各类会议、上级主管、组织官方媒体宣传等途径传达到员工；非正式渠道如非工作时间的同僚间聊天、外部媒体信息传播和其他间接宣传途径等。无论经由哪种传播途径，通常来讲，员工接收到这些信息后，会不同程度地受之影响，或多或少地形成关于组织的一种心理图式，并以某种工作态度和行为表现出来。基于此，理论界和实务界不约而同地将之导入组织管理情境，并形成了一定方向性认识，即经历了组织社会化的员工会形成关于组织的一种心理概念，这种心理概念会通过工作态度和行为进而牵动组织结果。鉴于组织社会化对组织效果的预测效力，理论工作者们对此展开了诸项研究，期望能够得到如何使组织结果最优化的预警机制，组织社会化的测度就是这些研究当中颇为重要的基础环节。Jones（1986）提出了由7个测度项组成的测量量表，旨在测量源于组织正式渠道的组织社会化如何使员工形成关于组织信息的心理认知和评价。针对本章的研究情境，在新型雇佣关系背景下，企业依然是雇佣关系的主体，新型雇佣关系所追求的高可雇佣性一直是企业所推崇的高绩效员工的标准，因此，在Jones（1986）测量量表基础上，综合研究问题需要，对组织社会化测度项进行了适当设计，并通过课题组成员商榷、咨询专家和同行的意见等形式，最终形成专门测量组织社会化的初始调查问卷，包括6个测度项，如表4-4所示。

表 4-4　　　　　　　　　　组织社会化的测度项

构成因子	题项编号	题项内容
工作规范	OS1	我接受过一系列入职培训，这是专门为新员工设计的一整套与工作有关的技能和知识的培训
	OS2	直到我彻底熟悉工作流程和工作方法后，才能开展本职工作
	OS3	我的大部分工作技能是通过非正式渠道或者在职培训获得
职业规划	OS4	企业对于工作岗位或职责的变动，有明确的规定
	OS5	企业依据工作经验和绩效考评来调整工作岗位或职责
	OS6	企业对员工有清晰的职业生涯发展规划

（四）工作价值观

工作价值观是个体对于工作内容、工作性质、工作展望等职业特性的心理愿景和主观评价，拥有高工作价值观不仅是现代社会所推崇的职业准则（如职业理想、工作愿景、职业生涯发展等均经常出现在工作价值观的显性描述当中）。无论学术界抑或实务界都不同程度地发现，工作价值观对个体心理环境具有显著影响，并将进一步牵动个体的工作态度与行为，是组织价值创造的重要影响因素。为了监测工作价值观可能带来的组织价值，以便尽可能早地对消极工作价值观施以提前干预，最大限度地发挥积极工作价值观的正向组织效应，理论工作者们结合各自兴趣，在各自领域内，针对个体状况的测量，编制了量表。

综观以往研究，基本上都尽量周延个体对工作性质的较完整轮廓的认知体验，反映个体对未来工作愿景的心理属性以及对组织社会责任（包括可雇佣性责任）的心理概念。其中经典的量表有明尼苏达量表，由于该量表在评价个体工作价值观方面的显著功效，被之后诸多研究者采用，并取得了与工作价值观相关的组织行为研究成果。有学者提出，明尼苏达量表的功效尤其体现在对测量本身效度的评价方面（Super，1995），从这个意义上来讲，短式量表较完整量表而言更具有实践应用价值（Keller et al.，1992）。综合以上文献回顾，课题组采用短式明尼苏达量表，结合我国中小企业组织环境特征，融合知识员工所禀赋的个性特质，拟以自陈式填答形式为调查载体，编制对知识员工工作价值观进行调查的初始问卷，如表4-5所示。

表 4-5　　　　　　　　　　工作价值观的测度项

构成因子	题项编号	题项内容
工作激励	WV1	我能够时常做不同的事情
	WV2	我为良好地完成工作而感到自豪
	WV3	我能够自行尝试一些不同的工作
	WV4	我的工作并非日常或重复性
	WV5	我每天都可以从事一些不同的工作内容
	WV6	多数时间，我可以做一些事情
	WV7	我对自己的工作计划负责
	WV8	我具有工作自主权
职业发展	WV9	我的工作业绩优秀
	WV10	我总是不断成长
	WV11	我能够靠自己的能力做一些事
	WV12	我希望工作适合个人能力的发挥
	WV13	我具有很高的职位
	WV14	我能把握住良好的工作机会
工作氛围	WV15	我可以为其他人做些什么
	WV16	我可以帮助他人
	WV17	我能够指导其他人做事
	WV18	我可以与同事发展为紧密的伙伴关系
	WV19	我和同事友好相处

（五）创新效能

Bandura（1964）较早地在学术界提出了自我效能的概念，即自我效能是一种个体对自身能力的自我认知和评价，通常表现为对于完成某项任务或达成某个目标的自信心或坚定的信念，在这种强烈的内在心理动机驱使下，个体往往会具有一种笃定于内心的精神状态，进而产生势必要完成某项任务或达成某个目标的顽强的心理属性。对于本书所关注的知识员工而言，就尤其是禀赋了高自我效能的个体，在较为充沛的知识体系的装备下，知识员工会形成关于组织信息的某种认知，并自发地对自我能力进行预判，从而形成能够承担组织任务的坚定的心理概念。基于此，Bandura（1977）进一步提出了关于自我效能测量的方法，主要从三个维度进行：第一个维度是强度，即个体对自身具备能够完成某项任务或达成某个目标的能力的主观认定；第二个维度是数量，即个体对自身具备这种强烈的内在动机程度的判断；第三个维度是预测度，即个体关于自我能力的主观评价对于完成任务或达成目标的预测性。这三个维度所反映的自我效能构件共同解释了个体所拥有的自我效能水平。一般而言，三者评价值越高，个体所拥有的自我效能也越高。这种自我效能在遭遇挫折时体现得尤为突出，往往会形成"屡战屡败，屡败仍然屡战"的精神状态。在此基础上，一些研究者开始涉足自我效能的测量。考虑到知识员工普遍具有高自我效能，在这种自我效能驱使下，往往会带来高水平的工作态度和行为表现，因此，研究课题组在借鉴以往研究的经典测量量表基础上，综合对研究情境、研究问题需要、研究对象个体属性等因素的考虑，通过翻译—回译程序、课题组成员共同商讨、咨询专家和同行等途径，设计了面向我国中小企业知识员工自我效能测量的量表，又经由认真翔实地修缮，最终形成适合本书研究问题解析的知识员工自我效能水平调查的初始问卷，如表4-6所示。

表 4-6　　　　　　　　　　创新效能的测度项

构成因子	题项编号	题项内容
合作沟通	SE1	我能和别人共事，并清楚表达个人意见
	SE2	我能设身处地为他人着想，和不同意见的人协商
自我激励	SE3	对我而言，再困难的工作，我也能尽力完成
	SE4	我能集中努力和注意力，达到成功
	SE5	我追求感兴趣的、具有挑战性的，且能全身心投入的目标
	SE6	我能参与各种活动或训练，以促进自身成长
	SE7	我能在不同场合恰当地表现自己

三　小样本测试

（一）概述

社会调查研究中对于变量之间关系结构测量的首要前提是变量概念的界定和操作化，通过各个因素对拟测变量反映的内部一致性信度与外部效度的检验来判定拟测变量是否满足研究问题解析的需要（即变量可否反映所对应构念在真实世界中的自然状态）。为了达到这个目的，前期就需要准备一系列统计操作流程。根据社会统计学检验原则，变量建构信度与效度的测评需要大规模样本量的数据资源基础，而在展开大样本量调查前，首要的（也是必须进行的）是进行小样本规模的数据调查。基于此形成的变量界定不仅能够反映出变量的真实属性，还能够获得变量测量的有效测量量表以及相应的调查问卷，进而得以采用所取得的调查问卷（内含测量量表）进行研究变量间的关系结构分析，从而得出有助于研究问题解析的变量之间的逻辑脉络。

鉴于此，在展开大规模样本调查之前，首先进行小样本调查（预调查/前测）（见图4-3），旨在通过对测量量表建构信度和效度的检验，判断并形成研究所需要的调查问卷。考虑到研究锁定的是新时代下的我国中小企业知识员工，该类人群大多数拥有高职业发展取向、高职业价值观、高学习动机等，较之一般员工而言，更倾向于到经济发达地区，同时，经济发达地区相比经济欠发达地区来讲拥有较少的人才吸引政策，所能够提供的人才保障补给方案等都逊于经济发达地区。因此，问卷主要投向我国中、东、南部和沿海等区域（如京津冀、鲁豫、江浙沪、福建、广东、武汉、大连等地）的中小企业，企业性质覆盖民企、外资、国企，调查对象限定为正式进入企业工作1年以上的拥有大学本科以上学历的在职员工。需要说明的是，考虑到目前"大众创业，万众创新"的新形势下，相当多中小企业处于亟待加快发展的前所未有的历史时期，创新驱动持续发展的特定历史时期下企业势必面临着组织效果持续波动的游离状态。鉴于社会调查研究所主张的数据获取的稳健性和可复制性，课题组在发放问卷时选取了一些经营状况较稳定、业绩表现稳中有升、在当地业内拥有一定美誉度（知名度、品牌效应）的中小企业，并且所选取的行业也尤其考虑到"双创"政策的影响，即主张选取在新产业、新业态、新模式、新贡献方面具有一定社会影响力的中小企业。

基于以上调查原则，小样本调查于2017年4—6月进行，调查对象为来自17家中小企业的知识员工（按照本书对知识员工的认定标准，在样本企业选取了具有本科学历以上的管理人员和专业技术人员），入职时间均为一年以上，企业源自京津冀、鲁豫、大连、广东、福建、武汉、江浙沪等地的国企、民企和外企，采用自陈式填答形式，通过邮件、微信、QQ等途径发放问卷。经过为期3个月左右的问卷调查，共发放问卷110份，回收问卷93份，其中有效问卷81份（剔除填答存在大量漏答、重复填答、多答、少答的问卷,以及笔迹模糊不清、无法辨识,答案呈现明显有规律性的问卷),有效回收率为 73.6%。

课题组采用 SPSS 17.0（PASW Statistics 17.0）软件对所收集的有效样本数据进行描述性统计分析和数据特征的统计分析工作。分析结果显示,各个测度项 Shapiro-Wilk 正态性检验结果的显著性水平均接近于零（P<0.05）,偏度（Skewness）系数的绝对值小于 3,峰度（Kurtosis）系数的绝对值小于 10,呈现正态分布,数据无极值出现。

进一步展开信度、效度和探索性因子分析。在探索性因子分析中,需要按照修正题项总相关系数分析（CITC 分析）—探索性因子分析—量表整体信度分析的规程进行。其中,CITC 分析的判定标准是测度项的 CITC 值大于 0.5,若 CITC 值小于 0.5,则除非存在充分理由说明测度题保留的重要意义,否则应删除该测度项。另外,信度检验中要求 Cronbach's α 系数大于 0.7。需要说明的是,吴明隆（2010）指出,对于预调查来讲,允许 Cronbach's α 系数介于 0.5 和 0.6。具体的 CITC 分析流程如图 4-3 所示,课题组严格按此流程进行预调查分析。

CITC 分析后,需要对量表结构进行探索性因子分析,其中首要的是判断量表是否能够进行探索性因子分析,其判断原则为:（1）1 个测度项不可以独立反映 1 个因子;（2）删除因子载荷小于 0.5 的测度项,除非根据理论分析,充分可以证明保留该测度项的合法性;（3）若测度项所归属的因子与原先理论假设有所不同,则需要结合理论分析、研究问题分析、研究情境特征等,重新审视量表编制依据和测度项设置,重新运行以上校准流程来判定测度项的归属结构。

在以上分析都符合规程和判定标准后,还需要对量表结构整体进行信度检验,Cronbach's α 系数在 0.6 以上,表明量表设计可以用于定量实证性研究。

(二) 信度和效度分析

信度与效度分析是评测测度项结构对拟测变量反映程度的重要指标,具有统计意义上的信度与效度可以说明变量要素建构能够反映构念在真实世界的自然属性。关于这方面检验,需要通过收敛效度—区分效度—信度系数检验法来评测。

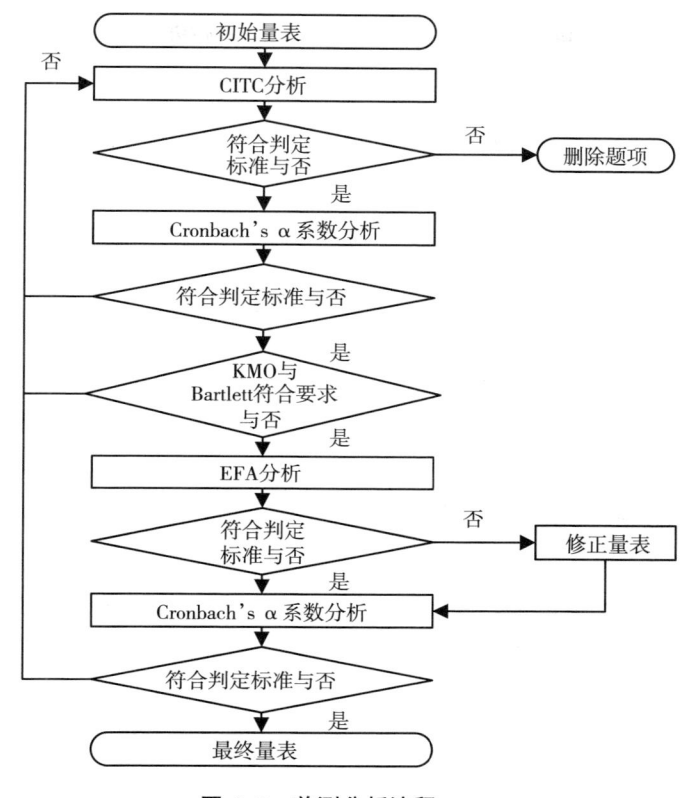

第四章　中小企业知识员工可雇佣型心理契约动力机制及结构模型的实证研究　91

图 4-3　前测分析流程

1. 知识员工可雇佣型心理契约量表的信度和效度分析

表 4-7 显示,"EPC2、EPC3""EPC12、EPC13""EPC15、EPC16"的 CITC 值均小于 0.5,加以删除后,量表 α 系数改善,加之删除后,其余题项的 CITC 值均大于 0.5,各维度及量表的 α 系数均超过 0.7,因此,修正后量表符合测量要求。

进一步对修正后的剩余测度项展开探索性因子分析,在进行这个步骤之前,需要采用 KMO 和 Bartlett 球体检验法判断各个测度项是否呈现非正交性(马庆国,2002),如果呈非正交性,则样本数据可以进入因子分析。据此计算显示,相关判定指标均满足统计分析要求(KMO = 0.875 > 0.7,Bartlett 球体检验 Chi-Square = 1500.279,自由度 = 55,显著性概率 = 0.000),样本数据可以用于探索性因子分析。

表 4-7　知识员工可雇佣型心理契约量表的 CITC 分析和信度分析

因子	题项编号	题项内容	CITC	项删除后的 α 系数	评价	各因子 α 系数	量表 α 系数
为了个体可雇佣性发展提供职业发展性支持	EPC1	企业提供职业发展机会	0.715	0.727	合理	$\alpha_1 = 0.797$ $\alpha_2 = 0.871$	$\alpha_1 = 0.864$ $\alpha_2 = 0.899$
	EPC2	企业提供在职培训和学习机会	*0.284*	0.831	*删除*		
	EPC3	工作具有挑战性	*0.363*	0.807	*删除*		
	EPC4	工作中能得到上级的指导、支持和鼓励	0.574	0.760	合理		
	EPC5	企业提供职务或职称的晋升机会	0.762	0.711	合理		
	EPC6	企业提供能够施展自我才能的空间	0.685	0.735	合理		
为了个体可雇佣性提升提供组织环境性支持	EPC7	企业和我的沟通渠道畅通，并且能够及时得到企业的反馈信息	0.694	0.758	合理	$\alpha_1 = 0.812$ $\alpha_2 = 0.834$	
	EPC8	企业能够公平地对待我	0.671	0.770	合理		
	EPC9	企业肯定我的工作业绩	0.673	0.769	合理		
	EPC10	企业关心员工的个人成长和生活状况	0.671	0.766	合理		
	EPC11	企业提供同事间相互协作的氛围	0.513	0.793	合理		
	EPC12	企业给予我应有的信任和尊重	*0.354*	0.815	*删除*		
	EPC13	企业提供资源充分的工作环境	*0.328*	0.823	*删除*		
为了个体可雇佣性提升提供经济获益性支持	EPC14	企业提供的薪酬水平具有吸引力	0.504	0.622	合理	$\alpha_1 = 0.635$ $\alpha_2 = 0.713$	
	EPC15	企业提供医疗、失业等保险、住房公积金等其他福利	*0.394*	0.622	*删除*		
	EPC16	企业提供稳定的工作保障	*0.338*	0.609	*删除*		
	EPC17	我在工作中有自主权	0.539	0.505	合理		
	EPC18	企业按照工作业绩发放工资和奖金	0.503	0.694	合理		

以特征值大于 1 作为提取因子的判定标准，采用主成分分析法和方差最大旋转法，将样本数据导入剩余测度项的探索性因子分析，运算结果表明（见表 4-8），总计提取了与 3 个研究假定面向相对应的 3

个公共因子（特征值大于1），累计方差解释变异87.2%，阴影部分标识的因子载荷值均大于0.5，因此可以判定，量表具有统计学意义上的区分效度。

表4-8　　　　　　　　　　探索性因子分析

维度	题项编号	因子1	因子2	因子3
为了个体可雇佣性提升提供职业发展性支持	EPC1	0.799	-0.146	-0.602
	EPC4	0.746	-0.031	-0.117
	EPC5	0.833	-0.437	-0.240
	EPC6	0.714	-0.156	0.203
为了个体可雇佣性提升提供组织环境性支持	EPC7	0.430	0.782	0.191
	EPC8	0.187	0.686	0.497
	EPC9	-0.101	0.784	0.120
	EPC10	-0.435	0.785	0.340
	EPC11	0.159	0.623	0.517
为了个体可雇佣性提升提供经济获益性支持	EPC14	0.301	0.152	0.501
	EPC17	0.348	0.192	0.564
	EPC18	0.217	0.253	0.505

接下来通过信度系数法对剩余测度项所组成的测量量表进行整体信度分析，如表4-9所示，各个维度的信度均大于0.7，满足统计学测量要求，说明量表具有统计学意义的分析有效性。

表4-9　　　　　　　　　最终量表的信度分析

测量变量	Cronbach's α 系数
为了个体可雇佣性发展提供职业发展性支持	0.871
为了个体可雇佣性提升提供组织环境性支持	0.834
为了个体可雇佣性提升提供经济获益性支持	0.713

2. 真实工作预览量表的信度和效度分析

表4-10显示，组织支持因子中的"RJP4、RJP5、RJP6、RJP7、RJP8、RJP9、RJP10、RJP11"、组织环境因子中的"RJP15"的CITC值均小于0.5，删除这些项后，各维度和量表的α系数均有所改善，说明删除合理，且删除后其余题项的CITC值均大于0.5，各维度及量表的α系

数均超过 0.6。吴明隆（2010）在统计学的社会学应用研究中提出，预调查的量表信度可以控制在 0.5—0.6。因此，以上修正后的量表具有统计学意义。

表 4-10　真实工作预览量表的 CITC 分析和信度分析

因子	题项编号	题项内容	CITC	项删除后的 α 系数	评价	各因子 α 系数	量表 α 系数
组织支持	RJP1	组织提供职称或职务晋升的机会	0.509	0.603	合理	$\alpha_1 = 0.622$ $\alpha_2 = 0.624$	$\alpha_1 = 0.648$ $\alpha_2 = 0.715$
	RJP2	我在组织内有职业发展机会	0.520	0.573	合理		
	RJP3	组织提供施展自我才能的空间	0.547	0.574	合理		
	RJP4	我对自己的工作有自主权	0.358	0.585	删除		
	RJP5	我需要为工作承担一些责任	0.326	0.592	删除		
	RJP6	我可以自行改变自己的工作时间	0.099	0.628	删除		
	RJP7	我能够在组织内建立职业生涯发展通道	0.226	0.612	删除		
	RJP8	我会因为工作业绩而获得奖酬	0.169	0.622	删除		
	RJP9	组织提供一些福利	0.309	0.596	删除		
	RJP10	我能够自主决定休假时间	0.261	0.607	删除		
	RJP11	我的付出与所得相符	0.221	0.620	删除		
组织环境	RJP12	组织提供适宜的工作环境	0.551	0.733	合理	$\alpha_1 = 0.646$ $\alpha_2 = 0.671$	
	RJP13	组织关心我的生活条件	0.564	0.583	合理		
	RJP14	其他同事对我友好	0.633	0.508	合理		
	RJP15	当我需要协助时，其他同事会相应给予提供	0.397	0.601	删除		

进一步对修正后的剩余测度项展开探索性因子分析，在进行这个步骤之前，需要采用 KMO 和 Bartlett 球体检验法判断各个测度项是否呈现非正交性（马庆国，2002），如果呈非正交性，则样本数据可以进入因子分析。据此计算显示，相关判定指标均满足统计分析要求（KMO = 0.701 > 0.7，Bartlett 球体检验 Chi-Square = 924.507，自由度 = 105，显著性概率 = 0.000），样本数据可以用于探索性因子分析。

以特征值大于 1 作为提取因子的判定标准，采用主成分分析法和方差最大旋转法，将样本数据导入剩余测度项的探索性因子分析，运算结果表明（见表 4-11），总计提取了与 2 个研究假定面向相对应的 2 个公共因子（特征值大于 1），累计方差解释变异 63.2%，阴影部分标识的因子载荷值均大于 0.5，因此可以判定，量表具有统计学意义上的区分效度。

表 4-11　　　　　　　　　探索性因子分析

维　度	题项编号	因子 1	因子 2
组织支持	RJP1	0.758	-0.011
组织支持	RJP2	0.556	-0.309
组织支持	RJP3	0.803	0.216
组织环境	RJP12	-0.148	0.849
组织环境	RJP13	0.053	0.504
组织环境	RJP14	0.154	0.763

接下来通过信度系数法对剩余测度项所组成的测量量表进行整体信度分析，如表 4-12 所示，各个维度的信度均大于 0.6，由吴明隆（2010）关于预调查中信度系数在 0.6 以上符合统计分析要求的解释，真实工作预览量表满足统计学测量要求，说明量表具有统计学意义的分析有效性。

表 4-12　　　　　　　　　最终量表的分析

测量变量	Cronbach's α 系数
组织支持维度	0.624
组织环境维度	0.671

3. 组织社会化量表的信度和效度分析

表 4-13 显示，所有测度项的 CITC 均大于 0.5，各个维度及量表的 α 系数均大于 0.6。吴明隆（2010）在统计学的社会学应用研究中提出，预调查的量表信度可以控制在 0.5—0.6。因此，以上修正后的量表具有统计学意义。

表4-13　　组织社会化量表的 CITC 分析和信度分析

因子	题项编号	题项内容	CITC	项删除后的α系数	评价	各因子α系数	量表α系数
工作规范	OS1	我接受过一系列入职培训，这是专门为新员工设计的一整套与工作有关的技能和知识的培训	0.515	0.557	合理	α=0.641	α=0.683
	OS2	直到我彻底熟悉工作流程和工作方法后，才能开展本职工作	0.545	0.575	合理		
	OS3	我的大部分工作技能是通过非正式渠道或者在职培训获得	0.505	0.676	合理		
职业规划	OS4	企业对于工作岗位或职责的变动，有明确的规定	0.525	0.584	合理	α=0.639	
	OS5	企业依据工作经验和绩效考评来调整工作岗位或职责	0.513	0.527	合理		
	OS6	企业对员工有清晰的职业生涯发展规划	0.594	0.577	合理		

进一步对修正后的剩余测度项展开探索性因子分析，在进行这个步骤之前，需要采用 KMO 和 Bartlett 球体检验法判断各个测度项是否呈现非正交性（马庆国，2002），如果呈非正交性，则样本数据可以进入因子分析。据此计算显示，相关判定指标均满足统计分析要求（KMO=0.655>0.6，近于 0.7，Bartlett 球体检验 Chi-Square=246.928，自由度=15，显著性概率=0.000），样本数据可以用于探索性因子分析。

以特征值大于 1 作为提取因子的判定标准，采用主成分分析法和方差最大旋转法，将样本数据导入剩余测度项的探索性因子分析，表4-14的运算结果表明，总计提取了与2个研究假定面向相对应的2个公共因子（特征值大于1），累计方差解释变异62.44%，阴影部分标识的因子载荷值均大于0.5，因此可以判定，量表具有统计学意义上的区分效度。

表 4-14　　　　　　　　　　　探索性因子分析

维　　度	题项编号	因子 1	因子 2
工作规范	OS1	0.736	0.116
	OS2	0.806	-0.064
	OS3	0.634	0.435
职业规划	OS4	-0.350	0.715
	OS5	0.355	0.709
	OS6	0.187	0.728

接下来通过信度系数法对剩余测度项所组成的测量量表进行整体信度分析，如表 4-15 所示，各个维度的信度均大于 0.6，由吴明隆（2010）关于预调查中信度系数在 0.6 以上符合统计分析要求的解释，组织社会化量表满足统计学测量要求，说明量表具有统计学意义的分析有效性。

表 4-15　　　　　　　　　　　最终量表的分析

测量变量	Cronbach's α 系数
工作规范维度	0.641
职业规划维度	0.639

4. 工作价值观量表的信度和效度分析

表 4-16 显示，工作激励因子中的"WV7、WV8"、职业发展因子中的"WV12、WV13、WV14"的 CITC 值均小于 0.5，删除这些项后，各维度和量表的 α 系数均有所改善，说明删除合理，且删除后其余题项的 CITC 值均大于 0.5，各维度及量表的 α 系数均超过 0.6。吴明隆（2010）在统计学的社会学应用研究中提出，预调查的量表信度可以控制在 0.5—0.6。因此，以上修正后的量表具有统计学意义。

进一步对修正后的剩余测度项展开探索性因子分析，在进行这个步骤之前，需要采用 KMO 和 Bartlett 球体检验法判断各个测度项是否呈现非正交性（马庆国，2002），如果呈非正交性，则样本数据可以进入因子分析。据此计算显示，相关判定指标均满足统计分析要求（KMO = 0.893 > 0.7，Bartlett 球体检验 Chi-Square = 1593.316，自由度 = 66，显著性概率 = 0.000），样本数据可以用于探索性因子分析。

表 4-16　　工作价值观量表的 CITC 和信度分析

因子	题项编号	题项内容	CITC	项删除后的 α 系数	评价	各因子 α 系数	量表 α 系数
工作激励	WV1	我能够时常做不同的事情	0.729	0.679	合理	$\alpha_1=0.763$ $\alpha_2=0.887$	$\alpha_1=0.865$ $\alpha_2=0.911$
	WV2	我为良好地完成工作而感到自豪	0.509	0.728	合理		
	WV3	我能够自行尝试一些不同的工作	0.690	0.687	合理		
	WV4	我的工作并非日常或重复性	0.711	0.697	合理		
	WV5	我每天都可以从事一些不同的工作内容	0.698	0.690	合理		
	WV6	多数时间，我可以做一些事情	0.663	0.713	合理		
	WV7	我对自己的工作计划负责	-0.057	0.812	删除		
	WV8	我具有工作自主权	-0.175	0.822	删除		
职业发展	WV9	我的工作业绩优秀	0.500	0.540	合理	$\alpha_1=0.638$ $\alpha_2=0.752$	
	WV10	我总是不断成长	0.590	0.515	合理		
	WV11	我能够靠自己的能力做一些事	0.532	0.569	合理		
	WV12	我希望工作适合个人能力的发挥	0.222	0.640	删除		
	WV13	我具有很高的职位	0.182	0.672	删除		
	WV14	我能把握住良好的工作机会	0.346	0.604	删除		
工作氛围	WV15	我可以为其他人做些什么	0.689	0.636	合理	$\alpha_1=0.748$ $\alpha_2=0.794$	
	WV16	我可以帮助他人	0.680	0.646	合理		
	WV17	我能够指导其他人做事	0.352	0.754	删除		
	WV18	我可以与同事发展为紧密的伙伴关系	0.534	0.702	合理		
	WV19	我同同事友好相处	0.387	0.757	删除		

　　以特征值大于 1 作为提取因子的判定标准，采用主成分分析法和方差最大旋转法，将样本数据导入剩余测度项的探索性因子分析，运算结果表明（见表 4-17），总计提取了与 3 个研究假定面向相对应的 3 个公共因子（特征值大于 1），累计方差解释变异 69.362%，阴影部分标识的因子载荷值均大于 0.5，另外需要注意的是，"WV18"横跨因子 1 和因子 3，且因

子负荷均大于 0.5，不符合区分效度的检验要求，其他各测度项均符合测量要求，因此删除"WV18"。

表 4-17　　　　　　　　　　　　探索性因子分析

维度	题项编号	因子 1	因子 2	因子 3
工作激励	WV1	0.827	0.177	0.224
	WV2	0.595	0.337	0.059
	WV3	0.715	0.287	0.321
	WV4	0.689	0.289	0.362
	WV5	0.864	0.146	0.143
	WV6	0.671	0.270	0.250
职业发展	WV9	0.178	0.842	0.178
	WV10	0.283	0.837	0.156
	WV11	0.339	0.570	0.214
工作氛围	WV15	0.252	0.163	0.868
	WV16	0.202	0.206	0.872
	WV18	*0.521*	0.229	*0.503*

接下来通过信度系数法对剩余测度项所组成的测量量表进行整体信度分析，如表 4-18 所示，各个维度的信度均大于 0.7，工作价值观量表满足统计学测量要求，说明量表具有统计学意义的分析有效性。

表 4-18　　　　　　　　　　　　最终量表的分析

测量变量	Cronbach's α 系数
工作激励维度	0.887
职业发展维度	0.752
工作氛围维度	0.849

5. 自我效能量表的信度和效度分析

表 4-19 显示，自我激励因子中的"SE6、SE7"的 CITC 值均小于 0.5，删除这些项后，各维度和量表的 α 系数均有所改善，说明删除合理，且删除后其余题项的 CITC 值均大于 0.5，各维度及量表的 α 系数均超过 0.6。吴明隆（2010）在统计学的社会学应用研究中提出，预调查的量表信度可以控制在 0.5—0.6。因此，以上修正后的量表具有统计学意义。

表 4-19　　　　　　　　创新效能量表的 CITC 和信度分析

因子	题项编号	题项内容	CITC	项删除后的 α 系数	评价	各因子 α 系数	量表 α 系数
合作沟通	IE1	我能和别人共事，并清楚表达个人意见	0.614	0.709	合理	$\alpha_1 = 0.708$	$\alpha = 0.700$
	IE2	我能设身处地为他人着想，和不同意见的人协商	0.557	0.709	合理	$\alpha_2 = 0.748$	
自我激励	IE3	对我而言，再困难的工作，我也能尽力完成	0.520	0.649	合理	$\alpha_1 = 0.685$ $\alpha_2 = 0.691$	
	IE4	我能集中努力和注意力，达到成功的目标	0.589	0.599	合理		
	IE5	追求感兴趣的、具有挑战性的，且能投入的目标	0.503	0.612	合理		
	IE6	我能参与各种活动或训练，以促进自身成长	*0.418*	0.649	*删除*		
	IE7	我能在不同场合恰当表现	*0.377*	0.660	*删除*		

　　进一步对修正后的剩余测度项展开探索性因子分析，在进行这个步骤之前，需要采用 KMO 和 Bartlett 球体检验法判断各个测度项是否呈现非正交性（马庆国，2002），如果呈非正交性，则样本数据可以进入因子分析。据此计算显示，相关判定指标均满足统计分析要求（KMO = 0.609 > 0.6，接近 0.7，尚可接受，Bartlett 球体检验 Chi - Square = 361.267，自由度 = 10，显著性概率 = 0.000），样本数据可以用于探索性因子分析。

　　以特征值大于 1 作为提取因子的判定标准，采用主成分分析法和方差最大旋转法，将样本数据导入剩余测度项的探索性因子分析，表 4-20 的运算结果表明，总计提取了与 2 个研究假定面向相对应的 2 个公共因子（特征值大于 1），累计方差解释变异 61.08%，阴影部分标识的因子载荷值均大于 0.5，因此，满足统计学测量要求。

表 4-20　　　　　　　　探索性因子分析

维　度	题项编号	因子 1	因子 2
合作沟通	IE1	0.109	0.911
	IE2	0.169	0.907

续表

维　度	题项编号	因子1	因子2
自我激励	IE3	0.832	-0.020
	IE4	0.852	0.181
	IE5	0.692	0.250

接下来通过信度系数法对剩余测度项所组成的测量量表进行整体信度分析，如表4-21所示，各个维度的信度均大于0.6，由吴明隆（2010）关于预调查中信度系数在0.6以上符合统计分析要求的解释，自我效能量表满足统计学测量要求，说明量表具有统计学意义的分析有效性。

表 4-21　　　　　　　　　　最终量表的分析

测量变量	Cronbach's α 系数
合作沟通维度	0.829
自我激励维度	0.691

（三）最终问卷的形成

本章根据社会调查研究方法及其判别原则，通过小规模样本量的问卷调查来检测量表的信度和效度，旨在获得能够用于本研究问题解析的研究变量界定和正式调查问卷。在检验过程中，严格秉承统计学在社会学中的应用准则和判别原则，如马庆国（2002）关于量表信度和效度的判定准则、吴明隆（2010）关于预调查中量表信度系数的判定准则等，通过CITC和信度系数法的收敛效度评价、探索性因子分析的建构效度和区分效度评价、量表整体信度系数的评价，对初始问卷的各个测度项进行了净化提纯、修正提炼，最终形成的量表信度和效度均满足统计分析要求，构成了所需要的调查问卷的核心问项。需要说明的是，考虑到社会学研究中普遍存在的地板效应（Floor Effect）、天花板效应（Celling Effect）对调查结果的影响，为了削弱和规避这种影响，课题组将以上所确定量表的各个测度项以随机形式排列于所属量表内，详见附录。

第三节 正式调研与假设检验

一 正式调研过程

(一) 样本选择与分析准备

如前所述，本章旨在解析如何通过知识员工可雇佣型心理契约的有效管理来获取我国中小企业可持续发展的创新效能，鉴于当前中国步入新时代，大众创业、万众创新的步伐正在大踏步迈进，这势必对广大中小企业提出了不断加强自主创新能力的要求。面对全社会"双创"形势所带来的核心竞争力打造的重要性与迫切性，作为企业自主创新主体的知识员工，首当其冲面临着不断发展个体可雇佣性的挑战。而鉴于国家和地方的创新驱动政策引领、区域经济建设不均衡、创新创业生态环境差异性和知识员工个体异质性等因素的作用，知识员工往往倾向于（较）高经济发展地区、（较）集中的政治文化中心地区、（较）发达交通生活便利化地区等，而从产业布局来看，知识员工也通常倾向于拥有（较）高经营绩效、（较）高创新创业能力持有、（较）完善创新创业生态环境围绕、（较）优势性的人才政策等企业组织。考虑到研究问题解析的科学性和稳健性，深入经济发展前沿地区和组织、洞察能够反映当下我国中小企业知识员工的真实心理属性及其在高创新环境下的最自然状态，才能够保证本章研究结果的信度和效度，这也恰恰策应了社会学研究一直崇尚的理论探索与实践解释应该相互映衬的宗旨。基于此，在选取样本企业和调查对象时，遵从如下原则：（1）企业在业界享有一定知名度（美誉度、品牌声誉、影响力）；（2）企业自成立至今无业绩、内部管理、外部公关、社会责任等方面的不良记录；（3）企业自成立之日截至接受问卷调查为止已运行 4 年以上；（4）符合中国工商主管部门限定的中小企业标准；（5）调查对象进入样本企业的工龄超过 1 年；（6）调查对象的教育背景均为大学本科以上学历，工作中以所掌握的专业知识、技能等开展工作，对可雇佣性能力有着较为熟悉的认知，了解可雇佣性与职业发展的关系。

鉴于此，问卷发放覆盖到我国中、东、南部和广大沿海地区，覆盖范围较广，这势必牵制问卷收发的时效性。尽管课题组在发放问卷时向调查对象详细说明的填答时间及其对研究结果的重要性，然而由社会统计学的理论解释，牵动大范围、大规模、多个时点的样本数据极易产生非正态分布性，这种情况不利于进入传统解释性研究进行论证。

综观以往研究，把统计学应用于社会学研究的诸多研究成果当中，研究者们大多数情况下采用结构方程模型技术进行变量间关系结构的解释性研究，其中以基于协方差运算原理的 LISREL、AMOS 软件应用得居多。从研究问题来看，覆盖地区范围较广、数据收集多时间并行、研究对象普遍拥有高创新性和高心理活动性，在此基础上进行的问卷调查易使样本数据发生欠正态分布，不利于基于协方差原理的结构方程模型运算。随着统计技术的发展，近年来，另外一种基于偏最小二乘算法的结构方程模型技术逐渐被应用于解决社会学、管理学、经济学等多个角度的问题解决当中。相比基于协方差算法的结构方程模型技术而言，这种结构方程模型算法的突出优势在于不严格要求样本的绝对正态分布性、对样本规模要求弱，且这种结构方程模型更强调预测，而非特别关注变量之间整体参数在数理上的适配性，与源于真实世界的实际问题解析的贴切性更好地预测了其内部作用机理产生背后的关联逻辑。结合本章研究情境，对于需要处理来自我国大面积范围内、多个不同时点、自陈式填答方式收集的数据而言，基于偏最小二乘算法的结构方程模型技术尤为适合解决本书所讨论的研究问题。综览统计学、管理学、社会学等相关文献，基于偏最小二乘算法的结构方程模型分析软件有 LV PLS、PL-GUI、VisualPLS、SmartPLS，考虑到 SmartPLS 对样本规模要求弱严格性、强调变量间关系结构的预测性、应用和维护技术较成熟便利、人机交互界面友好、结果输出便于读取（Html 格式、图形美观、路径直观）等独特优势，因此，本章以 SmartPLS 分析软件作为解析研究变量间关系结构的主要分析软件。

需要说明的是，大规模样本量是社会统计学所主张的保证研究变量建构信度和效度的基础条件，信度和效度保障又是变量间结构的研究假设检验的重要前提，难以想象，信度效度不足条件下的研究假设检验如何能够保证研究结果的科学性和稳健性。因此，课题组系统学习了基于偏最小二乘算法的结构方程模型技术的运算原理和判别原则，以及 SmartPLS 分析软件的操作规程，最终发现，需要相继经由测量模型估计、结构模型估计的途径，才能完整实现对研究模型真伪性的判定。基于偏最小二乘算法的结构方程模型技术的另外一个独特性能（显著区别于基于协方差算法的结构方程模型技术）是能够同时处理反映型变量和构成型变量的逻辑结构。鉴于本书研究变量均属反映型，因此，接下来主要针对反映型变量构成的偏最小二乘算法下的结构方程模型加以阐释（更为详尽的检验原则和判别准则参见第四章的相关内容）。

（二）数据收集过程

本章的问卷调查地区范围包括京津冀、鲁豫、江浙沪、福建、广东、武汉和部分沿海地区（如大连等地），调查对象根据本书对知识员工概念的界定，限定为入职一年以上且拥有大学本科以上学历的管理人员和专业技术人员，问卷发放途径主要有电子邮件、微信、现场实地发放等。相对于其他问卷发放形式而言，电子邮件可谓较为传统的形式，尽管是通过在线方式传送问卷，然而为了保证问卷填答质量，课题组事先就与受调查企业（或调查对象）取得联系，针对问卷调查目的、内容和填答注意事项等着重进行了讲解，尽最大努力规避因问卷填答瑕疵造成的调查结果低效。微信和 QQ 是当前应用得最为普遍的问卷发放形式，其收集数据快捷、便利、覆盖范围广等优势是其他问卷发放形式所难以比拟的，同于以上样本数据质量保证的策略，课题组也就问卷填答的重要事宜事先与受调查方进行了详细说明，以使对方充分理解进而完整填答问卷。另外，课题组还利用现场访谈、学校 MBA 班（EMBA 班）上课的机会，在课间进行问卷发放，并当场讲解了问卷填答注意事项，然后现场回收，从样本数据统计和处理情况来看，这部分样本数据的填答质量较好，能够用于研究假设检验。需要说明的是，鉴于研究问题涉及企业自主创新主体——知识员工对企业可雇佣性责任履行的心理感知，加之知识员工普遍拥有高心理敏感度、高动态心理活动、高社会认知能力等，因此，课题组在发放问卷之前，利用各种有效途径向调查对象说明了本问卷调查的匿名性（课题组对于调查对象所填答的内容将予以严格保密，且仅用于学术研究，而不会运用到包括商业用途在内的其他方面），以释放调查对象的紧张感和顾虑等任何可能影响问卷填答的不利心理（情绪）状态。

（三）描述性统计分析

通过以上设计的问卷发放过程，共收集到来自京津冀、江浙沪、广东、福建、大连、武汉等地 72 家中小企业的问卷，填答者包括管理人员和专业技术人员，所在企业的服务时间均逾一年。共发放问卷 600 份，回收 517 份，删除其中的填写不完整、重复填写、填写太有规律（如"S"形、"Z"形、"I"形）等不良填写记录，最终剩余有效问卷 419 份，有

第四章 中小企业知识员工可雇佣型心理契约动力机制及结构模型的实证研究

效回收率69.8%,样本规模满足基于偏最小二乘机理的结构方程模型的运算条件。如表4-22所示,有效样本中,男性(222人,占样本总体的53%)多于女性(197人,占样本总体的47%);本科学历最多(293人,占样本总体的69.9%),其次是硕士以上学历(78人,占样本总体的18.6%);非管理人员(234人,占样本总体的55.8%)多于管理人员(185人,占样本总体的44.2%);30—35岁的员工最多(186人,占样本总数的44.4%),其他样本状况按由大到小的顺序依次为:36—40岁的员工(146人,占样本总数的34.8%)、小于29岁的员工(74人,占样本总体的17.7%)、大于41岁的员工(13人,占样本总体的3.1%);司龄小于等于3年的员工最多(285人,占样本总体的68%),其次是司龄在4—5年的员工(118人,占样本总体的28.2%),数量最少的是司龄大于等于6年的员工(16人,占样本总体的3.8%);已婚员工样本数最多(268人,占样本总体的63.7%),其次是未婚员工样本(151人,占样本总体的36%);民营企业员工占绝大多数(281人,占样本总体的67.1%),其次是国有企业员工(112人,占样本总体的26.7%),数量最少的是外资企业员工(26人,占样本总体的6.2%)。

表4-22　　　　　正式问卷调查的样本结构（N=419）

人口学特征	分类变量	频次	百分比（%）	累计百分比（%）
性别	男	222	53.0	53.0
	女	197	47.0	100.0
学历	本科	293	69.9	69.9
	硕士以上	126	30.1	100.0
岗位	管理	185	44.2	44.2
	非管理	234	55.8	100.0
年龄	年龄≤29岁	74	17.7	17.7
	30岁≤年龄≤35岁	186	44.4	62.1
	36岁≤年龄≤40岁	146	34.8	96.9
	41岁≤年龄	13	3.1	100.0
司龄	司龄≤3年	285	68.0	68.0
	4年≤司龄≤5年	118	28.2	96.2
	6年≤司龄	16	3.8	100.0

续表

人口学特征	分类变量	频次	百分比（%）	累计百分比（%）
婚姻	未婚	151	36.0	36.0
	已婚	268	64.0	100.0
企业性质	国企	112	26.7	26.7
	外资	26	6.2	32.9
	民营	281	67.1	100.0
企业规模	人数≤100	91	21.7	21.7
	101≤人数≤500	221	52.7	74.4
	501≤人数	107	25.5	100.0

由表4-22可知，男性、本科学历、30—35岁样本数较多，与当前我国国情、教育资源分布状况、人才政策、企业发展形势等有一定关系。尽管我国一直以来竭力倡导男女平等、女性主权自由，但从社会用人需求来看，仍不乏"重男轻女"现象，一些企业在招聘时，或明或暗地给女性应聘者提供的机会远远少于男性，即便招聘入职，企业为女性员工提供的岗位重要性程度和职业发展规划也往往逊于男性员工。尽管从许多媒体渠道了解到的情况是，女性从业者人数不在少数，更有居于企业高层管理岗位者，然而从幅员辽阔的中华大地（甚至缩小范围到本章调查问卷的取样范围）来看，仍然不乏女性员工数少于男性员工数的现象。本科学历者明显多于硕士以上学历者的情况很好理解，按照我国教育制度，拥有国家认可的大学本科以上学历，才可以报考攻读硕士学位，且就学习难度而言，当前普遍存在着考研难度远大于高考难度，造成了拥有硕士学位者明显少于本科学历者。而尽管调查对象所针对的知识员工是限定于入职一年以上的正式员工，但从实际调查情况来看，鉴于课题组事先向受调查组织强调了问卷填答质量的重要性，受调查企业往往将问卷投向企业内具有一定任职资历的管理人员或专业技术人员，这与司龄的样本结构（司龄小于等于3年者居多）相吻合（一般来讲，管理人员或资深专业技术人员的司龄也较长）。另外，从职业生涯发展的角度来讲，一般而言，随着年龄增长，个体所掌握的专业知识和技能也相应增加，符合职业成长的自然规律。再从企业性质来看，样本数据覆盖到我国大多数情况下的企业实体（国企、外企、民企），而样本结构呈现的民企样本数大于国企样本数大

于外企样本数的结果恰恰反映了从转型经济纵深化到经济发展新常态下我国本土经济实体快速发展的现状。综上,表 4-22 所呈现的样本结构特征满足本章研究问题解析所需要的抽样要求,样本数据可以进一步用于数据特征分析。

(四) 数据特征统计分析

样本数据特征分析结果表明,最大值 4、5,最小值 1、2,平均值 1.24—4.25,标准差 0.604—1.428,数据离散度较小,无异常情况。

二 数据质量评估

(一) 无应答偏差检验

根据社会统计学的解释,当问卷填写存在无应答情况(如漏答)时,样本数据统计分析中易出现无应答偏差(Nonresponse Bias)。本章问卷调查共发放问卷 600 份,获得有效问卷 419 份,在删除的无效问卷当中存在无应答情况,有必要进行无应答偏差检验。按照统计学规程,以发放问卷之日起 30 天为限,划分为前、后共两个阶段的样本数据,分别施以无应答偏差检验。通过独立样本 t 检验对这两组中性别、岗位、学历等人口统计特征变量进行检验,两组特征无显著性差异($P>0.05$),表明不存在应答偏差。

(二) 共同方法偏差检验

根据社会统计学的解释,在社会调查研究中,可能存在一种系统性偏差,当样本数据来自相同语境、相似的研究情境和测试环境、相同的数据源时,测量指标与因变量之间可能出现共变性,研究结果则可能出现共同方法偏差(Common Method Bias,CMB)(Podsakoff et al.,2003)。这种调查系统在设计时就潜藏下的变异特性受限于测量形式,即不同的测量形式下产生的共同方法偏差情况和程度有所差异,差异往往源于测度项表述方式、测量情境、问卷填答中所强调的注意事项、自陈式填答方式等,或者源于社交认知领域所普遍存在的晕轮效应、首因效应、社会称许性偏见效应、宽容效应等对主观认知水平的影响。为了克服共同方法偏差问题,社会统计学提出了一些控制方法。例如,结合研究问题需要,合理设计问卷调查程序,选取恰当的数据统计和分析方法等。鉴于此,课题组在查阅文献、理论回顾和综述、问卷设计、研究方案设计、研究方法选取等方面都严格按照统计学规程操作,如在发放问卷时特别强调了问卷填答质量

(以避免漏填、重复填答、空白问卷、规律型答题等明显有损调查质量的现象），严格按照统计学判别原则对样本数据结构、数据特征、数据质量等进行检测，要求问卷填答的匿名性并在问卷醒目位置特别标注了"问卷数据仅供本研究所用，不会用于其他用途"以消除调查对象的顾虑从而尽可能提高问卷填答效果，密切把控问卷收发时间等。尽管采取了以上诸项措施，因为研究所带有的社会学研究性质，所以或多或少地会受到共同方法偏差的影响。为了保证研究结果的稳健性，课题组采用标记变量法（Marker-Variable）对样本数据进行检测。该方法的原理是，假如以年龄为标记变量，判断在删除标记变量共变影响后变量间的相关性系数与未删除标记变量前变量间的相关性系数是否存在显著差异（P<0.05），如果存在显著差异，则可以判定共同方法偏差严重，否则可以判定共同方法偏差问题不突出，即不会对研究造成根本上的影响，可以忽略不计。

三 结构方程模型估计

如前所述，课题组采用基于偏最小二乘算法的结构方程模型分析技术，借助 SmartPLS 2.0 结构方程模型分析软件对样本数据展开分析。主要分为两个步骤：第一步，对变量建构的测量模型进行估计，以检验测量量表能否用于测度拟测变量，考察变量建构的信度和效度；第二步，对变量之间搭建的结构模型进行估计，以检验本章提出的研究模型的真伪性。

（一）测量模型估计

由偏最小二乘算法的机理，课题组首先对研究变量的建构信度和效度进行评测。这项工作需要考察变量测量模型的载荷值（Loading）、组合信度（Composite Reliability）、聚合效度（Convergent Validity）和区分效度（Discriminant Validity）。分析如下：

1. 指标载荷分析

如表 4-23 所示，RJP1 的载荷（0.705）和 OS1 的载荷（0.706）低于 0.707。根据社会统计学的解释，当变量仅有两个测度项进行测量时，指标载荷控制在 0.6 左右属于允许的范围。又由偏最小二乘算法的机理，指标载荷大于 0.707 表明测度项对拟测变量的解释方差大于 50%。因此，保留 RJP1、OS1，所有研究变量的指标载荷满足统计分析要求。

表 4-23　　　　　　　　　　反映型指标载荷

潜变量	测度项	指标载荷	显著性水平	t 值	显著性概率 P（双尾）
可雇佣型心理契约	EPC1	0.953	****	53.578	0.0000
	EPC2	0.800	****	12.683	0.0000
	EPC3	0.743	****	9.210	0.0000
真实工作预览	RJP1	0.705	***	3.413	0.0007
	RJP2	0.818	***	3.350	0.0009
组织社会化	OS1	0.706	****	4.632	0.0000
	OS2	0.827	***	3.436	0.0006
工作价值观	WV1	0.877	****	24.270	0.0000
	WV2	0.835	****	17.320	0.0000
	WV3	0.790	****	12.774	0.0000
创新效能	IE1	0.800	****	7.499	0.0000
	IE2	0.827	****	8.876	0.0000

注：N=419；*** 表示 P<0.001，**** 表示 P<0.0001。

2. 组合信度分析

如表 4-24 所示，各个变量的组合信度（CR）大于 0.7。根据偏最小二乘算法的机理，测度指标在所反映变量上的组合信度大于 0.7，表明测度指标对该变量的组合性较好，从某种角度能够印证变量建构的稳健性，因此，所有研究变量的组合信度满足统计分析要求，变量建构具有一定可靠性。

3. 聚合效度分析

如表 4-24 所示，所有变量的平均方差抽取（Average Variance Extracted，AVE）超过 0.5。根据偏最小二乘算法的解释，AVE>0.5 表明测度项对所属潜变量具有较好的聚合性，换言之，同一个潜变量项下的所有测度项之间具有较高的组内相关性。因此，可以判定，各个研究变量项下所隶属的各个测度项之间具有较高的关联性，能够较好地解释所属潜变量。

表 4-24　　　　　反映型指标的组合信度和平均方差抽取

潜变量	组合信度（CR）	平均方差抽取（AVE）
可雇佣型心理契约	0.872	0.774
真实工作预览	0.812	0.683

续表

潜变量	组合信度（CR）	平均方差抽取（AVE）
组织社会化	0.781	0.641
工作价值观	0.873	0.697
创新效能	0.797	0.662

4. 区分效度分析

如表 4-25 所示，$\sqrt{AVE}$ 大于变量间的相关系数，又由表 4-26，各个测度项在所隶属的潜变量上的载荷值大于该测度项在其他潜变量上的载荷值。根据偏最小二乘算法机理，如果 $\sqrt{AVE}$ 大于变量之间的相关系数，各个测度项对于所属潜变量的载荷大于该测度项对其他潜变量的载荷，表明该潜变量有较好的区分效度。因此，所讨论的各个变量间有较好的区分效度。

表 4-25　　　　　　　潜变量之间的相关性矩阵

	WV	EPC	RJP	OS	IE
工作价值观（WV）	0.835				
可雇佣型心理契约（EPC）	0.413	0.880			
真实工作预览（RJP）	0.088	0.183	0.826		
组织社会化（OS）	-0.155	0.192	0.169	0.800	
创新效能（IE）	0.369	0.340	0.044	-0.206	0.814

注：对角线上的数值是 AVE 平方根，须大于非对角线上对应的关联系数值，以确保区分效度。

表 4-26　　　　　　　测度项的交叉载荷

测度项	交叉载荷				
	工作价值观	可雇佣型心理契约	真实工作预览	组织社会化	创新效能
WV 因子一	0.877	0.367	-0.000	-0.032	0.333
WV 因子二	0.835	0.340	0.142	0.026	0.358
WV 因子三	0.790	0.325	0.085	-0.093	0.228
EPC 因子一	0.553	0.952	0.212	0.179	0.387
EPC 因子二	0.162	0.800	0.072	0.160	0.254
EPC 因子三	0.573	0.792	0.061	0.179	0.348

续表

测度项	交叉载荷				
	工作价值观	可雇佣型心理契约	真实工作预览	组织社会化	创新效能
RJP 因子一	-0.006	0.192	0.835	0.102	0.093
RJP 因子二	0.154	0.109	0.818	0.179	-0.023
OS 因子一	-0.173	0.030	0.204	0.823	-0.241
OS 因子二	-0.070	0.290	0.059	0.778	-0.081
IE 因子一	0.313	0.299	0.171	-0.041	0.800
IE 因子二	0.288	0.319	-0.092	-0.286	0.827

注：对角线上的数值是反映型指标对其所属潜变量的载荷，须大于非对角线上反映型指标对其他潜变量的载荷，以确保区分效度。

（二）理论假设检验

根据偏最小二乘算法，对研究模型的检验需要采用变量间搭建的结构模型来估算。基于此，本章搭建了研究变量之间的关联结构模型，其偏最小二乘运算结果如图 4-4 所示。各自变量对因变量影响的总体解释方差为 46.2%，通过 Bootstrapping 方法进行变量间影响路径的显著性分析，结果显示，除了组织社会化对可雇佣型心理契约的影响路径系数在 $P<0.01$ 水平上显著，其他自变量对可雇佣型心理契约的影响路径系数均在 $P<0.05$ 水平上显著，真实工作预览对组织社会化影响的路径系数也在 $P<0.05$ 水平上显著。

1. 知识员工可雇佣型心理契约的结构模型分析

在以上变量测量模型估计中发现，各个测度项的指标载荷大于 0.707，各个测度项对所属潜变量的组合信度大于 0.7，各个测度项在所属潜变量上的聚合效度大于 0.5，各个潜变量的收敛效度满足偏最小二乘算法评判标准，因此可以判定，本章所提出的知识员工可雇佣型心理契约的三维结构（为了个体可雇佣性发展提供职业发展性支持维度、为了个体可雇佣性提升提供组织环境性支持维度、为了个体可雇佣性提升提供经济获益性支持维度）具有科学性和稳健性，能够反映当前我国中小企业知识员工可雇佣型心理契约的自然属性，研究假设 H6 得以支持。

2. 知识员工可雇佣型心理契约形成的影响因素分析

如图 4-4 所示，各个自变量对知识员工可雇佣型心理契约的总体解

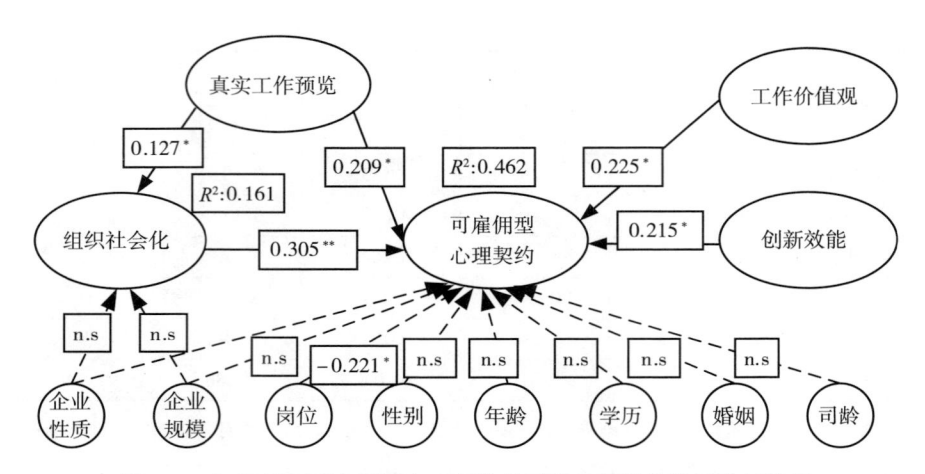

图 4-4　知识员工可雇佣型心理契约的形成机理结构模型分析结果

注：*表示 P<0.05，**表示 P<0.01。

释方差 46.2%，其中，真实工作预览、组织社会化、工作价值观、创新效能均显著影响知识员工可雇佣型心理契约（$\beta=0.209$，$P<0.05$；$\beta=0.305$，$P<0.01$；$\beta=0.225$，$P<0.05$；$\beta=0.215$，$P<0.05$），如表 4-27 所示，研究假设 H1、H2、H4、H5 得到支持。

表 4-27　知识员工可雇佣型心理契约形成的影响因素分析

影响路径	路径系数	显著性水平	t 值	显著性概率 P（单尾）	理论假设	检验结果
真实工作预览→可雇佣型心理契约	0.209	*	2.127	0.017	H1	支持
组织社会化→可雇佣型心理契约	0.305	**	2.464	0.007	H2	支持
工作价值观→可雇佣型心理契约	0.225	*	2.146	0.016	H4	支持
创新效能→可雇佣型心理契约	0.215	*	2.161	0.016	H5	支持

注：N=419；*表示 P<0.05，**表示 P<0.01。

3. 控制变量影响分析

对于因变量的前因机制而言，不仅要考虑自变量，还要考虑除自变量以外的其他一些变量的共变影响。因为这些变量会影响因变量，所以在讨论自变量对因变量的影响时，需要对其加以控制处理，"控制变量"的称谓由此得名。结合研究问题解析的需要，综合考察研究情境后，本章将控制变量设定为：性别、年龄、司龄、学历、婚姻、岗位、企业性质、企业规模。控制变量结构设置如表4-28所示。

表4-28　　　　　　　　　控制变量的测量方法

控制变量	测量方法
性别	1=男，2=女
年龄	按照周岁年龄赋值：1="年龄≤29"，2="30≤年龄≤35"，3="36≤年龄≤40"，4="41≤年龄"
司龄	按照为所在企业的服务年限赋值：1="司龄≤3"，2="4≤司龄≤5"，3="6≤司龄"
学历	按照最终学历赋值：1=本科，2=硕士以上
婚姻	按照婚姻状况赋值：1=未婚，2=已婚
岗位	按照岗位性质赋值：1=管理人员，2=专业技术人员
企业性质	按照企业的所有制性质赋值：1=国企，2=外企，3=民企
企业规模	按照企业总人数赋值：1="人数≤100"，2="101≤人数≤400"，3="401≤人数"

控制变量效应检测结果如表4-29所示，岗位对心理契约的路径系数为负（$\beta=-0.221$，$P<0.05$），即专业技术人员较管理人员更易体现出消极的心理契约状态。其他控制变量对心理契约的影响均未达显著性水平。鉴于此，在企业管理活动中，应密切关注专业技术人员的心理环境变化，及时发现问题，及时解决，提高对负面心理状态的预警机制，力争较早地发现并扭转专业技术人员的心理困惑。

表4-29　　　　　　　　　控制变量的影响分析

内生变量	控制变量	路径系数	t值	显著性概率P（双尾）	显著性水平
知识员工可雇佣型心理契约	性别	0.038	0.453	0.6508	n.s
	年龄	0.076	0.684	0.4944	n.s
	司龄	0.039	0.418	0.6762	n.s
	学历	-0.183	1.340	0.1809	n.s
	婚姻	-0.105	1.063	0.2884	n.s
	岗位	-0.221	1.993	0.0469	*
组织社会化	企业性质	0.203	1.297	0.1954	n.s
	企业规模	0.001	0.678	0.4981	n.s

续表

内生变量	控制变量	路径系数	t 值	显著性概率 P（双尾）	显著性水平
组织社会化	企业性质	-0.181	1.337	0.1819	n.s
	企业规模	0.209	1.528	0.1273	n.s

注：N=419；*表示 P<0.05，n.s 表示不显著。

4. 中介效应检验

中介效应检验步骤如下。

第一步，检验未导入组织社会化时真实工作预览对可雇佣型心理契约影响的路径系数是否显著。

SmartPLS 2.0 结构方程模型软件运算结果表明，影响路径系数显著（$\beta=0.315$，P<0.01）。

第二步，检验导入组织社会化时真实工作预览对可雇佣型心理契约影响的路径系数是否显著。

通过 SmartPLS 2.0 结构方程模型软件运算，真实工作预览对组织社会化影响的路径系数显著（$\beta=0.127$，P<0.05）、组织社会化对可雇佣型心理契约影响的路径系数显著（$\beta=0.305$，P<0.01）、真实工作预览对可雇佣型心理契约影响的路径系数显著，该路径系数从未导入组织社会化时的路径系数 0.315（P<0.01）减小到 0.209（P<0.05）。

第三步，检验导入组织社会化时真实工作预览对可雇佣型心理契约的间接影响路径系数是否显著。

将导入组织社会化时真实工作预览对组织社会化影响的路径系数（0.127）与组织社会化对可雇佣型心理契约影响的路径系数（0.305）相乘（乘积为 0.039），再通过 Bootstrapping 方法计算得出以上间接影响路径在 P<0.05 水平上显著（P=0.013）。因此，结合以上两步的分析结果可以判定，组织社会化在真实工作预览与知识员工可雇佣型心理契约之间起部分中介作用。

第四步，根据 Cohen 提出的公式 $f^2=(R^2_{incl}-R^2_{excl})/(1-R^2_{incl})$ 计算，$R^2_{incl}=0.462$、$R^2_{excl}=0.398$、$f^2=0.119$。按照 Cohen 的解释，R^2_{incl} 为导入了假定中介变量时对因变量的总体解释方差，R^2_{excl} 为未导入中介变量时对因变量的总体解释方差，且对于这种总体解释方差的判别标准是，中介作用为弱影响时，$f^2>0.02$，中介作用为中度影响时，$f^2>0.15$，中介作用为强影响时，$f^2>0.35$。因此可以判定，组织社会化在真实工作预览与知识员工可雇佣型心理契约之间具有弱度中介影响力。

综合以上分析结果，如表4-30所示，组织社会化在真实工作预览与心理契约之间发挥部分中介作用，这种中介作用对知识员工可雇佣型心理契约具有弱度影响力，因此，研究假设H3得到支持。

表4-30　组织社会化在真实工作预览与知识员工可雇佣型心理契约之间的中介作用分析

影响路径	影响路径系数与显著性水平					理论假设	检验结果
	未导入中介变量	导入中介变量					
	自变量→因变量	自变量→中介变量	中介变量→因变量	自变量→因变量	间接影响的显著性概率P值		
真实工作预览→组织社会化→可雇佣型心理契约	0.315**	0.127*	0.305**	0.209*	0.013	H3	部分中介

注：N=419；*表示P<0.05，**表示P<0.01。

（三）假设检验结果与启示

（1）假设检验得出科技型中小企业知识型员工的心理契约是三维结构，分别为发展型契约、关系型契约、激励型契约。这与以往学者的研究成果存在不谋而合之处，如Rousseau（1998）、Ronbinson等（1996）及国内学者朱晓妹和王重鸣（2005）、李原和孙健敏（2006），尤其与朱晓妹和王重鸣的研究结论存在部分类同（其曾就我国知识型员工的心理契约问题进行了探讨，并提出组织责任包含物质激励、环境支持、发展机会的三维结构论断）。由此可见，该类员工对工作事件的心理成像同样反映出追求个人发展、组织关怀和工作保障等要素。同时也表明，目前科技型中小企业在知识型员工管理方面，应主要立足于这三个方面的策略并举，以此为切入点和落脚点，抓住员工的心。

（2）假设检验得出科技型中小企业知识型员工心理契约的前置因素主要源于两个层面，其中，就组织层面而言，直接促成知识型员工心理契约的关键因素是企业实施的真实工作预览和组织社会化政策。换言之，真实工作预览是企业向员工展示自身综合竞争力的途径，由此员工的内心世界会形成对企业及工作的心理图式。一旦进入企业，组织社会化将继续伴随员工的职业发展,并随其企业内化过程的不断深入,逐渐强化员工对企业的认知,从而形成相应的心理契约感知。企业所采取的这两项策略自与员工的初次接触时伊始,直至员工进入企业之后,潜移默化地熏陶员工的感观意识,旨在促进员工与企业的共识。再从个体层面来看,个人所持的工作价值观和自我效能感是使其形成对企业心理契约的关键致因。工作价值观和自我效能感同属个体的价值观系统,前者是个人对工作所带来的各种酬赏的重视程度,它提供了自我价值展现的心理回顾,而后者则是个体对自身能力的一种主观判断和信心,尤其当面对挫折时,会油然而生坚定的信念和意识,驱使个体执着进取。这些意念、认知、判断和信心影响着个体的态度和行为,从而形成某种情境下的心理契约感知。总体而言,知识型员工的心理概念受制于企业的管理政策和实践活动,同时经由个体价值观系统的加工和处理,形成其对企业的心理图式。

(3)假设检验得出在科技型中小企业知识型员工心理契约动力机制模型中,组织社会化在真实工作预览和心理契约之间的关系中起部分中介作用。同上所述,企业所采取的真实工作预览和组织社会化策略直接影响知识型员工的心理契约感知,且从影响阶段来看,真实工作预览在前,组织社会化紧跟其后,可以理解为组织社会化是真实工作预览对员工意识熏陶的延伸,同时伴随着组织社会化所独具的特质和风格。由此可见,两者都影响员工的心理概念与图式建构,且从意识发展过程来看,组织社会化除了对员工主观认知系统及其反应机制的影响以外,也包括真实工作预览对员工心理预期的效果。详见表4-31。

表4-31 研究假设检验结论

序号	研究假设	结论
H1	真实工作预览对可雇佣型心理契约具有显著正向影响	支持
H2	组织社会化对可雇佣型心理契约具有显著正向影响	支持
H3	组织社会化在真实工作预览与可雇佣型心理契约之间起中介作用	部分中介
H4	工作价值观对可雇佣型心理契约有显著正向影响	支持
H5	创新效能对可雇佣型心理契约有显著正向影响	支持
H6	可雇佣型心理契约包含三个维度:为了个体可雇佣性发展提供职业发展性支持维度、为了个体可雇佣性提升提供组织环境性支持维度、为了个体可雇佣性提升提供经济获益性支持维度	支持

本章小结

本章围绕新时代下我国中小企业如何通过知识员工可雇佣型心理契约的有效管理来获取持续发展的创新效能的问题，展开关键研究变量——知识员工可雇佣型心理契约变量的概念界定和操作化，并通过对其前因机制的讨论，揭示来自组织层面和个体层面两个不同角度的影响因素对知识员工可雇佣型心理契约的驱动机理，旨在明晰知识员工可雇佣型心理契约问题的研究视角，为接下来探究研究主题提供关键构念的基础分析框架和研究视角。本章所取得的研究假设检验结果如表 4-31 所示。

第一，对以往统计学、社会学、管理学相关文献进行回顾，检索并找到利于本章所需要的直接效应、间接效应等相关问题解析所需要的方法论、判别原理和标准，如中介效应检验原理和规程、结构方程模型解析规则等，特别是对基于协方差算法和基于偏最小二乘算法的结构方程模型技术的分析机理和特性进行了对比分析，进而选取基于偏最小二乘算法的结构方程模型作为研究问题解析的定量实证性研究工具。

第二，基于社会统计学分析原则，展开研究变量的调查问卷设计、发放、样本数据统计分析，通过描述性统计分析、数据特征分析、信度效度分析、探索性因子分析等步骤，得到研究变量测量所适用的调查问卷。

第三，遵循基于偏最小二乘算法的结构方程模型技术，对正式调查问卷收集的有效样本数据进行 CITC 净化分析、信度效度分析、探索性因子分析等步骤的检验，最终确定了所需要的正式问卷以及关键变量的分析架构，为研究假设检验提供了稳健的实证依据。

第四，展开知识员工可雇佣型心理契约形成机理的定量实证性研究，以知识员工可雇佣型心理契约为效标变量，分析其形成机理的关键致因及作用路径的显著性，得出该形成机理的直接效应和中介效应，以及之间的弱间接影响力。

第五章 基于元分析的中小企业知识员工可雇佣型心理契约效应解析

本章基于新时代下我国中小企业的组织管理情境，探索知识员工可雇佣型心理契约效应，提出知识员工可雇佣型心理契约对企业创新效能影响的内在作用机理模型，为接下来进行的研究模型的定量实证性研究提供理论依据。本章的特色在于在研究方案设计中，基于元分析技术对实证性研究成果的文献进行综述，在总结现有研究进展的同时，探寻未来研究方向，提出知识员工心理契约效应的基本分析框架；此外，还与定性研究相结合，结合现有理论分析进行对比论证，提出中小企业知识员工可雇佣型心理契约效应的理论模型，为接下来的研究假设检验提供理论和实证依据。

第一节 基于元分析的我国员工心理契约效应研究

一 研究方法

（一）研究方法介绍

Meta 分析（Meta-Analysis，MA）能够对以往定量研究进行系统和客观的综述，较之单纯定性的文献综述而言，有利于获得某个领域研究进展的较为全面的描述，并揭示出颇具研究价值的未来研究空间，因此被不少研究者在各自领域内采用，并取得了一定创新性成果。Meta 分析法具有对定量实证性研究文献进行系统客观的循证技术特性，逐渐受到社会学、教育学、心理学、经济学等多元学科专业的关注，相当一部分研究者学习、掌握并将之运用到解决本学科专业领域内的理论问题和实践问题，不仅充实了本学科专业领域的理论建构，更扩展了 Meta 分析法的应用技术范畴。

元分析情境下的标准与在实验和测量中讨论的标准具有同样的意义。在元分析中，最常用的一些效应值统计量要对所关注的测度值的样本分布的变化进行标准化。因此，元分析的关键在于定义一个效应值统计量，它能以标准化的形式代表诸多定量研究的结果，从而允许在各项研究之间进行有意义的数字比较和分析。在社会学、管理学、经济学、教育学、心理学等跨学科专业领域，为了给有待考察的一系列研究中特定的研究设计、定量结果的形式、变量和操作化等提供恰当的标准化，元分析者应该选用一种效应值统计量。

目前，相对于在医学中的应用来讲，Meta 在社会学界的应用较为有限，其原因可能有如下方面：相对于其他定量研究方法而言，Meta 分析依然是一种较新的研究方法，社会学界、管理学界、经济学界等究竟该如何科学、合理地运用此法，尚需探索；Meta 分析法对定量文献的数量和质量有一定要求。国内学界无法完全满足以上两个要求。

近年来，国内外学术界和实务界积极推动先进理论发展和前沿研究方法的推广。随着全球经济进程加速，科学文献翻新的速度日益攀升，据初步统计，将元分析应用到管理学领域、经济学领域等多学科范畴的研究成果在一些专业权威学术性期刊上不乏呈现，如 Academy of Management Journal、Academy of Management Review、Administrative Science Quarterly、Entrepreneurship Theory and Practice、《管理世界》、《科学学研究》、《科研管理》等。

鉴于国外心理契约研究领域的传统文献和量化循证综述性研究取得了一定成果，国内关于心理契约相关问题的传统文献综述也较为丰富，而专门针对心理契约问题的实证性研究的量化循证性文献综述却较为匮乏，因此，本章除了在前文进行的心理契约研究成果的传统文献综述以外，还拟采用元分析方法针对国内心理契约定量实证性研究成果进行量化循证综述，旨在总结以往研究和有待探索的研究发展空间，为研究主题提供坚实的理论和实证依据。

（二）文献收集取样

元分析的关键环节是控制背景文献资源和质量，主要包括两个部分：发现潜在合格的研究的参考文献目录，获得有待审查的那些研究的复本。在寻找引证的过程中，最有效的策略是使用多个资料库，因此除了最狭窄的研究领域以外，没有任何一个资料库能识别出所有潜在合格的研究报告。在一次全面的搜索中，使用的资料库主要有：述评性文章、参考文献、文献目录数据库、多卷文献目录、相关期刊、会议记录（会议论文）、所关注领域的专家或同行的论著等。随着候选研究的文献目录不断充实，研究者可以针对区分出的研究副本进行回溯。在考察完每个报告的全文后，就可以确定其是否合格，合格的研究即进入编码阶段。

结合研究问题的需要，课题组以心理契约为关键词，在主要文献数据库（如中国知网中的优秀硕博士论文库、重要学术会议论文库、CSSCI 期刊库、北大核心期刊库等），采取模糊检索的方式，检索了近 8 年的相关研究领域文献资源。为了控制元分析的效度，根据元分析原则，课题组按照如下检索标准进行文献取样：（1）采用了定量实证性研究方法；（2）报告了测量方式（如借鉴经典量表或自开发量表等）；（3）报告了样本取样的数量；（4）报告了参与定量研究的关键变量，特别是所报告的组织心理与行为变量同研究主题具有较高的相关性；（5）报告了 Pearson 相关系数或者可以转换为 Pearson 相关系数的其他统计指标；（6）所取样文献的样本在元分析文献目录中具有排他性（未与其他研究样本重复）；（7）排除定性研究（如案例研究、综述性研究、理论研究等）；（8）取样文献的研究内容与研究主题具有一定相关性。基于此，课题组首先对初步检索到的文献进行摘要查阅，在删除了纯定性研究、与本研究主题无关的研究、不符合元分析原则的研究等之后，进一步对剩余文献展开更为详尽的审阅，如仅从摘要仍然无法判断是否符合元分析文献取样的标准，则通读全文，进而判断是否符合纳入元分析范畴。

（三）文献编码

接下来元分析的一个重要步骤是文献编码。在着手编码时，一个办法是首先确立主要编码单位的定义，然后具体指定该单位所要求编码的各种层次或成分。最初的编码单位都是一项研究，即用来进行再分析的数据库是围绕性质不同的多项研究组织起来的，每项研究都要由多个研究描述项和多个效应值构成的一个资料来描述。

一旦研究单位被确定，就需要赋予它一个独特的研究标识码（Study Identification Number，ID）。在由多项候选的研究构成的总文献目录中，要使用同样的 ID。如果单篇文献汇报了多项研究，则需要在基本文献 ID 上加入额外编码。如果在文献目录中有许多报告描述的都是同一个研究，则该项研究应根据内容最丰富的报告所使用的 ID 来编码，并在编码的格式中可以包含一个位置，以便区分对编码有贡献的其他报告的 ID。接下来要注意，在典型的研究结构中哪些独特成分是编码过程需要关注的。一般主要关注两大成分：研究层面的信息和效应值。

综上，在思考如何进行元分析编码时，需要通过由不同的构项、测量、样本和测量次数等所界定的效应值种类的一个等级系列来进行。课题组对检索到的与本章主题紧密相关的心理契约实证性研究成果进行编码，编制并纳入编码表的主要内容有：文献发表时间、取样样本数、关键变量界定、Pearson 相关系数、量表建构的信度、研究者、文献源。课题组对编码结果进行了组内相关系数（Intraclass Correlation Coefficient，ICC）统计分析，结果对应编码"①—⑥"，分别为"1.00、1.00、1.00、1.00、0.871、0.994"，表明编码结果的信度理想，又经由课题组成员针对编码结果差异之处的讨论，最终形成了方向一致性的认识。

二 文献与结论

（一）文献描述性分析

文献取样和编码结果得到 153 篇文献，考虑到本章主要从个体微观层面来审视心理契约问题，且 Rousseau（1989）、李原（2006）、朱晓妹和王重鸣（2005）从不同角度的心理契约研究均得出了狭义研究视角对心理契约问题解析的科学性和可行性，因此，课题组在文献取样过程中，特别关注收集了从个体微观层面视角进行的研究成果，将之纳入编码表。需要说明的是，通过检索以往研究成果，组织信任（4 项）、团队认同（2 项）的样本量偏小，不满足元分析对取样规模的要求，可予以忽略。最终，共计 103 篇文献（包含 64 个独立样本）导入元分析。其中，心理契约的组织态度与行为效应研究变量主要有：组织承诺（13 个）、组织公民行为（9 个）、离职（15 个）、组织满意度（13 个）、组织绩效（9 个）。具体如表 5-1 所示。

表 5-1　　　　　　　　　元分析的描述性统计

关系	K	N	n 范围	n 均值	r 范围
心理契约—组织承诺	13	4200	40—1022	305	0.20—0.03
心理契约—组织绩效	9	3279	160—675	364	0.03—0.50
心理契约—离职	15	6148	46—1022	330	-0.03—-0.57
心理契约—组织公民行为	9	2314	112—621	280	0.18—0.73

续表

关系	K	N	n 范围	n 均值	r 范围
心理契约—组织满意度	13	4725	46—1022	386	0.13—0.64

注：K 表示效应数；N 表示样本量；n 范围表示样本量范围；n 均值表示样本量均值；r 范围表示研究变量之间的相关系数范围。

由表 5-1 可知，以往心理契约的组织态度与行为效应研究中，心理契约与离职、心理契约与组织承诺、心理契约与组织满意度的研究较多（N：4200—6148），且相关系数 13<K<15，说明相对于心理契约的其他组织态度与行为结果变量而言，与离职、组织承诺、组织满意度的相关性更显突出，以往研究的关注度也更高。值得注意的是，在文献取样中，由于退出—建言—忠诚—漠视行为模型、组织犬儒主义的样本量较少，不满足元分析对样本量的最低限度，因此未纳入元分析。这恰恰反映了元分析方法的优势，即不仅能够总结以往研究进展，还能够洞察到以往研究的不足之处抑或值得深入探讨的未来研究空间。加之在前文关于心理契约问题的传统文献综述中发现，在国外，退出—建言—忠诚—漠视行为整合模型作为反映员工对组织态度的整合性行为分析框架，被诸多研究者所关注，并从不同角度提出应该把该模型作为分析新型雇佣关系背景下员工工作行为结果的解释框架。而一些学者则提出，组织犬儒主义是继心理契约之后有助于解释新型雇佣关系的一个新的分析框架。可以说，将退出—建言—忠诚—漠视行为整合模型、组织犬儒主义与心理契约相结合，有利于深入探索新型雇佣关系背景下的员工心理图式。因此，课题组将退出—建言—忠诚—漠视行为模型、组织犬儒主义纳入本章主题所关注的知识员工可雇佣型心理契约的组织态度与行为效应分析框架。

另外，从变量之间相关系数来讲，除心理契约与离职的相关关系为负值外，心理契约与其他组织态度行为变量的相关关系均为正值。元分析结果与国外文献所得结论取得了方向性一致。可以说，尽管我国本土文化与西方文化存在显著差异，组织运行环境特征也有所不同，然而从员工个体心理认知的角度来看，仍然呈现出具有完整人格特质的个体所表现出的对组织的心理概念的方向一致性解释。需要说明的是，变量之间的相关系数在较小的范围内波动，分析其原因可能是受限于取样文献所包含的独立样本数较小（K≤15）。这也为本章在此元分析基础上，结合现有理论论证以及更为深入的探索性案例研究提供了研究契机。

（二）变量之间相关性分析

根据元分析规程，本章基于 Hunter 和 Schmidt（2004）提出的元分析方法（从文献回顾来看，这种元分析方法在学术界应用得较为广泛，被理论研究者所普遍接受），采用 Comprehensive Meta Analysis 2.0 软件对国内心理契约定量实证性研究成果展开元分析。主要步骤如下。

首先，排除由于研究内容不同所导致的样本量之间的差异性，按照公式（5-1）进行研究成果相关系数的 *Fisher's Z* 转换，进而按照公式（5-2）、公式（5-3）、公式（5-4）计算测量精度，考察标准差。

$$Fisher's\ Z = 0.5 \times \ln\left(\frac{1+r}{1-r}\right) \tag{5-1}$$

$$SE_Z = \frac{1}{\sqrt{N-3}} \tag{5-2}$$

$$SE_r = (1 - r^2) \times SE_Z \tag{5-3}$$

$$SE_\rho = (1 - \rho^2) \times SE_Z \tag{5-4}$$

其次，采用安全失效系数（Fail-Safe Number，FN）计算修正后相关系数较低时不显著的研究报告数。进行这个步骤是因为，一般而言，显著的研究成果更易发表且易于被元分析者发现进而被纳入元分析，如此就导致不显著的研究成果易于被封存（被称为“抽屉效应”），而未发表的研究成果未必对于某个领域内的研究进展毫无益处，在元分析中，提倡挖掘可能被掩埋的那些不显著的研究成果。基于此，课题组根据取样文献计算了 FN，如表 5-2 所示。

表 5-2　　变量之间相关关系元分析

	K	N	r	SE_r	ρ	SE_ρ	95% C. I.		Df（Q）	FN
							Lower	Upper		
组织满意度	13	4725	-5.201 ****	0.714	-0.501 ****	0.015	-0.530	-0.473	12	649
组织承诺	13	4280	-0.389 ****	0.057	-0.488 ****	0.016	-0.519	-0.458	12	552
组织绩效	9	3279	-0.279 ****	0.051	-0.239 ****	0.018	-0.273	-0.204	8	260
离职	15	6148	0.250 ****	0.061	0.304 ****	0.014	0.277	0.332	14	807
组织公民行为	9	2514	-0.335 ****	0.057	-0.353 ****	0.020	-0.392	-0.314	8	160

注：K 表示效应数；N 表示样本量合计；r 表示未加权相关系数均值；SE_r 表示未加权相关系数标准差；ρ 表示加权后相关系数均值；SE_ρ 表示加权后相关系数标准差；FN 表示安全失效系数；**** 表示 $P<0.0001$。

由表 5-2，心理契约与各个效标变量均在不同程度上达到了统计显著性水平，且置信区间不含 0，修正后相关系数均在 0.0001（双尾）水平上统计显著。又根据效应值判别准则，接近 0.5 的效应值为大效应，接近 0.3 的效应值为中效应，接近 0.1 的效应值为小效应，因此，心理契约与组织承诺、组织满意度的相关关系呈现出大效应，与组织公民行为、离职的相关关系呈现出中效应，与组织绩效的相关关系呈现出小效应。另外，整体来看，心理契约与组织态度的效应值大于与组织行为的效应值。

通过以上元分析，国内心理契约研究结合各自兴趣，从不同的研究角度对心理契约的组织态度与行为效应展开了定量实证性研究，尽管研究情境、研究目的和研究维度等有所不同，然而却在"心理契约与积极组织态度和行为存在正相关关系、与消极组织态度和行为存在负相关关系"上达成普遍共识，这与国外文献结论相吻合。可以说，尽管东西方文化差异显著，致使研究环境特征、研究问题内涵等存在些许不同，但就个体微观层面而言，在心理契约的组织态度与行为效应问题上达成了方向一致性理解。

元分析还发现，心理契约与组织态度的相关关系强于与组织行为的相关关系。对此分析，社会心理学指出，态度决定行为，而态度受限于内在动机，由此形成"认知—态度—行为"逻辑链条。心理契约就是员工由组织信息形成的心理图式，是基于组织信息形成的心理认知的一种表征形式，势必影响个体的工作态度，从而投射到工作行为。换言之，可以理解为，产生工作行为的最直接原因是工作态度，而其最根源的致因是心理契约，本书的元分析结果恰恰说明了这种影响逻辑。

最后，从安全失效系数来讲，元分析结果均大于 FN 的临界值（FN 大于 2 倍效应数），因此，取样文献发表偏倚对元分析影响不大，可忽略不计。

三 研究启示

通过元分析，心理契约与组织态度和行为之间存在不同程度的相关关系，以往研究多关注心理契约与组织满意度、组织承诺、离职、组织绩效等态度行为变量的关系，较少的研究关注了心理契约与退出—建言—忠诚—漠视行为整合模型、组织犬儒主义的关联性，这方面的定量实证性研究更为鲜见，这恰恰是元分析的独特之处和优势所在。也就是说，元分析是有别于传统文献综述的一种专门针对定量研究报告进行科学循证的综述性研究方法，不仅能够对某个领域内的研究进展进行客观量化综述，还能够洞察到现有研究的空白点和不足之处，为未来研究方向提供科学稳健的理论依据和经验证据。结合本章所讨论的新时代下我国中小企业知识员工可雇佣型心理契约的组织效应问题，不仅需要关注学术界关于心理契约的组织效应的普遍共识，出于研究的特色和创新性等方面考虑，还需要在以往研究基础上，进一步思考如何从富有研究价值的研究发展空间入手（如退出—建言—忠诚—漠视行为整合模型、组织犬儒主义对于心理契约效应的解释作用），以期解析当前我国中小企业知识员工可雇佣型心理契约有别于一般员工心理契约的独特的理论解释，从而为理论界和实务界展开更为深入的知识员工可雇佣型心理契约问题探索提供坚实的理论支撑和有益的实践启示。

第二节　基于元分析的中小企业知识员工可雇佣型心理契约效应探析

一　中小企业知识员工可雇佣型心理契约效应的内容分析

（一）研究方法选择

通过元分析，心理契约与组织促进性工作态度行为呈现正相关关系，与反组织工作态度行为呈现负相关关系，且与工作态度的相关关系程度强于与工作行为的相关关系。同时还发现，随着全球知识经济结构转型加剧，退出—建言—忠诚—漠视行为整合模型、组织犬儒主义这些着实反映新型雇佣关系的解释变量对于心理契约效应的分析框架尚不够明确，关于这方面的研究成果尚有待深入探索。在元分析取样文献阶段，的确检索到以往关于退出—建言—忠诚—漠视行为整合模型、组织犬儒主义与心理契约影响机制的定量实证性研究，然而鉴于元分析文献取样对于样本量的要求，未将过小的样本量纳入元分析，恰恰体现了元分析的优势之处。那么结合新时代我国中小企业面临的高动态不确定性环境特征，以及知识员工所禀赋的高创造性、高可雇佣性诉求、高动态心理等独特特征，当前有必要探索能够解释新型雇佣关系的退出—建言—忠诚—漠视行为整合模型、组织犬儒主义与知识员工可雇佣型心理契约的内在作用机理，研究结果能为研究主题解析提供坚实的理论依据。

探索性案例研究是一种社会研究方法，由于能通过生动的描述使读者达到身临其境的感受，便于理解和接受，因此被广泛用于管理学研究，并始终作为最核心的研究方法之一，在整个西方管理理论发展中发挥了极为关键的作用，历久而弥新。因此，一个好的学术案例能通过案例事件很好地深度联系理论，并洞察和挖掘未知的事物的规律，其研究过程也是一个全新知识体系的构建过程。

本章采用案例研究方法来探索中小企业知识员工可雇佣型心理契约效应。鉴于选取典型（Exemplary）案例是关键性基本原则，因此根据国家统计局公布的中小企业限定标准，结合各省市自治区经济发展水平及经济社会资源分布状况，从我国中、东部地区（如华北、鲁东、江浙沪）选取了4家典型中小企业作为样本单位，针对其知识员工，展开探索性案例研究。Yin（1984）指出，将定性数据与定量数据相结合来讨论案例研究问题，有助于显著推动理论视角发展。因此，课题组综合运用定性（如访谈、现场观察、记录）、定量（如问卷）等多种数据收集方法。采用SPSS、Nvivo分析软件，通过数据统计、内容分析编码来提炼内容构念（案例研究规程以及相关定性数据和定量数据收集分析方法详见第三章）。

（二）中小企业知识员工可雇佣型心理契约效应识别

针对所选取的4家案例企业展开探索性案例研究，按照事先拟定的访谈大纲，通过各企业联系人共计面向23位知识员工进行了深度访谈，访谈对象样本结构如表3-3所示。访谈中采用笔记形式（鉴于多数访谈对象不建议访谈过程中进行录音，故仅以笔记形式进行现场记录），一名研究者负责提问访谈，另一名研究者负责做笔记，每天访谈结束后整理当日记录，于整体访谈工作全部结束后进行访谈记录的内容分析编码工作。对于内容节点编码的基本原则是所提炼的构念是否被高频词提及，同时与访谈记录进行对比分析，秉承不重叠、不遗漏、突出关键点、反映客观世界原貌的研究理念，提炼整理编码结果，保证编码的信度和效度。其编码结果示例如表5-3所示。

表 5-3　知识员工可雇佣型心理契约效应内容分析编码

一级目录	二级目录	三级目录	编码示例	对照示例
组织满意度	企业文化	工作价值观	只有认同企业的工作价值观，才可能对组织满意（B2）	全体员工要形成人人为我、我为人人的工作价值观（B 企业官网新闻）
		管理风格	管理风格难以形容，但的确是影响员工满意度的重要因素（A1）	各级管理人员要加强自身修养，努力打造积极的管理风格（A 企业官网刊载的总裁年会发言）
	薪资福利	薪资水平	薪资水平决定员工是否对组织满意的首要因素（C2）	薪资水平应对应职级职等，不同序列下的薪资水平体现出差异性（C 企业新员工入职介绍）
		福利水平	住房保障、社会福利政策影响员工的组织满意水平一揽子福利政策影响员工的组织满意水平（A1）	按照政策设置住房、医疗、社保福利保障机制，并结合特殊岗位性质，提供人性化福利待遇（A 企业新员工入职介绍）
	职业成长	职位晋升	知识员工一般对职位有一定追求（C3）	企业提供了发挥职业才能的机会、职位安置和晋升与此挂钩（C 企业管理办法）
		专业技能提升	专业技术人员特别需要不断提升专业技能水平，企业应提供满足这种员工需求的机会（C2）	鼓励申报这期专业技能培训会，取得结业证书与年度考核挂钩（C 企业通知）
	学习培训	公派培训	走出去才会有更多出路，关系到企业长远发展，获得公派培训机会的员工一般增加对组织的满意感（D1）	公派培训与业绩考核结合，参加培训的员工回企业后要传播学习体会（D 企业培训通知）
		自学习	自学习能力是考察个体综合素质的一项关键指标，提供自学习能力锻炼机会能提高员工的满意度（D3）	鼓励自学习、互相学习、知识共享（D 企业会议纪要）

续表

一级目录	二级目录	三级目录	编码示例	对照示例
组织满意度	领导风格	管理方式	领导的管理方式直接影响到员工对领导甚至对企业的满意度（A2）	各级领导都要加强管理方式学习和培养，无效或负面的管理方式会直接削减部门绩效（A 企业官网通讯）
		领导魅力	富有领导魅力的领导者在任会使员工增加对自己和对企业的满意感（C2）	培训游戏所传递的一种理念是，加强领导自身修养，增强领导魅力（C 企业拓展训练总结）
	管理规范	规章制度	规章制度用来规范企业的运行环境，也是对员工行为规范的干预，制度缺乏规范很显然会引起员工不满（C2）	制度是纲，管理是目，心理纠结出自对"纲""目"的困惑（C 企业《年终总结》）
		劳动关系	共享经济下劳动关系呈现出多元化，传统的劳动关系会降低员工的满意度（A3）	按照国家既定方针政策，企业梳理和规范劳动关系的有效途径（A 企业管理是促进员工满意，提高企业绩效的组织满意，牵制企业创业年度报告）
		工作流程	新动能替换旧动能需要从流程到细节每一个步骤和环节的变革，提高员工的满意度，能够促进新旧动能转换（B1）	企业要加强自我创新能力建设，工作流程是必须要整顿的部分，这影响到企业创新绩效（B 企业年度报告）
组织承诺	规范承诺		知识员工拥有较高的知识素养，一般会形成自主服从和执行企业规范的职业习惯（D1）	对所在企业保持一种规范承诺，是从业人员应有的职业素质（D 企业新员工入职培训手册）
	持续承诺		离职有两种情况：主动和被动，考虑主动离职前，一般会考虑利弊得失，不会轻举妄动（B1）	每年年初是高离职期，这期间要加强员工心理干预，注意持续承诺现象（B 企业部门会议纪要）
	情感承诺		在一家企业做久了，自然就会"生情"，即便偶然遇到不愉快的事，也通常会自我排解，终究对企业有一定感情，除非发生原则性问题（B3）	人是有感情的高级动物，与人或事相处时间长了，就会产生感情，企业管理者要善用这种现象，合理干预并有效利用（B 企业部门会议纪要）

续表

一级目录	二级目录	三级目录	编码示例	对照示例
退出	主动辞职		对企业产生极度不满意时就会引发主动辞职（C3）	岁末年初，各级部门要做好员工管理工作，提前疏导负面工作情绪，减少辞职现象（C企业官网通知）
	主动找新工作		拥有高可雇佣性的知识员工一般也具有能够在不同企业供职的能力，其中一部分人会主动谋求新的更为满意的工作机会（B2）	主动辞职事件在当下不在少数，特别是对于平台型企业而言，更为普遍（B企业部门会议纪要）
职业倾向	管理倾向		管理倾向性是一种个体特质，具有这种倾向性的个体往往具有高组织敏感度（B2）	在职业生涯设计中要系一个原则，即合适的人放到合适的位置上，对于管理倾向者，就需要测评其管理素质，然后因才用人（B企业部门会议纪要）
	专业倾向		作为一名专业技术人员，首要的是要具备解决专业问题，才能主动地发现问题，解决问题，并从中不断总结，提升自己的专业水平（B2）	员工管理中首先要弄清楚个性特质，对于偏向专业特质的个体，就要致力于培养其专业素养外培训总结）
忠诚	工作稳定		工作稳定性是最为凸显的能够反映员工对企业忠诚度的指标（C1）	部门员工的工作稳定性与部门绩效挂钩，高工作稳定性在一定程度上反映了部门员工的高组织忠诚度（C企业部门会议纪要）
	危机面前忠于职守		危机面前忠于职守的表现形式，是一种别样的效忠于企业的表现形式，特别是在当下高度竞争性环境下，面临企业裁员、组织机构变革时，依然能保持组织忠诚，就是一种高忠诚度（B1）	忠诚也可以理解为是一种能力，是除了执业能力以外一名优秀员工所必需的能力（B企业官网通讯）
漠视	低工作投入		低工作投入是对组织漠视的一种表现形式（D2）	全体员工要积极投入工作，以饱满的热情迎接新时代，新征程（D企业官网通讯）
	考勤不良		缺勤、早退、迟到等不良的考勤现象从某种角度反映了员工对企业漠视（D1）	各级领导要高度关注考勤不良现象，这是消极组织绩效的预警（D企业官网通知）

续表

一级目录	二级目录	三级目录	编码示例	对照示例
漠视	工作时干私事		工作中时常会见到做私事的现象，事实上，这是对组织漠视的一种体现（A1）	有部门反应上班时间网购现象，这是员工闹情绪，还是管理有问题（A企业《会议纪要》）
	工作出错		工作总出错，大错不犯，小错不断，说明对工作不认真、不尽心，本身也可以理解为是对组织的一种漠视（C3）	一旦发现工作出错频繁，就要加以干预，这种现象在任何影响了对企业的漠视行为（C企业部门会议纪要）
组织犬儒主义	对上级或企业不信任		既然开展工作，就意味着信赖所供职的企业及其领导人，否则，没有基本的信任关系存在，何谈雇佣关系（C2）	组织信任是从业者基本也是最首要的职业素养（C企业新员工人职讲座谈会纪要）
	对上级或企业持消极情绪		对上级或企业持消极情绪是非常不可取的问题和现象，必须加以干预，对企业贻害无穷（B1）	组织抱怨是一种负面情绪，会危害企业绩效，一旦发现，就要及时干预，化解、排解和引导（B企业工作报告）
	对上级或企业的不利言行		有的员工骨于企业管理规范限制，在非工作时间会产生对上级或企业的不利言行，这是一种在管理上被誉为"组织犬儒主义"的表现（C1）	企业管理不仅限于企业内部管理，在企业外部，也应加强企业美誉度维系和管理（C企业官网通讯）
组织认同	组织目标认同		个人目标和企业目标一致时，才能产生良好的组织绩效，组织目标认同是组织大嬴主义的重要前提（D1）	组织目标认同就是要让全员都聚精会神地扑在企业周围，为实现企业目标而不懈努力（D企业官网通讯）
	组织归属感		培养知识员工的组织归属感有助于组织创新能力提高（B1）	组织归属感并非一蹴而就，需要不断培养、将心比心，是关系到企业兴衰的大事，深度磨合（B企业年会纪要）

续表

一级目录	二级目录	三级目录	编码示例	对照示例
建言	建言献策		自古以来，建言献策就敬视作建言的一种典型体现（C3）	各级领导应鼓励员工建言献策，能够听进逆耳之言（C 企业官网通讯）
可选机会			对于知识员工而言，职业生涯不仅限于本职工作，是否拥有企业内部可选机会，以及企业外部可选都是能够证明个体可雇佣性的要素（C2）	可选机会对于每名员工都非常重要，特别是处于竞争性环境中，如何能够适应不同岗位的工作职责是考察一名员工真正能力的有效途径（C 企业部门会议纪要）
自我效能	自信		自我效能虽然不完全等同于自信，然而直白理解起来，在实务界，任往强调自信对于工作胜任度的重要性（C1）	自信自我效能的最为凸显的形式，难以想象、缺乏自信的人，何来自我效能（C 企业部门会议纪要）
	迎难而上		遇到挫折、不泄气，而是越挫越勇，乃高自我效能者（C3）	顺风顺水能体现个人能力，迎难而上更是个人优秀品质的表现，应当提倡，即高自我效能（C 企业官网通讯）
敬业度			无论工作中遇到什么困难，都保持高度敬业度，这是优秀员工的表现（D2）	知识员工一旦热爱企业，就通常会拥有高敬业度（D 企业部门会议纪要）
自我认同			能否客观评价自己，是能否形成自我认同的重要前提，既不能妄自菲薄，也不可自夸自大（A1）	管理的一种技巧是要注重培养知识员工的恰当的认同感，这是促进组织绩效的有效途径（A 企业官网通讯）
组织社会化			对知识员工形成长远影响的，除入职时的岗位培训，就要数组织社会化了（B2）	组织社会化是每名员工都遇到的，无论主观意愿如何，都会不自觉地深入组织社会化进程（B 企业官网通讯）
职业承诺			在当前竞争性环境中，保持高职业承诺是高职业化的体现，知识员工多拥有一定职业承诺（C3）	企业管理中应当把职业承诺摆上日程，拥有高职业承诺的个体，任往会倾向于高组织绩效（C 企业年会纪要）

按照第三章阐述的内容分析编码信度检验规程,以上各个内容节点编码信度都在 0.6 以上,满足内容分析编码内部一致性的标准,分析结果如表 5-4 所示。

表 5-4　知识员工可雇佣型心理契约效应内容分析编码一致性的信度

一级目录	二级目录	三级目录
组织满意度（0.935）	企业文化（0.751）	工作价值观（0.771）、管理风格（0.794）
	薪资福利（0.924）	薪资水平（0.950）、福利水平（0.900）
	职业成长（0.837）	职位晋升（0.795）、专业技能提升（0.773）
	学习培训（0.811）	公派培训（0.732）、自学习（0.673）
	领导风格（0.608）	管理方式（0.782）、领导魅力（0615）
	管理规范（0.740）	规章制度（0.829）、劳动关系（0.746）、工作流程（0.635）
组织承诺（0.853）	规范承诺（0.740）、持续承诺（0.619）、情感承诺（0.730）	
退出（0.970）	主动辞职（0.920）、主动找新工作（0.795）	
职业倾向（0.626）	管理倾向（0.675）、专业倾向（0.753）	
忠诚（0.864）	工作稳定（0.920）、危机面前忠于职守（0.833）	
漠视（0.675）	低工作投入（0.648）、考勤不良（0.800）、工作时干私事（0.825）、工作出错（0.851）	
组织犬儒主义（0.860）	对上级或企业不信任（0.845）、对上级或企业持消极情绪（0.912）、对上级或企业的不利言行（0.750）	
组织认同（0.775）	团队目标认同（0.850）、团队归属感（0.790）	
建言（0.665）	建言献策（0.700）	
可选机会（0.914）		
自我效能（0.930）	自信（0.950）、迎难而上（0.726）	
敬业度（0.830）		
自我认同（0.690）		

续表

一级目录	二级目录	三级目录
组织社会化（0.922）		
职业承诺（0.810）		

接下来检验内容分析编码的效度，根据第三章阐述的内容分析效度检验方法，课题组邀请了两位专家（分别来自两个非案例企业的中层管理人员）对编码结果进行讨论，以确定编码结果的适切性。总共形成 667 个内容节点，其中 531 个节点的 $CVR=1$，78 个节点的 $CVR=0$，其余节点的 $CVR=-1$，内容分析编码较理想。

进一步对内容分析编码频次展开对比分析。由图 5-1 可知，知识员工可雇佣型心理契约的组织态度与行为效应主要涉及组织满意度、组织承诺、退出、忠诚、漠视、建言等。从频次均值统计来看，依次为组织满意度（9.544）、退出（7.300）、组织承诺（6.321）、忠诚（2.579）、漠视（2.412）、组织犬儒主义（1.980）、自我效能（1.788）、组织认同（1.501）、可选工作机会（1.243）、组织社会化（1.200）、职业倾向（1）、漠视（1）、职业承诺（0.871）、自我认同（0.852）、敬业度（0.632）。具体分析，就个体心理认知和态度方面而言，组织满意度的频次均值最高，组织承诺相对低，然而通过元分析可知，这两个变量在以往心理契约研究中得到了较为充沛的讨论，相比之下，尽管组织犬儒主义、组织认同的频次均值偏低，然而考虑到以往心理契约研究讨论较少，且国外研究提出组织犬儒主义是新型雇佣关系的一种新的解释框架，加之团队工作是当前最为普遍的工作模式，对知识员工个体成长和企业创新能力提升都具有显著推动作用，因此，本章将格外关注组织犬儒主义、组织认同对知识员工可雇佣型心理契约的解释力。另外，从工作行为来看，尽管知识员工可雇佣型心理契约会引发诸多工作行为，然而从频次均值来看，仅退出的频次均值相对较高（7.300），又综观以往研究，退出—建言—忠诚—漠视行为模型被认为是从微观层面能够解释新型雇佣关系的工作行为整合模型，是可以较全面地反映知识员工在新型雇佣关系框架下的主要行为特征的缩影，因此，本章将退出—建言—忠诚—漠视行为模型导入知识员工可雇佣型心理契约主效应分析。综合以上分析，本章探索知识员工可雇佣型心理契约如何通过独具知识员工个性特色的工作态度和行为效应来获取企业创新效

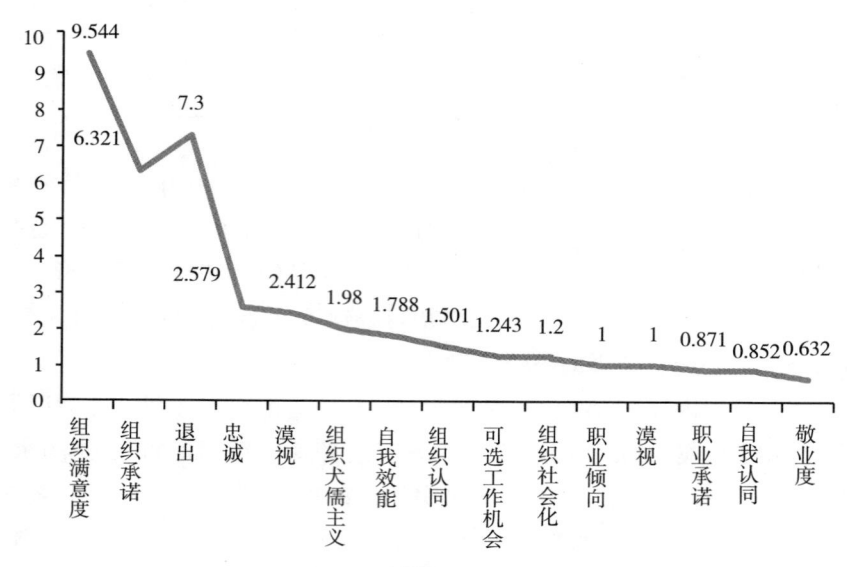

能,从而为企业可持续创新的管理活动提供有益启示。

图5-1 知识员工可雇佣型心理契约效应内容分析编码的频次

（三）中小企业知识员工心理契约效应的影响路径探析

在通过内容节点编码提炼知识员工可雇佣型心理契约的主效应构念基础上,进一步对主效应的内在作用机理进行关系节点编码工作,编码结果见表5-5（数值即为关系节点频次累计）。根据公式（3-1）、公式（3-2）进行内容分析编码的信度效度检验,计算结果表明,编码内部一致性的信度 $R>0.6$,在所提炼的432个节点中,376个节点的 $CVR=1$,42个节点的 $CVR=0$,其余节点的 $CVR=-1$,编码效度较理想。

表5-5　知识员工可雇佣型心理契约后置影响路径编码

因变量	关系节点	访谈记录
退出	● 可雇佣型心理契约→退出的负向影响（92） ● 可雇佣型心理契约→组织犬儒主义的负向影响（13） ● 可雇佣型心理契约→组织犬儒主义→退出（84） ● 可雇佣型心理契约→组织认同的正向影响（11） ● 可雇佣型心理契约→组织认同→退出（38）	知识员工对职业发展普遍有较高诉求,会更关注企业可雇佣性责任履行,当感觉到不尽如人意时,难免会产生负面情绪,而又碍于各种原因委身于组织,不离开,这种负面情绪终究会影响企业创新能力（C1） 高水平的可雇佣型心理契约会无形中形成对团队工作的正面情绪,势必降低离职率（B2）

续表

因变量	关系节点	访谈记录
建言	• 可雇佣型心理契约→建言的正向影响（15） • 组织犬儒主义→建言的负向影响（9） • 可雇佣型心理契约→组织犬儒主义→建言（6）	对企业可雇佣性责任持满意心理体验者通常拥有良好的可雇佣型心理契约，往往更易于建言，也少有离职倾向（A2）
	• 组织认同→建言的正向影响（17） • 可雇佣型心理契约→组织认同→建言（9）	拥有高可雇佣型心理契约的知识员工通常更多抱有对组织的正向心理体验，倾向于更多的组织认同感，当组织遇到问题时，也更易于建言献策（D3）
忠诚	• 可雇佣型心理契约→忠诚的正向影响（30） • 组织犬儒主义→忠诚的负向影响（23） • 可雇佣型心理契约→组织犬儒主义→忠诚（7）	健康的可雇佣型心理契约状态往往带有低组织犬儒主义倾向，转而更多地表现出对组织的忠诚度（A2）
	• 组织认同→忠诚的正向影响（21） • 可雇佣型心理契约→组织认同→忠诚（11）	高可雇佣型心理契约的知识员工最为直接表现出的就是对所在工作团队的认同感、忠诚度，进而升级为对整个组织的忠诚（B1）
漠视	• 可雇佣型心理契约→漠视的负向影响（16） • 组织犬儒主义→漠视的正向影响（21） • 可雇佣型心理契约→组织犬儒主义→漠视（5）	当对企业可雇佣性责任持不满意时，难以想象会有良好的可雇佣型心理契约感知，此时，知识员工一般会产生对企业的负面情绪，即便不采取离职的做法，也多半不会表现出多么热衷于工作，甚至对企业事件听之任之，冷漠处之（C3）
	• 组织认同→漠视的负向影响（17） • 可雇佣型心理契约→组织认同→漠视（6）	高可雇佣型心理契约引发高组织认同，相继带来高工作投入，高组织关注度（C3）

二 中小企业知识员工可雇佣型心理契约效应理论建构

学术界关于心理契约效应问题关注良久，一些学者结合各自研究兴趣从不同角度针对不同研究对象和研究维度，展开了心理契约效应讨论，普遍得出心理契约与积极组织态度和行为存在正向影响关系、与消极组织态度和行为存在负面影响关系。近年来，随着新型雇佣关系模式逐步深入，组织犬儒主义作为一种针对新型雇佣关系的新的分析框架越来越受到理论工作者关注，国外围绕组织犬儒主义的组织效应展开了理论探索，一部分采取了量化解释性研究，国内在这方面的讨论尚不足。另外，Turnley 和 Feldman（2000）的研究中明确指出了退出—建言—忠诚—漠视行为模型对新型雇佣关系框架下解释组织行为问题的重要意义，目前，国外学术界形成了"该行为整合模型是新型雇佣关系框架下解释心理契约问题的有力途径"的一致性认识。我国学者魏峰（2008）涉足了该行为整合模型研究，并得出了对于管理人员心理契约违背的解释机制。结合本书研究问题，课题组在实地访谈中发现，访谈对象对于知识员工可雇佣型心理契约与该行为模型的关系存在一定认识。B1 谈道：

> 企业可雇佣性责任提供和履行情况会在知识员工内心深处留下印迹，良好的记录会形成健康的心理认知，反之则会产生消极想法。这些认为和感知都会不同程度地影响行为，积极的行为如建言献策、忠诚于企业，即便企业不景气，也坚持留守等，而消极的行为中最为极端的如离职，负面程度柔和一些的行为如对企业的任何事情都听之任之、漠不关心，只顾自己利益，所谓"事不关己高高挂起"。

D3 表示：

> 知识员工追求可雇佣性发展是很正常的，企业可雇佣性责任到位，知识员工就会有积极心态，否则就抱有消极心态。积极的心态产生组织促进性行为，消极的心态产生反组织行为。

因此，提出如下研究假设：
- 知识员工可雇佣型心理契约违背→退出

假设 H7a：为了个体可雇佣性能力提升提供职业发展性支持维度对退出行为有显著的直接负向影响。

假设 H7b：为了个体可雇佣性能力提升提供组织环境支持维度对退出行为有显著的直接负向影响。

假设 H7c：为了个体可雇佣性能力提升提供经济获益性支持维度对退出行为有显著的直接负向影响。

- 知识员工可雇佣型心理契约→建言

假设 H8a：为了个体可雇佣性能力提升提供职业发展性支持维度对建言行为有显著的直接正向影响。

假设 H8b：为了个体可雇佣性能力提升提供组织环境支持维度对建言行为有显著的直接正向影响。

假设 H8c：为了个体可雇佣性能力提升提供经济获益性支持维度对建言行为有显著的直接正向影响。

- 知识员工可雇佣型心理契约→忠诚

假设 H9a：为了个体可雇佣性能力提升提供职业发展性支持维度对忠诚行为有显著的直接正向影响。

假设 H9b：为了个体可雇佣性能力提升提供组织环境支持维度对忠诚行为有显著的直接正向影响。

假设 H9c：为了个体可雇佣性能力提升提供经济获益性支持维度对忠诚行为有显著的直接正向影响。

- 知识员工可雇佣型心理契约→漠视

假设 H10a：为了个体可雇佣性能力提升提供职业发展性支持维度对漠视行为有显著的直接负向影响。

假设 H10b：为了个体可雇佣性能力提升提供组织环境支持维度对漠视行为有显著的直接负向影响。

假设 H10c：为了个体可雇佣性能力提升提供经济获益性支持维度对漠视行为有显著的直接负向影响。

另外，前文元分析中发现除了退出—建言—忠诚—漠视行为模型对知识员工可雇佣型心理契约的解释作用以外，其间还蕴藏着中间效应。综观以往研究，一些学者发现，组织犬儒主义是继心理契约之后能够反映雇佣关系的有力的分析框架，且部分研究得出，组织犬儒主义与组织促进性行为负相关，与反组织行为正相关。其作为一种对组织的负面态度和情绪体验，势必受到个体内在动机的影响，这就为可雇佣型心理契约—组织犬儒主义—工作行为搭建了桥梁，即组织犬儒主义很可能在知识员工可雇佣型心理契约与退出—建言—忠诚—漠视行为模型之间发挥中介解释作用。课题组在访谈中也了解到一些知识员工的想法，恰恰与此假设相吻合。B2 言及：

事实上，组织犬儒主义不仅是研究层面的产物，在企业管理实践中早已存在，如员工内心已埋下了反组织情愫，但迫于某种原因（如尚未找到更合适的机会），依然选择留任在企业里，可以想象，胸怀这种负面情愫的员工，如何能为企业做出更多更好的工作投入，而往往是以负面行为最为显著。

C1 谈道：

高可雇佣型心理契约即表示信任企业、信任领导、信任团队，一般会表现出有利于工作、助力于企业的行为。低可雇佣型心理契约则在大多数情况下导致不利于组织的行为。

因此，提出如下研究假设：
- 知识员工可雇佣型心理契约→组织犬儒主义→退出

假设 H11a：组织犬儒主义对发展型契约违背与退出行为间的关系具有中介作用。

假设 H11b：组织犬儒主义对关系型契约违背与退出行为间的关系具有中介作用。

假设 H11c：组织犬儒主义对激励型契约违背与退出行为间的关系具有中介作用。

- 知识员工可雇佣型心理契约→组织犬儒主义→建言

假设 H12a：组织犬儒主义对发展型契约违背与建言行为间的关系具有中介作用。

假设 H12b：组织犬儒主义对关系型契约违背与建言行为间的关系具有中介作用。

假设 H12c：组织犬儒主义对激励型契约违背与建言行为间的关系具有中介作用。

- 知识员工可雇佣型心理契约→组织犬儒主义→忠诚

假设 H13a：组织犬儒主义对发展型契约违背与忠诚行为间的关系具有中介作用。

假设 H13b：组织犬儒主义对关系型契约违背与忠诚行为间的关系具有中介作用。

假设 H13c：组织犬儒主义对激励型契约违背与忠诚行为间的关系具有中介作用。

- 知识员工可雇佣型心理契约→组织犬儒主义→漠视

假设 H14a：组织犬儒主义对发展型契约违背与漠视行为间的关系具有中介作用。

假设 H14b：组织犬儒主义对关系型契约违背与漠视行为间的关系具有中介作用。

假设 H14c：组织犬儒主义对激励型契约违背与漠视行为间的关系具有中介作用。

元分析还发现，组织认同是解释心理契约的一种分析框架，然而在以往研究中却讨论不足，这可能与当时的研究情境有关。那么结合当前转型经济结构下的研究情境，处于高动态不确定性环境中的中小企业势必面临着不断提高创新能力的挑战，这就需要加强知识员工管理。加之，团队工作已逐渐成为当下企业管理活动的主要模式，如何形成组织认同感以及所形成的组织认同感的程度，就会影响企业创新效果。照此逻辑递推，知识员工的组织认同感势必受限于对企业可雇佣性责任的心理感知，所形成的组织认同感又会以积极抑或消极的状态呈现于组织行为。如此，便形成了"知识员工可雇佣型心理契约—组织认同—组织行为"逻辑链条。访谈对象大致对这种情况表示认同。A1 谈道：

> 只有认同于企业，才会主动做出有助于企业目标达成的行为，而这种认同度通常又受到个体对企业的认同和体验的影响。

C3 谈道：

> 当前尤其提倡组织认同，如不认同企业，就难以自发主动地工作，更毋宁说在企业危难时挺身而出。组织认同来源于一种内在驱动力，在新型雇佣关系模式下，讲求雇佣双方互惠互利，以便形成促进组织型内驱力，才可打造组织认同，形成助推企业创新发展的行为模式。

因此，提出如下研究假设：

- 知识员工可雇佣型心理契约→组织认同→退出

假设 H15a：为了个体可雇佣性能力提升提供职业发展性支持维度与退出行为之间的关系具有中介作用。

假设 H15b：为了个体可雇佣性能力提升提供组织环境支持维度与退出行为之间的关系具有中介作用。

假设 H15c：为了个体可雇佣性能力提升提供经济获益性支持维度与退出行为之间的关系具有中介作用。

- 知识员工可雇佣型心理契约→组织认同→建言

假设 H16a：为了个体可雇佣性能力提升提供职业发展性支持维度与建言行为之间的关系具有中介作用。

假设 H16b：为了个体可雇佣性能力提升提供组织环境支持维度与建言行为之间的关系具有中介作用。

假设 H16c：为了个体可雇佣性能力提升提供经济获益性支持维度与建言行为之间的关系具有中介作用。

- 知识员工可雇佣型心理契约→组织认同→忠诚

假设 H17a：为了个体可雇佣性能力提升提供职业发展性支持维度与忠诚行为之间的关系具有中介作用。

假设 H17b：为了个体可雇佣性能力提升提供组织环境支持维度与忠诚行为之间的关系具有中介作用。

假设 H17c：为了个体可雇佣性能力提升提供经济获益性支持维度与忠诚行为之间的关系具有中介作用。

- 知识员工可雇佣型心理契约→组织认同→漠视

假设 H18a：为了个体可雇佣性能力提升提供职业发展性支持维度与漠视行为之间的关系具有中介作用。

假设 H18b：为了个体可雇佣性能力提升提供组织环境支持维度与漠视行为之间的关系具有中介作用。

假设 H18c：为了个体可雇佣性能力提升提供经济获益性支持维度与漠视行为之间的关系具有中介作用。

综上，中小企业知识员工可雇佣型心理契约效应理论模型如图 5-2 所示。

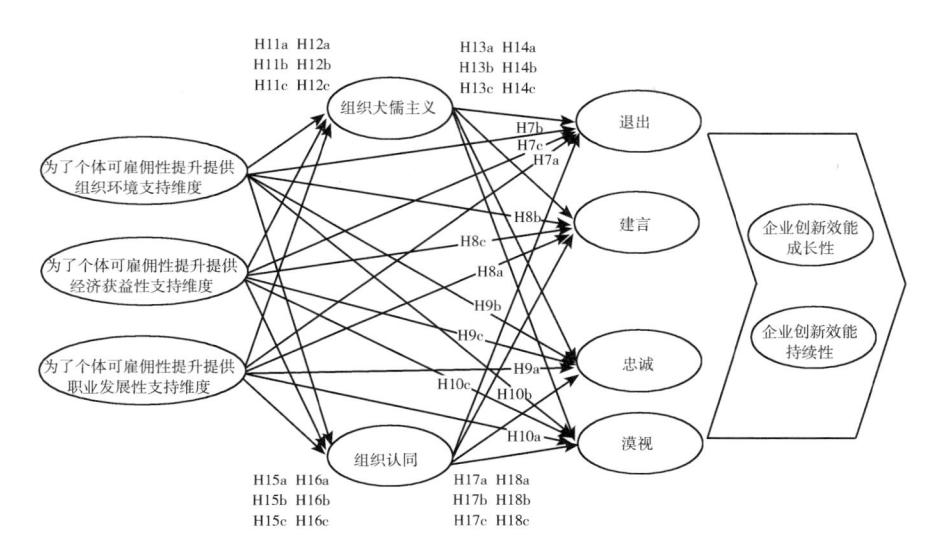

图 5-2　中小企业知识员工可雇佣型心理契约效应理论模型

本章小结

本章围绕中小企业知识员工可雇佣型心理契约对企业创新效能的驱动机制展开探索性研究。

第一，通过针对国内心理契约实证性研究的元分析，从客观量化的科学循证角度，对以往心理契约定量研究展开了有别于传统文献综述的系统性回溯，总结出心理契约与组织态度和行为变量的相关关系，同时还发现现有退出—建言—忠诚—漠视行为整合模型、组织犬儒主义等对心理契约问题的解释性研究尚且不足。在总结以往研究成果的同时，揭示了有待探索的未来研究空间，并结合本书研究情境，为本书研究问题解析提供了基础分析框架。

第二，通过探索性案例研究，导入问卷调查和内容分析相结合的方法，在以上元分析基础上，展开我国中小企业知识员工可雇佣型心理契约效应的内容节点编码和关系节点编码，提出我国中小企业知识员工可雇佣型心理契约的企业创新机制模型，为接下来的定量实证性研究提供研究假设。

第六章　中小企业知识员工可雇佣型心理契约对企业创新效能影响的实证研究

本章秉承实证主义理念，通过问卷调查来收集样本数据，进而采用结构方程模型对有效样本数据进行研究假设检验，从而得出知识员工可雇佣型心理契约对中小企业创新效能驱动机制，为中小企业通过知识员工可雇佣型心理契约有效管理来获取企业创新效能的管理活动提供对策。

第一节　问卷设计与小样本测试

根据社会统计学的理论阐释，在社会调查研究中，有必要围绕研究问题，设计开发相应的调查问卷，以便收集能够解决研究问题的有效样本数据。这就需要事先通过小规模样本的前测以及利用有效样本数据的信度效度评价来确定研究变量的测量量表和调查问卷。

一　问卷设计

紧扣前文提出的知识员工可雇佣型心理契约对企业创新效能驱动机制理论模型，通过与以往文献结论的对比论证，提出研究模型，关键变量有：知识员工可雇佣型心理契约、组织犬儒主义、组织认同、企业创新效能成长性、企业创新效能连续性和"退出、建言、忠诚、漠视"行为整合模型。按照社会统计学理论，采用问卷调查法进行有效样本数据收集，通过预调查流程（见图4-3），明确测量量表，在保证各个量表测量信度和效度的基础上，使每个变量有效反映各个关键构念的真实属性。

二　变量测度

（一）退出、建言、忠诚、漠视的测度

关于心理契约动态发展的研究，国外学者往往发现，个体的心理契约会投射到其工作态度和行为上（Culliane and Dundon，2006）。有研究在此基础上进一步细化结果变量，认为低心理契约与负向的工作态度和行为之间具有不同程度的正相关性（石晶、崔丽娟，2011）。国内学者通常关注心理契约的组织行为效应机制，得出低心理契约与消极态度行为正相关、与积极态度行为负相关的判断。近年来，一种新的理论分析框架"EVLN模型"因对知识经济时代新型组织关系的强解释力而备受瞩目。起初，Hirschman将"退出—建言—忠诚模型"（Exit，Voice，Loyalty，EVL）引入组织行为领域，并特别强调了其对组织关系的解释功效。之后，Turnley和Feldman（1999）将该模型发展为"退出—建言—忠诚—漠视框架"（Exit，Voice，Loyalty，Neglect，EVLN），并提出，低心理契约促使退出、漠视增多，使建言行为、忠诚下降。我国研究者在基于本土管理者工作情境的实证研究中发现，心理契约的不同维度与 EVLN 模型间具有不同程度和方向的显著影响关系（魏峰等，2008）。如今，新的社会经济形态尤其强调雇佣关系与动态环境的契合性（Van Der Heijden and Bakker，2011），心理契约作为雇佣关系的"折射镜"，预示着较大的研究空间有待探索。知识员工可雇佣型心理契约就是在传统心理契约理论基础上，结合新型雇佣关系背景下个体可雇佣性发展的重要性与迫切性，尝试将可雇佣性理论与心理契约理论相结合，提出的一种能够解释新型雇佣关系的分析框架。这个新概念蕴含了心理契约概念的内涵特征，照此逻辑递推，知识员工可雇佣型心理契约与 EVLN 模型之间极可能存在着一定的关联机制，这就更有必要结合新时代下我国中小企业管理情境特征对 EVLN 模型测量量表进行再开发。本章借鉴以往研究成果，以李克特 5 级尺度作为量纲，"1"至"5"分别表示"完全不符合"至"完全符合"共五个级别，采用自陈式填答形式进行问卷调查，通过课题组内部讨论、咨询专家和同行的意见与建议，最终形成所需要的 EVLN 模型的初始问卷，测度项如表 6-1 所示。

表 6-1　　　　　　　　退出、建言、忠诚、漠视的测度项

变量	题项编号	题项内容
退出	E1	我经常想辞去现在的工作（R）
	E2	我打算在一年内寻找别的工作单位（R）
	E3	如果工作条件下降，我会离开这单位（R）
	E4	如果能再次选择，我不会再选择这家企业（R）

续表

变量	题项编号	题项内容
建言	V1	当我有一个有益于企业的想法时，我会努力将其付诸实践
	V2	我有时会为了改善自己的工作条件和政策而与上级沟通
	V3	我常常向上级领导提建议，以完善企业中有待改进之处
	V4	我不止一次联系外部力量来帮助改善这里的工作条件
忠诚	L1	当企业遇到困难时，我会为企业继续工作到困难消失的那一刻
	L2	当其他人批评企业时，我总会全力以赴维护企业的名声
	L3	在朋友面前我总是高度评价所在企业
	L4	我很珍惜现在的工作而害怕失去它
漠视	N1	有时我会不愿意对工作投入太多努力（R）
	N2	只要我得到应有的报酬，企业发生什么事情我不太关心（R）
	N3	我想在领导看不到的地方，这样可以休息，做个人私事（R）
	N4	当我不想工作时，有时会请病假或找其他理由不上班（R）
	N5	有时我会因为没有工作激情而拖拉工作（R）

注：R 表示反向计分。

（二）组织犬儒主义的测度

随着"组织犬儒主义"这一新组织关系分析模式的出现，其与心理契约的协同效应日益凸显（Cullinane and Dundon, 2006）。如前文所述，知识员工可雇佣型心理契约是在心理契约理论基础上建构的，这就为其与组织犬儒主义的内在关联提供了理论依据，也更为讨论组织犬儒主义变量的操作化提供了研究契机。综观组织犬儒主义相关文献，研究者们结合各自领域和兴趣展开了诸项组织犬儒主义相关问题讨论，尽管结论不尽一致，却形成了一定方向性认识，即组织犬儒主义是员工个体对组织所秉持的一种负面心理感知，会引起负面态度和行为，是不利于组织结果的反组织态度。理论界和实务界在不同程度上关注到了组织犬儒主义对组织结果的消极影响，更是开发出与之相关的测量工具，以便监测员工对组织的心理和情感体验，从而利于组织结果控制。如，Fitz Gerald（2002）、James（2005）、Pugh 等（2003）、Johnson 和 O'Leary-Kelly（2003）、Anderson 和 Bateman（1997）从不同角度展开组织犬儒主义对组织绩效影响的定量实证性研究，其间提出了利于组织管理理论与实践预测的组织犬儒主义测量量表。我国的魏峰（2008）在 Dean 等（1998）经典量表基础上编制了包含 14 个题项的组织犬儒主义测量量表，推动了我国本土的组织犬儒主义实证性研究。在以上研究成果基础上，课题组结合本研究情境特征和知识员工的独特个性特质，通过课题组内部讨论、咨询专家和同行，对量表题项进行了修缮，最终形成组织犬儒主义初始问卷，测度项如表6-2所示。

表 6-2　　　　　　　　　　组织犬儒主义的测度项

题项编号	题项内容
OC1	这家企业说一套做一套
OC2	这家企业的政策、目标和实际行动不一致
OC3	这家企业宣称要做某事，实际上并不会做
OC4	一想起这家企业，我就会生气
OC5	一想起这家企业，我就会紧张
OC6	一想起这家企业，我就会不安
OC7	我会向外人抱怨这家企业里发生的事情
OC8	我取笑这家企业的文化、价值观、管理理念

（三）组织认同的测度

组织认同作为继满意度之后，又一表征对组织资源可得性和自我认同度的变量，其与心理契约在解释效标上的高相似性表明，两者间很可能存在一定关联归因（Sanders and Schyns，2006）。组织认同是员工对组织所持有的一种积极的心理体验，以往研究通过理论探索和实证性研究从不同角度得出了组织认同易于产生正向工作态度和行为的判断，与心理契约的相关关系更是得到了诸多国外研究结论的支持。对于组织认同的测量量表而言，国内外研究在较多情况下借鉴梅尔量表（Mael Scale），并结合各自研究领域和兴趣，对相关测度项进行增删和修正，形成适合于研究问题解析所需要的组织认同测量量表。例如，Cheney（1983）、Mael 和 Ashforth（1992）、Van Dijk 等（2004）、彭川宇（2008）等从不同角度，开发出适用于各自研究问题解析的组织认同测量量表，其中不乏从忠诚、归属感层面设计的测度项，且测度内容也覆盖了个体对组织的心理认知、情绪体验、主观评价、主要行为表现等。鉴于本章研究情境属于新时代下中国本土组织管理问题的讨论，所以在梅尔量表基础上，参考彭川宇（2008）的测量量表，进行测度项设计，对测度项的语言表述、问项排列、语气描述等都进行了仔细斟酌，最终形成研究所需的组织认同初始问卷，测度项如表 6-3 所示。

表 6-3　　　　　　　　　　组织认同的测度项

题项编号	题项内容
OI1	当我所在的团队受到批评时，我会觉得尴尬
OI2	当有人评论我所在的团队时，我会感兴趣
OI3	当我谈到所在的团队时，会常用"我们"这个词语指代团队，而不是"他们"
OI4	当我所在的团队取得成功时，我感觉自己也成功了
OI5	当有人称赞我所在的团队时，我感觉就像在称赞自己
OI6	当外界批评我所在的团队时，我会感觉难堪
OI7	我会因成为团队中的一分子，而感到自豪

三　小样本测试

（一）概述

按照第四章阐述的预调查规程进行小规模样本的前测，以确定符合本章研究需要的变量测量的调查问卷。总体而言，从有效样本统计特征来看，各测度项 Shapiro-Wilk 正态性检验结果在 $P<0.05$ 水平上显著，偏度系数的绝对值小于 3、峰度系数的绝对值小于 10，表明样本数据为非正态分布，可以用于量表题项的修正处理。

（二）信度与效度分析

根据第四章阐述的变量的信度效度评价方法，以及测量量表的修正方法，通过题项的修正项目总相关分析（CITC）、信度分析保证收敛效度，通过探索性因子分析保证区分效度，通过修正题项后量表整体再次信度分析保证内部一致性信度，从而保证量表整体测量的科学性和稳健性。

1. "退出、建言、忠诚、漠视"（EVLN）量表的信度和效度分析

（1）退出量表的信度和效度分析。

如表 6-4 所示，E3 的 CITC 小于 0.5，删除 E3 后，量表的 α 系数大于 0.7（符合信度测量要求），说明删除 E3 合理，除此之外，其他测度项的 CITC 大于 0.5（符合统计学测量要求），因此可以判定，删除 E3（修正测度项）后的测量量表具有统计分析意义。

表 6-4　　　　　　　　退出测量量表的 CITC 和信度分析

题项编号	题项内容	CITC	项删除后的 α 系数	评价	量表 α 系数
E1	我经常想辞去现在的工作	0.518	0.694	合理	
E2	我打算在一年内寻找别的工作单位	0.654	0.654	合理	$\alpha_1 = 0.741$
E3	如果工作条件下降，我会离开这单位	*0.385*	0.768	*删除*	$\alpha_2 = 0.768$
E4	如果能再次选择，我不会再选择这家企业	0.614	0.614	合理	

进一步对修正后的剩余测度项展开探索性因子分析，在进行这个步骤之前，需要采用 KMO 和 Bartlett 球体检验法判断各个测度项呈现非正交性（马庆国，2002），如果呈非正交性，则样本数据可以进入因子分析。据此计算显示，相关判定指标均满足统计分析要求（KMO = 0.605 > 0.6，Bartlett 球体检验 Chi – Square = 251.509，自由度 = 3，显著性概率 = 0.000），样本数据可以用于探索性因子分析。

以特征值大于 1 作为提取因子的判定标准，采用主成分分析法和方差最大旋转法，将样本数据导入剩余测度项的探索性因子分析。表 6-5 的运算结果表明，总计提取了与 1 个研究假定面向相对应的单个公共因子（特征值大于 1），累计方差解释变异 70.057%，各因子载荷值大于 0.5，因此可以判定，量表具有统计学意义上的区分效度。

表 6-5　　　　　　　　　　探索性因子分析

题项编号	单因子构型
E1	0.860
E2	0.917
E4	0.723

接下来通过信度系数法对剩余测度项所组成的测量量表进行整体信度分析，结果显示，Cronbach's α = 0.768 > 0.7，说明量表具有统计学意义的分析有效性。

（2）建言量表的信度和效度分析。

如表 6-6 所示，除了 V4 的 CITC 小于 0.3，其他测度项的 CITC 大于 0.3。卢纹岳（2002）指出，在借鉴西方量表进行本土化界定时，CITC 大于 0.3 满足量表建构要求，特别是用于反映变量的测度项较少时，可以将 0.3 视为 CITC 的临界标准。此外还发现，当删除 V4 后，量表的 CITC 大于 0.3，更可以说明，V4 删除有助于量表的科学性和稳健性。

表 6-6　　　　　　　　建言量表的 CITC 和信度分析

题项编号	题项内容	CITC	项删除后的 α 系数	评价	量表 α 系数
V1	当我有一个有益于企业的想法时，我会努力将其付诸实践	0.316	0.313	合理	$\alpha_1 = 0.450$ $\alpha_2 = 0.589$
V2	我有时会为了改善自己的工作条件和政策而与上级沟通	0.313	0.350	合理	
V3	我常常向上级领导提建议，以完善企业中有待改进之处	0.500	0.507	合理	
V4	我不止一次联系外部力量来帮助改善这里的工作条件	*0.117*	0.518	*删除*	

进一步对修正后的剩余测度项展开探索性因子分析，在进行这个步骤之前，需要采用 KMO 和 Bartlett 球体检验法判断各个测度项是否呈现非正交性（马庆国，2002），如果呈非正交性，则样本数据可以进入因子分析。据此计算显示，相关判定指标均满足统计分析要求（KMO = 0.6，Bartlett 球体检验 Chi-Square = 58.539，自由度 = 3，显著性概率 = 0.000），样本数据可以用于探索性因子分析。

以特征值大于 1 作为提取因子的判定标准，采用主成分分析法和方差最大旋转法，将样本数据导入剩余测度项的探索性因子分析，运算结果表明（见表 6-7），总计提取了与 1 个研究假定面向相对应的单个公共因子（特征值大于 1），累计方差解释变异 57.413%，各因子载荷值大于 0.5，因此可以判定，量表具有统计学意义上的区分效度。

表 6-7　　　　　　　　　　探索性因子分析

题项编号	单因子构型
V1	0.779
V2	0.519
V3	0.816

接下来通过信度系数法对剩余测度项所组成的测量量表进行整体信度分析，结果显示，Cronbach's α = 0.599（趋于 0.6），由吴明隆（2010）关于

预调查中信度系数在 0.6 以上符合统计分析要求的解释,建言量表满足统计学测量要求,说明量表具有统计学意义的分析有效性。

(3) 忠诚量表的信度和效度分析。

如表 6-8 所示,除了 L4 的 CITC 小于 0.5,其他测度项的 CITC 大于 0.5。删除 L4 并不影响量表信度的稳健性,说明删除该测度项合理。

表 6-8　　　　　　　忠诚量表的 CITC 和信度分析

题项编号	题项内容	CITC	项删除后的 α 系数	评价	量表 α 系数
L1	当企业遇到困难时,我会为企业继续工作到困难消失的那一刻	0.547	0.584	合理	$\alpha_1 = 0.689$ $\alpha_2 = 0.681$
L2	当其他人批评企业时,我总会全力以赴维护企业的名声	0.573	0.517	合理	
L3	在朋友面前我总是高度评价所在企业	0.510	0.528	合理	
L4	我很珍惜现在的工作而害怕失去它	*0.382*	0.680	*删除*	

进一步对修正后的剩余测度项展开探索性因子分析,在进行这个步骤之前,需要采用 KMO 和 Bartlett 球体检验法判断各个测度项是否呈现非正交性(马庆国,2002),如果呈非正交性,则样本数据可以进入因子分析。据此计算显示,相关判定指标均满足统计分析要求(KMO = 0.633 > 0.6,Bartlett 球体检验 Chi-Square = 143.462,自由度 = 3,显著性概率 = 0.000),样本数据可以用于探索性因子分析。

以特征值大于 1 作为提取因子的判定标准,采用主成分分析法和方差最大旋转法,将样本数据导入剩余测度项的探索性因子分析,运算结果表明(见表 6-9),总计提取了与 1 个研究假定面向相对应的单个公共因子(特征值大于 1),累计方差解释变异 62.389%,各因子载荷值大于 0.5,因此可以判定,量表具有统计学意义上的区分效度。

表 6-9　　　　　　　　　探索性因子分析

题项编号	单因子构型
L1	0.849
L2	0.851
L3	0.653

接下来通过信度系数法对剩余测度项所组成的测量量表进行整体信度分析，结果显示，Cronbach's α=0.681>0.6，由吴明隆（2010）关于预调查中信度系数在0.6以上符合统计分析要求的解释，忠诚量表满足统计学测量要求，说明量表具有统计学意义的分析有效性。

（4）忽略分量表的信度和效度分析。

如表6-10所示，除了N3、N4的CITC小于0.5，其他测度项的CITC大于0.5。删除N3、N4后，量表α系数优化由之前的0.629升至0.7，满足信度标准理想值，说明删除N3、N4具有统计分析合理性。

表6-10　　　　　忽略量表的CITC和信度分析

题项编号	题项内容	CITC	项删除后的α系数	评价	量表α系数
N1	有时我不愿对工作投入太多努力（R）	0.503	0.514	合理	α_1 = 0.629 α_2 = 0.700
N2	只要我得到应有的报酬，企业发生什么事情我不太关心（R）	0.501	0.527	合理	
N3	我想在领导看不到的地方，这样可以休息，做个人私事（R）	*0.318*	0.617	*删除*	
N4	有时当我不想工作时，会请病假或找其他理由不上班（R）	*0.318*	0.616	*删除*	
N5	有时我因没工作激情而拖拉工作（R）	0.543	0.506	合理	

注：R表示反向计分。

进一步对修正后的剩余测度项展开探索性因子分析，在进行这个步骤之前，需要采用KMO和Bartlett球体检验法判断各个测度项是否呈现非正交性（马庆国，2002），如果呈非正交性，则样本数据可以进入因子分析。据此计算显示，相关判定指标均满足统计分析要求（KMO=0.657>0.6，Bartlett球体检验Chi-Square=129.147，自由度=3，显著性概率=0.000），样本数据可以用于探索性因子分析。

以特征值大于1作为提取因子的判定标准，采用主成分分析法和方差最大旋转法，将样本数据导入剩余测度项的探索性因子分析，运算结果表明（见表6-11），总计提取了与1个研究假定面向相对应的单个公共因子（特征值大于1），累计方差解释变异62.911%，各因子载荷大于0.5，因此可以判定，量表具有统计学意义上的区分效度。

表 6-11　　　　　　　　　　探索性因子分析

题项编号	单因子构型
N1	0.802
N2	0.832
N5	0.743

接下来通过信度系数法对剩余测度项所组成的测量量表进行整体信度分析，结果显示，Cronbach's α=0.684>0.6，由吴明隆（2010）关于预调查中信度系数在 0.6 以上符合统计分析要求的解释，忠诚量表满足统计学测量要求，说明量表具有统计学意义的分析有效性。

2. 组织犬儒主义量表的信度和效度分析

如表 6-12 所示，除了 OC4、OC5、OC6、OC7 的 CITC 小于 0.5，其他测度项的 CITC 大于 0.5。删除这些测度项后，量表 α 系数由 0.567 升至 0.784，达到信度测量理想值，说明删除 OC4、OC5、OC6、OC7 具有统计分析合理性。

表 6-12　　　　　组织犬儒主义量表的 CITC 和信度分析

题项编号	题项内容	CITC	项删除后的 α 系数	评价	量表 α 系数
OC1	这家企业说一套做一套	0.523	0.532	合理	α_1 = 0.563 α_2 = 0.784
OC2	这家企业的政策、目标和实际行动不一致	0.513	0.564	合理	
OC3	这家企业宣称要做某事，实际上并不会做	0.541	0.530	合理	
OC4	一想起这家企业，我就会生气	0.438	0.477	删除	
OC5	一想起这家企业，我就会紧张	-0.120	0.613	删除	
OC6	一想起这家企业，我就会不安	-0.273	0.713	删除	
OC7	我会向外人抱怨这家企业里发生的事情	0.260	0.535	删除	
OC8	我取笑这家企业的文化、价值观、管理理念	0.541	0.545	合理	

进一步对修正后的剩余测度项展开探索性因子分析，在进行这个步骤之前，需要采用 KMO 和 Bartlett 球体检验法判断各个测度项呈现非正交性（马庆国，2002），如果呈非正交性，则样本数据可以进入因子分析。据

此计算显示，相关判定指标均满足统计分析要求（KMO = 0.732 > 0.7，Bartlett 球体检验 Chi – Square = 239.270，自由度 = 6，显著性概率 = 0.000），样本数据可以用于探索性因子分析。

以特征值大于 1 作为提取因子的判定标准，采用主成分分析法和方差最大旋转法，将样本数据导入剩余测度项的探索性因子分析，运算结果表明（见表 6-13），总计提取了与 1 个研究假定面向相对应的单个公共因子（特征值大于 1），累计方差解释变异 59.287%，各因子载荷值大于 0.5，因此可以判定，量表具有统计学意义上的区分效度。

表 6-13　　　　　　　　　　探索性因子分析

题项编号	单因子构型
OC1	0.724
OC2	0.760
OC3	0.819
OC8	0.771

接下来通过信度系数法对剩余测度项所组成的测量量表进行整体信度分析，结果显示，Cronbach's α = 0.784 > 0.7，满足量表信度测量标准，因此可以判定，组织犬儒主义量表满足统计学测量要求，量表具有统计学意义的分析有效性。

3. 组织认同量表的信度和效度分析

如表 6-14 所示，除了 OI2、OI3、OI6 的 CITC 小于 0.5，其他测度项的 CITC 大于 0.5。删除这些测度项后，量表 α 系数由 0.844 升至 0.879，在原有量表测量基础上更加优化，说明删除 OI2、OI3、OI6 具有统计分析合理性。

进一步对修正后的剩余测度项展开探索性因子分析，在进行这个步骤之前，需要采用 KMO 和 Bartlett 球体检验法判断各个测度项呈现非正交性（马庆国，2002），如果呈非正交性，则样本数据可以进入因子分析。据此计算显示，相关判定指标均满足统计分析要求（KMO = 0.749 > 0.7，Bartlett 球体检验 Chi – Square = 755.526，自由度 = 6，显著性概率 = 0.000），样本数据可以用于探索性因子分析。

表 6-14　　　　　　　　组织认同量表的 CITC 和信度分析

题项编号	题项内容	CITC	项删除后的 α 系数	评价	量表 α 系数
OI1	当我所在的团队受到批评时，我会觉得尴尬	0.735	0.803	合理	$\alpha_1 = 0.844$ $\alpha_2 = 0.879$
OI2	当有人评论我所在的团队时，我会感兴趣	*0.469*	0.879	*删除*	
OI3	当我谈到所在的团队时，会常用"我们"指代团队，而不是"他们"	*0.363*	0.852	*删除*	
OI4	当我所在的团队取得成功时，我感觉自己也成功了	0.837	0.781	合理	
OI5	当有人称赞我所在的团队时，我感觉就像在称赞自己	0.838	0.783	合理	
OI6	当外界批评我所在的团队时，我会感觉难堪	*0.494*	0.843	*删除*	
OI7	我会因成为团队中的一分子，而感到自豪	0.541	0.831	合理	

以特征值大于 1 作为提取因子的判定标准，采用主成分分析法和方差最大旋转法，将样本数据导入剩余测度项的探索性因子分析，运算结果表明（见表 6-15），总计提取了与 1 个研究假定面向相对应的单个公共因子（特征值大于 1），累计方差解释变异 74.068%，各因子载荷值大于 0.7（显著超过因子载荷值 0.5 的标准值），因此可以判定，量表具有统计学意义上的区分效度。

表 6-15　　　　　　　　　　探索性因子分析

题项编号	单因子构型
OI1	0.805
OI4	0.936
OI5	0.945
OI7	0.738

接下来通过信度系数法对剩余测度项所组成的测量量表进行整体信度分析，结果显示，Cronbach's α = 0.879>0.7，满足量表信度测量标准，因此可以判定，组织犬儒主义量表满足统计学测量要求，量表具有统计学意义的分析有效性。

（三）最终问卷的形成

综上，针对本书研究主题解析需要的关键变量进行概念界定和操作化，其中，通过对量表测度项进行 CITC 分析和信度分析以删除垃圾题项、优化量表的信度，从而保证量表的收敛效度；通过探索性因子分析，删除横跨两个以上因子且载荷值大于 0.5 的题项，删除因子载荷值小于 0.5 的题项，同时检测累计方差解释率，在都满足统计测量标准基础上，保证量表的区分效度；最后对修正题项后的量表再进行信度分析，其信度满足统计测量要求，即量表建构具有统计分析意义，可以用于接下来的研究模型的假设检验。课题组在问卷分析中还特别注意了社会称许性偏差、共同方法偏差、天花板效应、晕轮效应、首因效应、地板效应等对量表测度值的影响，采取随机排列题项、反项计分、严格按照问卷编制规程、匿名填答等途径，尽量规避以上偏差可能造成的测量偏误，经由上文所阐述的样本数据统计分析过程可见，最终形成量表的信度和效度均具有统计分析意义，能够反映拟测变量的自然状态，相关调查问卷（见附录）可以用于研究模型的假设检验。

第二节 正式调研与假设检验

一 正式调研过程

（一）数据分析准备

在确定了变量的测量量表后，就可以展开大样本规模的问卷调查，对研究假设进行检验。鉴于这部分问卷调查与第四章研究工作同步，因此，关于问卷所收集样本数据的样本结构统计分析、数据质量评测等内容详见第四章相关内容，出于精简篇幅的考虑，本章不再重复赘述。从分析结果来看，有效问卷的样本结构合理，数据特征理想，无应答偏差问题不严重，不构成影响源。

（二）数据分析过程

本章的问卷调查工作与第四章同步进行，正如前文所述，问卷调查覆盖到我国中、东、南部和部分沿海地区，涉及的企业性质和行业较为多元化，收集问卷的时间不一，且知识员工是禀赋了高动态心理活动、高组织敏感度、高创新性等特质的员工群体，造成样本数据非正态性，不适宜于用基于协方差算法的结构方程模型技术进行研究模型的检验（基于协方差算法的结构方程模型技术强调大规模样本，力求样本数据呈正态性分布，且首先关注的是模型总体参数最优），而基于偏最小二乘算法的结构方程模型技术强调模型的预测性而非首先关注模型总体参数的最优解，不严格要求大规模样本量和数据的正态性分布，并可同时处理由反映型指标和构成型指标组成的结构方程模型（且能处理单独由反映型指标或构成型指标组成的结构方程模型），适于解决本章的研究问题，因此，本章采用基于偏最小二乘算法的结构方程模型分析软件 SmartPLS 2.0 对有效样本数据进行变量测量模型和变量间结构模型的假设检验。结合本章变量自然属性所表现的反映型特征，因此，本章采用 SmartPLS 2.0 分析软件展开测量模型和结构模型估计。

1. 测量模型估计

如第四章所述，本章首先对变量建构的测量模型进行估计，通过对指标载荷（Loading）、聚合效度（Convergent Validity）、区分效度（Discriminant Validity）等评价指标测量，判定测量指标建构对拟测变量的反映性能是否符合统计分析要求。

如表 6-16 所示，各测度项在所属潜变量上的载荷值大于 0.707。由偏最小二乘算法的机理，指标载荷大于 0.707 表明测度项对拟测变量的解释方差大于 50%。因此，可以判定，各潜变量的指标载荷满足统计分析要求。

表 6-16　　　　　　　　　反映型指标载荷

潜变量	反映型指标	指标载荷	显著性	t 值	显著性概率 P（双尾）
可雇佣型心理契约	为了个体可雇佣性提升提供组织环境性支持 EPCV	0.866	****	11.429	0.0000
	为了个体可雇佣性提升提供职业发展性支持 EPCV	0.779	****	29.711	0.0000
	为了个体可雇佣性提升提供经济获益性支持 EPCV	0.708	****	6.844	0.0000
退出	E2	0.924	****	16.317	0.0000
	E1	0.737	****	4.392	0.0000
	E4	0.719	****	4.184	0.0000

续表

潜变量	反映型指标	指标载荷	显著性	t值	显著性概率P（双尾）
建言	V3	0.774	****	12.523	0.0000
	V1	0.879	****	32.479	0.0000
	V2	0.720	****	9.977	0.0000
忠诚	L1	0.924	****	53.517	0.0000
	L2	0.909	****	42.918	0.0000
	L3	0.901	****	40.005	0.0000
漠视	N5	0.709	****	6.950	0.0000
	N1	0.821	****	13.296	0.0000
	N2	0.812	****	9.981	0.0000
组织认同	OI1	0.809	****	21.057	0.0000
	OI4	0.952	****	133.909	0.0000
	OI5	0.951	****	122.523	0.0000
	OI7	0.735	****	12.085	0.0000
组织犬儒主义	OC1	0.726	****	11.902	0.0000
	OC2	0.709	****	8.139	0.0000
	OC3	0.730	****	12.005	0.0000
	OC8	0.846	****	23.326	0.0000

注：N=419；**** 表示 $P<0.0001$。

(1) 组合信度分析

如表 6-17 所示，各个变量的组合信度（CR）大于 0.7。根据偏最小二乘算法的机理，测度指标在所反映变量上的组合信度大于 0.7，表明测度指标对该变量的组合性较好，从某种角度能够印证变量建构的稳健性，因此，所有变量的组合信度满足统计分析要求，变量建构具有一定可靠性。

表 6-17　反映型指标载荷的组合信度和平均方差抽取

潜变量	组合信度（CR）	平均方差抽取（AVE）
可雇佣型心理契约	0.831	0.622
退出	0.811	0.689
建言	0.814	0.687

续表

潜变量	组合信度（CR）	平均方差抽取（AVE）
忠诚	0.913	0.841
漠视	0.791	0.565
组织认同	0.923	0.751
组织犬儒主义	0.768	0.502

（2）聚合效度分析

如表 6-17 所示，所有变量的平均方差抽取（Average Variance Extracted，AVE）超过 0.5。根据偏最小二乘算法的解释，AVE>0.5 表明测度项对所属潜变量具有较好的聚合性，换言之，同一个潜变量项下的所有测度项之间具有较高的组内相关性。因此，可以判定，各个研究变量项下所隶属的各个测度项之间具有较高的关联性，能够较好地解释所属潜变量。

（3）区分效度分析

如表 6-18 所示，各个潜变量的 AVE 平方根大于该潜变量与其他潜变量之间的相关系数，又由表 6-19，各个测度项在所属的潜变量上的载荷值大于该测度项在其他潜变量上的载荷值。根据偏最小二乘算法机理，如果潜变量的 AVE 平方根大于该潜变量与其他潜变量之间的相关系数，各个测度项对于所属潜变量的载荷大于该测度项对其他潜变量的载荷，则表明该潜变量具有较好的区分效度。由此可以判定，研究变量之间具有较好的区分效度。

表 6-18　　　　　　　　　潜变量之间的相关性矩阵

	EPCV	OI	L	N	E	OC	V
可雇佣型心理契约（EPCV）	0.789						
组织认同（OI）	-0.411	0.867					
忠诚（L）	-0.484	0.247	0.917				
漠视（N）	-0.157	-0.201	-0.039	0.751			
退出（E）	0.072	-0.112	-0.229	0.261	0.829		
组织犬儒主义（OC）	0.347	-0.104	-0.433	0.307	0.208	0.678	
建言（V）	-0.533	0.459	0.455	-0.152	-0.055	-0.525	0.829

注：对角线上的数值是 AVE 平方根，大于非对角线上对应的关联系数值，以保证区分效度。

表 6-19　　　　　　　　　　反映型指标的交叉载荷

反映型指标	可雇佣型心理契约	组织认同	忠诚	漠视	退出	组织犬儒主义	建言
为了个体可雇佣性提升提供组织环境性支持	0.788	-0.175	-0.296	-0.249	0.077	0.203	-0.285
为了个体可雇佣性提升提供经济获益性支持	0.868	-0.596	-0.471	0.014	0.069	0.284	-0.544
为了个体可雇佣性提升提供职业发展性支持	0.701	-0.041	-0.339	-0.236	0.021	0.338	-0.369
OI1	-0.223	0.807	0.159	-0.208	-0.089	-0.036	0.333
OI4	-0.372	0.951	0.168	-0.165	-0.094	-0.081	0.427
OI5	-0.369	0.949	0.151	-0.157	-0.074	-0.076	0.426
OI7	-0.45	0.739	0.394	-0.178	-0.136	-0.171	0.397
L1	-0.56	0.303	0.927	-0.021	-0.282	-0.409	0.479
L2	-0.313	0.139	0.906	-0.053	-0.129	-0.389	0.348
L3	-0.328	0.279	0.913	-0.040	-0.170	-0.394	0.361
N5	-0.358	-0.049	0.272	0.569	0.128	-0.048	0.207
N1	0.074	-0.222	-0.198	0.823	0.128	0.388	-0.318
N2	-0.208	-0.142	-0.012	0.832	0.324	0.229	-0.076
E2	0.086	-0.148	-0.258	0.225	0.974	0.202	-0.072
E1	-0.006	0.057	-0.034	0.266	0.655	0.139	0.023
E4	-0.003	0.041	-0.025	0.251	0.519	0.129	0.017
OC1	0.258	-0.132	-0.266	0.228	0.239	0.574	-0.211
OC2	0.044	0.102	-0.278	0.233	0.065	0.693	-0.274
OC3	0.225	-0.027	-0.083	0.095	-0.027	0.555	-0.424
OC8	0.381	-0.186	-0.458	0.259	0.242	0.849	-0.487
V3	-0.368	0.376	0.272	-0.079	-0.099	-0.401	0.764
V1	-0.502	0.391	0.459	-0.162	-0.009	-0.467	0.889
V2	-0.600	0.402	0.463	-0.098	-0.007	-0.453	0.894

注：对角线上的数值是反映型指标在其所属潜变量上的载荷，大于非对角线上反映型指标在其他潜变量上的载荷，以保证区分效度。

2. 理论假设检验

根据偏最小二乘算法，对研究模型的检验需要采用变量间搭建的结构模型来估算。基于此，课题组围绕本书研究主题，在以上变量测量模型估计基础上，搭建了变量之间内在关联的结构模型，其偏最小二乘运算结果如图6-1所示。模型中，对组织犬儒主义、组织认同的累计解释方差为36%、70.2%，对退出、建言、忠诚、漠视的累计解释方差为18.9%、60.2%、47.7%、48.5%。通过Bootstrapping方法进行变量间影响路径系数的显著性水平评价，除了为了个体可雇佣性提升提供经济获益性支持型可雇佣型心理契约对漠视的影响路径系数、为了个体可雇佣性提升提供职业发展性支持型可雇佣型心理契约对漠视的影响路径系数未达到显著性水平，可雇佣型心理契约其他维度对退出、建言、忠诚、漠视的影响路径系数都在不同程度上达到显著性水平（出于篇幅简洁的考虑，控制变量的影响关系未画入图6-1，下文将具体分析之）。

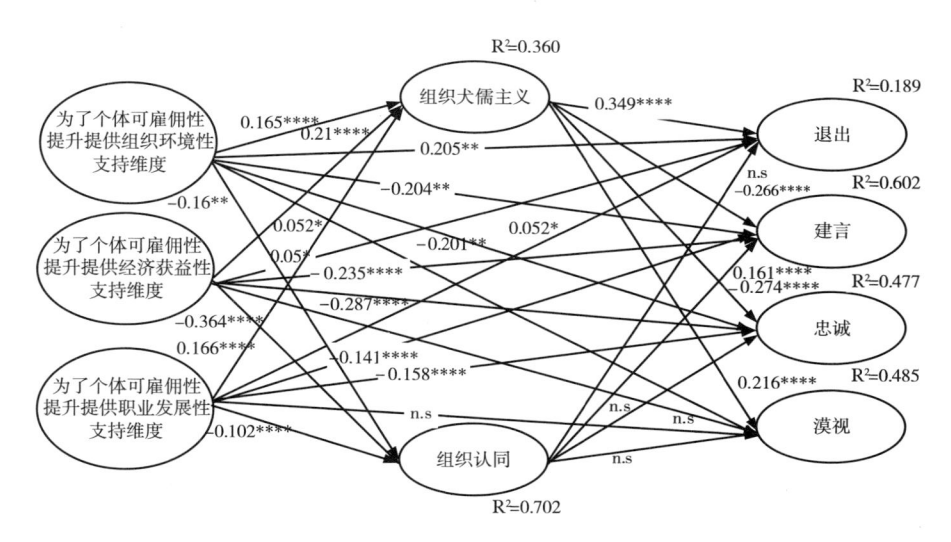

图6-1 中小企业知识员工可雇佣型心理契约主效应的结构模型检验结果

（1）知识员工可雇佣型心理契约的直接效应分析。

如表6-20所示，为了个体可雇佣性提升提供经济获益性支持维度的可雇佣型心理契约对漠视的影响路径系数（0.011）、为了个体可雇佣性提升提供职业发展性支持的可雇佣型心理契约对漠视的影响路径系数（0.031）均未达到统计学意义的显著性水平，可雇佣型心理契约的其他维度对退出、建言、忠诚、漠视的影响路径系数在不同程度上达到了显著性水平，因此，研究假设 H7b、H8b、H9b、H10b、H9c、H8c、H7a、H7c、H8a、H9a 得到了支持。鉴于结构模型中可能存在组织犬儒主义、组织认同的中介效应，需要在接下来专门展开中介效应检验。

表 6-20　知识员工可雇佣型心理契约的直接效应分析

作用关系	路径系数	t 值	显著性概率 P 值（单尾）	显著性水平	研究假设	检验结果
为了个体可雇佣性提升提供组织环境性支持→退出	0.205	2.350	0.009	**	H7b	支持
为了个体可雇佣性提升提供组织环境性支持→建言	-0.204	2.410	0.008	**	H8b	支持
为了个体可雇佣性提升提供组织环境性支持→忠诚	-0.201	3.710	0.001	**	H9b	支持
关系型契约违背→漠视	0.052	1.849	0.032	*	H10b	支持
为了个体可雇佣性提升提供经济获益性支持维度→退出	0.050	2.120	0.017	*	H7c	支持
为了个体可雇佣性提升提供经济获益性支持维度→建言	-0.235	8.623	0.000	****	H8c	支持
为了个体可雇佣性提升提供经济获益性支持维度→忠诚	-0.287	7.119	0.000	****	H9c	支持
为了个体可雇佣性提升提供经济获益性支持维度→漠视	0.011	0.328	0.372	n.s	H10c	待定
为了个体可雇佣性提升提供职业发展性支持→退出	0.052	2.229	0.013	*	H7a	支持
为了个体可雇佣性提升提供职业发展性支持→建言	-0.141	6.209	0.000	****	H8a	支持
为了个体可雇佣性提升提供职业发展性支持→忠诚	-0.158	5.540	0.000	****	H9a	支持
为了个体可雇佣性提升提供职业发展性支持→漠视	0.031	1.037	0.150	n.s	H10a	待定

注：N=419；* 表示 P<0.05，** 表示 P<0.01，**** 表示 P<0.0001，n.s 表示不显著。

（2）控制变量影响分析。

如前文第四章所述，除了分析自变量对因变量的影响，控制变量的影响也不可忽视，它们是除了自变量，可能影响到模型预测力的因素。按照

第四章所阐述的控制变量影响作用的分析方法，本章也对控制变量对知识员工可雇佣型心理契约主效应研究模型的影响进行了分析，控制变量设置如表 6-21 所示。

表 6-21　　　　　　　　　控制变量测量方法

内生变量	控制变量	测量方法
退出 建言 忠诚 漠视 组织犬儒主义 组织认同	性别	1 男，2＝女
	年龄	按年龄赋值：1＝"年龄≤29"，2＝"30≤年龄≤35"，3＝"36≤年龄≤40"，4＝"41≤年龄"
	司龄	按在企业任职年限赋值：1＝"司龄≤3"，2＝"4≤司龄≤5"，3＝"6≤司龄"
	学历	按最终学历背景赋值：1＝本科，2＝硕士以上
	婚姻	按婚姻状况赋值：1＝未婚，2＝已婚
	岗位	按工作性质赋值：1＝管理人员，2＝专业技术人员
	企业性质	按企业性质赋值：1＝国企，2＝外企，3＝民企
	企业规模	按企业总人数赋值：1＝"人数≤100"，2＝"101≤人数≤500"，3＝"501≤人数"

控制变量对结构模型的影响分析结果如表 6-22 所示。①企业性质对退出的影响路径系数（0.408）在 $P<0.5$ 水平上显著，表明相对于国企、外企而言，民企知识员工的退出行为更突出，而相对于国企而言，外企知识员工的退出行为更突出，也即，在三种企业性质的比较当中，国企知识员工的工作稳定性最高，恰恰反映出现实世界的雇佣关系。随着转型经济结构纵深化发展，传统雇佣关系逐渐瓦解，以自我职业管理为显著特征的新型雇佣关系模式下员工的工作稳定性不再恒定，特别是在处于高竞争性环境中的民企而言，这种工作不稳定趋势较外企、国企更为凸显。②企业性质、企业规模对建言影响的路径系数（0.278、0.173）分别在 $P<0.001$、$P<0.01$ 水平上显著，表明知识员工建言行为由高到低的顺序依次是民企、外企、国企。事实上，建言是一种组织促进性行为，相对于国企而言，外企、民企的组织氛围往往更具柔性，而当前高动态不确定性环境更加剧了组织所面临的生存压力，在这方面，民企相对于外企、国企而言，对接市场更为直接，灵活的组织运行框架则助推了组织变革，建言恰恰能提供组织变革的有效策略。另外，从企业规模作为控制变量的影响来看，呈

现出企业规模越大建言行为倾向性越强的现象，这与企业管理规范性有一定关系，也即中小企业在应对环境挑战的同时，需要加强内部修炼，管理规范是增强内在修炼的有力途径，而纳谏就是一种高管理规范性的体现。③企业规模对忠诚的影响路径系数（0.248）在 $P<0.0001$ 水平上显著，表明随着企业规模扩大，员工的组织忠诚行为有所增加。相对于小规模组织而言，（较）大规模组织拥有更佳的工作环境和工作机会，更易于诱发员工的忠诚行为。④企业性质、企业规模对漠视的影响路径系数（-0.152、-0.294）在 $P<0.05$、$P<0.001$ 水平上显著。这表明，按漠视行为发生概率由高到低的顺序依次为国企、外企、民企。这反映出，国企的组织运行机制不如民企更具柔性，为组织固化带来了可乘之机，这恰恰是诱发漠视行为的因素。另外，年龄对漠视行为的影响路径系数（-0.228）在 $P<0.05$ 水平上显著，表明随着年龄增长，漠视行为趋于减少。事实上，年龄增长同时也意味着阅历增加（一般情况如此），更易于识别不公平、不满意事件的根源，就越可能采取行动（即低漠视行为）来纠偏不公平事件。司龄对漠视行为的影响路径系数（0.278）在 $P<0.01$ 水平上显著，表明随着司龄增加，漠视行为也在增多。高职位者通常持有高司龄，高职位带来的利益诱惑同时也产生了担忧失去眼前利益的心态，致使其对组织事件（特别是负面事件）采取听之任之的行为，而即便位居高职位者，随着司龄增加，更易于被组织环境所同化，对与己无关的组织事件表示出漠不关心的行为。⑤司龄对组织犬儒主义的影响路径系数（0.294）在 $P<0.01$ 水平上显著，表明随着司龄增长，员工的组织犬儒主义态度更凸显，很多情况下，随着员工组织内化的逐步深入，会逐渐形成对组织信息的淡然，且往往带有对组织回馈的不公平感，易诱发组织犬儒主义。另外，企业规模对组织犬儒主义的影响路径系数（-0.251）在 $P<0.01$ 水平上显著，表明随着企业规模扩大，组织犬儒主义呈弱化趋势。这反映出随着管理规范化加强，负面组织事件发生的概率呈下降趋势，组织犬儒主义也会随之减少。⑥岗位对组织认同影响的路径系数（-0.555）在 $P<0.0001$ 水平上显著，表明较管理人员而言，专业技术人员的组织认同较低，这与传统文化的官本位和差序格局有一定关系，即高职位者较低职位者而言，往往享有更优势组织资源的机会，长此以往，不免会在低职位者内心形成

负面组织情绪。另外，企业规模对组织认同影响的路径系数（0.112）在 P<0.05 水平上显著，表明随着企业规模扩大，员工的组织认同感也在提高。企业规模扩大的同时，往往伴随着管理规范化，在管理有序展开的情况下，负面事件出现的概率往往下降，相应地，员工的正向组织体验则增强。

表 6-22　　　　　　　　　控制变量的分析结果

内生变量	控制变量	路径系数	t 值	显著性概率 P（双尾）	显著性水平
退出	性别	0.051	0.115	0.909	n.s
	年龄	0.129	0.478	0.633	n.s
	司龄	-0.154	0.292	0.770	n.s
	学历	0.107	0.505	0.614	n.s
	婚姻	-0.013	0.386	0.699	n.s
	岗位	-0.147	0.329	0.742	n.s
	企业性质	0.408	2.253	0.025	*
	企业规模	0.078	0.424	0.672	n.s
建言	性别	0.074	1.486	0.138	n.s
	年龄	0.061	0.873	0.383	n.s
	司龄	-0.088	1.862	0.063	n.s
	学历	-0.103	1.225	0.221	n.s
	婚姻	-0.050	0.284	0.777	n.s
	岗位	-0.094	1.405	0.161	n.s
	企业性质	0.278	3.819	0.000	***
	企业规模	0.173	2.930	0.004	**
忠诚	性别	-0.074	0.308	0.758	n.s
	年龄	0.154	1.515	0.131	n.s
	司龄	0.063	0.171	0.864	n.s
	学历	0.107	1.394	0.164	n.s
	婚姻	-0.178	1.470	0.142	n.s
	岗位	0.078	0.754	0.451	n.s
	企业性质	-0.219	1.726	0.085	n.s
	企业规模	0.248	3.993	0.000	****

续表

内生变量	控制变量	路径系数	t 值	显著性概率 P（双尾）	显著性水平
漠视	性别	0.076	0.429	0.668	n.s
	年龄	-0.228	2.035	0.043	*
	司龄	0.278	3.027	0.003	**
	学历	-0.167	1.653	0.099	n.s
	婚姻	-0.019	0.450	0.653	n.s
	岗位	-0.164	0.900	0.369	n.s
	企业性质	-0.152	2.188	0.029	*
	企业规模	-0.294	3.609	0.000	***
组织犬儒主义	性别	-0.169	1.923	0.055	n.s
	年龄	-0.123	1.088	0.277	n.s
	司龄	0.294	2.698	0.007	**
	学历	-0.042	0.462	0.644	n.s
	婚姻	-0.007	0.071	0.943	n.s
	岗位	-0.183	1.492	0.137	n.s
	企业性质	-0.202	1.873	0.062	n.s
	企业规模	-0.251	2.636	0.009	**
组织认同	性别	0.024	0.373	0.709	n.s
	年龄	0.003	0.045	0.964	n.s
	司龄	-0.046	0.658	0.511	n.s
	学历	0.145	0.242	0.809	n.s
	婚姻	0.113	1.248	0.213	n.s
	岗位	-0.555	6.119	0.000	****
	企业性质	0.060	0.792	0.429	n.s
	企业规模	0.112	2.187	0.030	*

注：N=419；* 表示 P<0.05，** 表示 P<0.01，*** 表示 P<0.001，**** 表示 P<0.0001，n.s 表示不显著。

（3）中介效应检验。

按照前文所介绍的管理学研究普遍采用的中介效应检验方法和步骤，以下对研究模型中的假定中介效应进行检验。

第一步，在未导入假定的中介变量时，检验自变量对因变量影响的路径系数是否达到统计意义上的显著性水平。

通过 SmartPLS 2.0 结构方程模型分析软件对结构模型进行运算，分析结果如表 6-23 所示，可雇佣型心理契约的各个维度对退出、建言、忠诚、漠视影响的路径系数分别在不同程度上统计显著。

第二步，导入假定的中介变量时，检验自变量对中介变量、中介变量对因变量、自变量对因变量分别影响的路径系数是否达到统计上的显著性水平。

继续采用 SmartPLS 2.0 结构方程模型分析软件对假定中介效应进行结构模型运算，分析结果如表 6-23 所示，可雇佣型心理契约的各个维度对组织犬儒主义影响的路径系数在统计意义上均显著（P<0.0001）；组织犬儒主义对退出、建言、忠诚、漠视影响的路径系数均在统计意义上显著（P<0.0001），组织认同对建言影响的路径系数在统计意义上显著（P<0.0001）。然而组织认同对退出、忠诚、漠视影响的路径系数都不显著，很显然，不满足中介效应检验的首要条件，可以就此判定，组织认同在可雇佣型心理契约各个维度在与退出、忠诚、漠视的关系中不发挥中介作用，研究假设 H15a、H15b、H15c、H17a、H17b、H17c、H18a、H18b、H18c 没有得到支持。值得注意的是，没有导入假定的中介变量时，可雇佣型心理契约的为了个体可雇佣性提升提供职业发展性支持维度对漠视影响的路径系数在统计意义上显著（0.26****），而导入假定的中介变量后变为不显著，可雇佣型心理契约的为了个体可雇佣性提升提供经济获益性支持维度对漠视影响的路径系数在统计意义上显著（0.06*），而导入假定的中介变量后变为不显著，可雇佣型心理契约的其他维度对退出、建言、忠诚、漠视影响的路径系数则在不同程度上达到统计意义的显著性水平，有必要对其中间效应做进一步检验。

第三步，导入假定的中介变量时，检验自变量对因变量间接影响的路径系数是否在统计意义上显著。

采用 Bootstrapping 方法重复抽样 1000 次，得出各影响路径系数的显著性概率，分析结果如表 6-23 所示。导入组织认同后，可雇佣型心理契约各个维度对建言影响的路径系数在统计意义上显著，结合以上步骤的研究结果可以判定，组织认同在可雇佣型心理契约的为了个体可雇佣性提升提供组织环境支持维度与建言之间、在为了个体可雇佣性提升提供经济获益性支持维度与建言之间、在为了个体可雇佣性提升提供职业发展性支持维度与建言之间发挥中介作用。另外，在导入组织犬儒主义后，可雇佣型心理契约的为了个体可雇佣性提升提供职业发展性支持维度对漠视间接影响的路径系数未达到统计上的显著性水平（P=0.054>0.05），可雇佣型心理契约的其他维度在不同程度上对退出、建言、忠诚、漠视间接影响的路径系数统计显著，特别是为了个体可雇佣性提升提供经济获益性支持维度对漠视间接影响的路径系数统计显著（P=0.001<0.01）。结合以上步骤研究结果判定，组织犬儒主义在为了个体可雇佣性提升提供经济获益性支持维度与漠视之间存在完全中介作用，但在为了个体可雇佣性提升提供职业发展性支持维度与漠视之间不发挥中介作用，研究假设 H14a 没有得到支持。

第四步，检验到底是部分中介效应抑或完全中介效应。

在以上研究基础上，采用 Boostrapping 方法对数据样本进行重复 1000 次抽样，得到结果是，可雇佣型心理契约的各个维度对退出、建言、忠诚、漠视影响的路径系数统计显著，且不同程度上相比没有导入组织犬儒主义时降低，因此可以判定，组织犬儒主义在可雇佣型心理契约的各个维度与退出、建言、忠诚、漠视之间发挥部分中介作用，研究假设 H11a、H12a、H13a、H11b、H12b、H13b、H14b、H11c、H12c、H13c 得到了支持。综合以上研究结果可以判定，组织犬儒主义在可雇佣型心理契约的为了个体可雇佣性提升提供经济获益性支持维度与漠视之间发挥完全中介作用，而在为了个体可雇佣性提升提供职业发展性支持维度与漠视之间不起中介作用，此外，可雇佣型心理契约的各个维度对建言影响的路径系数相比没有导入组织认同之前有所减少，且可雇佣型心理契约的不同维度的间接影响路径系数在不同程度上统计显著，可以判定，可雇佣型心理契约的各个维度—组织认同—建言的影响关系路径上存在组织认同的部分中介效应，研究假设 H16a、H16b、H16c 得到了支持。

第五步，对中介效应的影响程度进行检验。

综合以上分析，组织犬儒主义在可雇佣型心理契约的为了个体可雇佣性提升提供经济获益性支持维度与漠视之间发挥完全中介作用，在为了个体可雇佣性提升提供职业发展性支持维度与漠视之间不具有中介作用，除此之外，组织犬儒主义在可雇佣型心理契约的其他各个维度在不同程度上与退出、建言、忠诚、漠视之间发挥部分中介作用。另外，组织认同仅在可雇佣型心理契约的各个维度与建言之间发挥部分中介作用，在可雇佣型心理契约的各个维度与退出、忠诚、漠视之间不发挥任何中介作用。

第六章 中小企业知识员工可雇佣型心理契约对企业创新效能影响的实证研究 | 167

表6-23 中介作用检验结果

影响路径	路径系数与显著性水平						理论假设	检验结果
	未导入中介		导入中介					
	自变量→因变量	自变量→中介变量	中介变量→因变量	自变量→因变量	自变量→因变量间接影响的显著性概率P值			
为了个体可雇佣性提升提供组织环境性支持→组织犬儒主义→退出	0.236**	0.165****	0.349****	0.205**	0.041		H11b	部分中介
为了个体可雇佣性提升提供组织环境性支持→组织犬儒主义→建言	-0.225**	0.165****	-0.266****	-0.204**	0.043		H12b	部分中介
为了个体可雇佣性提升提供组织环境性支持→组织犬儒主义→忠诚	-0.206**	0.165****	-0.274****	-0.201**	0.047		H13b	部分中介
为了个体可雇佣性提升提供组织环境性支持→组织犬儒主义→漠视	0.260****	0.165****	0.216****	0.052*	0.050		H14b	部分中介
为了个体可雇佣性提升提供经济获益性支持→组织犬儒主义→退出	0.058*	0.210****	0.349****	0.050*	0.001		H11c	部分中介
为了个体可雇佣性提升提供经济获益性支持→组织犬儒主义→建言	-0.373****	0.210****	-0.266****	-0.235****	0.001		H12c	部分中介
为了个体可雇佣性提升提供经济获益性支持→组织犬儒主义→忠诚	-0.345****	0.210****	-0.274****	-0.287****	0.001		H13c	部分中介
为了个体可雇佣性提升提供经济获益性支持→组织犬儒主义→漠视	0.060*	0.210****	0.216****	n.s	0.001		H14c	完全中介

续表

影响路径	路径系数与显著性水平					理论假设	检验结果
^	未导入中介		导入中介			^	^
^	自变量→因变量	自变量→中介变量	中介变量→因变量	自变量→因变量	自变量间接影响的显著性概率P值	^	^
为了个体可雇用性提升提供职业发展性支持→组织大篇主义→退出	0.068**	0.166****	0.349****	0.052*	0.001	H11a	部分中介
为了个体可雇用性提升提供职业发展性支持→组织大篇主义→建言	−0.176****	0.166****	−0.266****	−0.141****	0.000	H12a	部分中介
为了个体可雇用性提升提供职业发展性支持→组织大篇主义→忠诚	−0.204****	0.166****	−0.274****	−0.158****	0.000	H13a	部分中介
为了个体可雇用性提升提供职业发展性支持→组织大篇主义→漠视	0.260****	0.166****	0.216****	n.s	0.054	H14a	不支持
为了个体可雇用性提升提供组织环境性支持→组织认同→退出	0.236**	−0.160**	n.s	0.205**	n.s	H15b	不支持
为了个体可雇用性提升提供组织环境性支持→组织认同→建言	−0.225**	−0.160**	0.161****	−0.204**	0.048	H16b	部分中介
为了个体可雇用性提升提供组织环境性支持→组织认同→忠诚	−0.206**	−0.160**	n.s	−0.201**	n.s	H17b	不支持
为了个体可雇用性提升提供组织环境性支持→组织认同→漠视	0.260****	−0.160**	n.s	0.052*	n.s	H18b	不支持

第六章　中小企业知识员工可雇佣型心理契约对企业创新效能影响的实证研究 | 169

续表

影响路径	路径系数与显著性水平					理论假设	检验结果
^	未导入中介		导入中介			^	^
^	自变量→因变量	自变量→中介变量	中介变量→因变量	自变量→因变量	自变量同变量→因变量间接影响显著性概率P值	^	^
为了个体可雇佣性提升提供经济获益性支持→组织认同→退出	0.058*	−0.364****	n.s	0.050*	n.s	H15c	不支持
为了个体可雇佣性提升提供经济获益性支持→组织认同→建言	−0.373****	−0.364****	0.161****	−0.235****	0.046	H16c	部分中介
为了个体可雇佣性提升提供经济获益性支持→组织认同→忠诚	−0.345****	−0.364****	n.s	−0.287****	n.s	H17c	不支持
为了个体可雇佣性提升提供经济获益性支持→组织认同→漠视	0.060*	−0.364****	n.s	n.s	n.s	H18c	不支持
为了个体可雇佣性提升提供职业发展性支持→组织认同→退出	0.068**	−0.102****	n.s	0.052*	n.s	H15a	不支持
为了个体可雇佣性提升提供职业发展性支持→组织认同→建言	−0.176****	−0.102****	0.161****	−0.141****	0.047	H16a	部分中介
为了个体可雇佣性提升提供职业发展性支持→组织认同→忠诚	−0.204****	−0.102****	n.s	−0.158****	n.s	H17a	不支持
为了个体可雇佣性提升提供职业发展性支持→组织认同→漠视	0.260****	−0.102****	n.s	n.s	n.s	H18a	不支持

注：N=419；* 表示 P<0.05，** 表示 P<0.01，**** 表示 P<0.0001，n.s 表示不显著。

接下来采用公式（4-1）对组织犬儒主义、组织认同的中介作用程度进行检测。按照公式（4-1）的检验规程，代入公式中没有导入这两个中介变量的退出、建言、忠诚、漠视的总方差解释量（R^2），计算结果如表6-24所示，两个中介变量均产生弱影响。

表6-24　　　　　　　　　　　中介作用效果

中介变量	因变量	R^2_{incl}	R^2_{excl}	f^2	影响效果
组织犬儒主义	退出	0.193	0.169	0.029	弱影响
	建言	0.596	0.568	0.069	弱影响
	忠诚	0.478	0.429	0.094	弱影响
	漠视	0.489	0.457	0.063	弱影响
组织认同	建言	0.581	0.568	0.031	弱影响

二　讨论与结论

以上研究假设检验结果总结于表6-25，为了充分发挥研究结果的理论价值和实践应用价值，接下来结合文献论证，对以上研究结果展开讨论，并对企业相关管理活动提出有益启示。

表6-25　　　　　　　　　　　研究假设检验结果

序号	假设		结果
H7b	可雇佣型心理契约→退出	为了个体可雇佣性提升提供组织环境支持维度对退出有显著的直接负向影响	支持
H7c		为了个体可雇佣性提升提供经济获益性支持维度对退出有显著的直接负向影响	支持
H7a		为了个体可雇佣性提升提供职业发展性支持维度对退出有显著的直接负向影响	支持
H8b	可雇佣型心理契约→建言	为了个体可雇佣性提升提供组织环境支持维度对建言有显著的直接正向影响	支持
H8c		为了个体可雇佣性提升提供经济获益性支持维度对建言有显著的直接正向影响	支持
H8a		为了个体可雇佣性提升提供职业发展性支持维度对建言有显著的直接正向影响	支持

续表

序号		假设	结果
H9b	可雇佣型心理契约→忠诚	为了个体可雇佣性提升提供组织环境支持维度对忠诚有显著的直接正向影响	支持
H9c		为了个体可雇佣性提升提供经济获益性支持维度对忠诚有显著的直接正向影响	支持
H9a		为了个体可雇佣性提升提供职业发展性支持维度对忠诚有显著的直接正向影响	支持
H10b	可雇佣型心理契约→漠视	为了个体可雇佣性提升提供组织环境支持维度对漠视有显著的直接负向影响	支持
H10c		为了个体可雇佣性提升提供经济获益性支持维度对漠视有显著的直接负向影响	支持
H10a		为了个体可雇佣性提升提供职业发展性支持维度对漠视有显著的直接负向影响	不支持
H11b	可雇佣型心理契约→组织犬儒主义→退出	组织犬儒主义对为了个体可雇佣性提升提供组织环境支持维度与退出间的关系具有中介作用	部分中介
H11c		组织犬儒主义对为了个体可雇佣性提升提供经济获益性支持维度与退出间的关系具有中介作用	部分中介
H11a		组织犬儒主义对为了个体可雇佣性提升提供职业发展性支持维度与退出间的关系具有中介作用	部分中介
H12b	可雇佣型心理契约→组织犬儒主义→建言	组织犬儒主义对为了个体可雇佣性提升提供组织环境支持维度与建言间的关系具有中介作用	部分中介
H12c		组织犬儒主义对为了个体可雇佣性提升提供经济获益性支持维度与建言间的关系具有中介作用	部分中介
H12a		组织犬儒主义对为了个体可雇佣性提升提供职业发展性支持维度与建言间的关系具有中介作用	部分中介
H13b	可雇佣型心理契约→组织犬儒主义→忠诚	组织犬儒主义对为了个体可雇佣性提升提供组织环境支持维度与忠诚间的关系具有中介作用	部分中介
H13c		组织犬儒主义对为了个体可雇佣性提升提供经济获益性支持维度与忠诚间的关系具有中介作用	部分中介
H13a		组织犬儒主义对为了个体可雇佣性提升提供职业发展性支持维度与忠诚间的关系具有中介作用	部分中介
H14b	可雇佣型心理契约→组织犬儒主义→漠视	组织犬儒主义对为了个体可雇佣性提升提供组织环境支持维度与漠视间的关系具有中介作用	部分中介
H14c		组织犬儒主义对为了个体可雇佣性提升提供经济获益性支持维度与漠视间的关系具有中介作用	完全中介
H14a		组织犬儒主义对为了个体可雇佣性提升提供职业发展性支持维度与漠视间的关系具有中介作用	不支持
H15b	可雇佣型心理契约→组织认同→退出	组织认同对为了个体可雇佣性提升提供组织环境支持维度与退出间的关系具有中介作用	不支持
H15c		组织认同对为了个体可雇佣性提升提供经济获益性支持维度与退出间的关系具有中介作用	不支持
H15a		组织认同对为了个体可雇佣性提升提供职业发展性支持维度与退出间的关系具有中介作用	不支持

续表

序号	假设		结果
H16b	可雇佣型心理契约→组织认同→建言	组织认同对为了个体可雇佣性提升提供组织环境支持维度与建言间的关系具有中介作用	部分中介
H16c		组织认同对为了个体可雇佣性提升提供经济获益性支持维度与建言间的关系具有中介作用	部分中介
H16a		组织认同对为了个体可雇佣性提升提供职业发展性支持维度与建言间的关系具有中介作用	部分中介
H17b	可雇佣型心理契约→组织认同→忠诚	组织认同对为了个体可雇佣性提升提供组织环境支持维度与忠诚间的关系具有中介作用	不支持
H17c		组织认同对为了个体可雇佣性提升提供经济获益性支持维度与忠诚间的关系具有中介作用	不支持
H17a		组织认同对为了个体可雇佣性提升提供职业发展性支持维度与忠诚间的关系具有中介作用	不支持
H18b	可雇佣型心理契约→组织认同→漠视	组织认同对为了个体可雇佣性提升提供组织环境支持维度与漠视间的关系具有中介作用	不支持
H18c		组织认同对为了个体可雇佣性提升提供经济获益性支持维度与漠视间的关系具有中介作用	不支持
H18a		组织认同对为了个体可雇佣性提升提供职业发展性支持维度与漠视间的关系具有中介作用	不支持

（一）直接效应检验结论

（1）知识员工可雇佣型心理契约的各个维度在不同程度上对知识员工的退出行为具有正向影响力，且达到统计意义上的显著性水平。由此可见，知识员工对组织可雇佣性责任履行所形成的心理感知会影响知识员工的退出行为表现。处于新型雇佣关系模式下，组织和知识员工都对可雇佣性发展抱有强烈的期望值，迫于持续提高核心竞争优势的压力，组织迫切需要拥有高可雇佣性的知识员工，以不断弥补企业可持续发展所需的人力资源，而知识员工出于自身职业生涯发展的考虑，往往会从内心形成一种不断追求可雇佣性提升的内驱力，在这种内驱力推动下，自发地寻求有利于个体可雇佣性开发以形成能够驰骋职场的执业资本。因此，从知识员工可雇佣型心理契约的各个维度来看，无论哪方面组织可雇佣性责任未履行到位，都会使知识员工形成对组织的负面心理体验，进而产生反组织行为，退出就是不利于组织效果的最为凸显的反组织行为。可以说，企业提高自主创新能力，就势必要关注知识员工的组织心理与行为，新型雇佣关系下对可雇佣性开发的强烈诉求促发了知识员工更多情况下从有利于自身可雇佣性发展的角度来审视企业责任践行，那么如果要激励知识员工采取更多的创造性行为,减少反组织行为(如极端的行为表现——退出),就需要加强知识员工可雇佣型心理契约的有效管理,通过这个途径,能够维系知识员工可雇佣型心理契约的健康状态,从而助推企业创新效能的获取。

(2)知识员工可雇佣型心理契约的各个维度对知识员工的建言行为具有负面影响,且在不同程度上达到统计意义上的显著性。尽管以往建言行为研究关注于建言行为的不同方面的组织效应,然而从不同角度的论证结果来看,形成了一定方向性认识,即建言行为是一种组织促进性行为,建言行为能够在一定程度上推动组织革新,从而形成有利于组织效果改善的良性机制。另外,以往研究还指出,建言行为需要一种"气场",即利于建言行为的组织氛围,处于积极的组织氛围当中,员工通常会感受到更多的组织支持,并易于形成依附于组织的情感体验。知识员工是拥有高动态心理活动、高组织敏感度、高创新性能力的员工群体,是企业自主创新的主体,如何激发知识员工的建言行为,事关企业竞争优势的创造和维系。因此,结合研究结果可见,企业要想形成利于组织运行长足发展的有效动力机制,就需要将知识员工可雇佣型心理契约纳入管理实践的核心位置,通过营造积极的可雇佣型心理契约环境,助推建设性组织行为,从而促进企业创新优势实现。

(3)知识员工可雇佣型心理契约各个维度对忠诚具有负向影响,且在不同程度上达到统计上的显著性水平。一些学者提出,忠诚是一种行为,并且是判断个体是否具有持续的人力资本保值性和增值性的重要基础和前提。难以想象,对所服务企业缺乏组织忠诚的个体如何会具有有利于企业核心竞争优势创造的坚实的执业资本。而研究结果恰恰为企业培育知识员工的组织忠诚提供了一个有力途径,即企业要想获得可持续创新发展的竞争能力,就需要密切关注企业自主创新的主体——知识员工,并深入其内心世界,可以结合本章提出的可雇佣型心理契约,这一概念是特别针对新型雇佣关系背景下提出的可用以审视知识员工对企业可雇佣性责任履行的心理感知和体验,企业通过知识员工可雇佣型心理契约的有效管理,有助于知识员工形成积极的组织心理与行为,相应地也会增加组织忠诚,从而最终促进企业创新价值打造。

(4)知识员工可雇佣型心理契约的为了个体可雇佣性提升提供组织环境支持维度、为了个体可雇佣性提升提供经济获益性支持维度对知识员工的漠视行为具有正向影响，且达到统计意义上的显著性水平。知识员工既是高知识、高技能、高创造性能力的员工群体，又通常对职业生涯抱有高期望值，研究提出的可雇佣型心理契约的，为了个体可雇佣性提升提供组织环境支持维度、为了个体可雇佣性提升提供经济获益性支持维度的概念内涵是有关知识员工对组织为个体可雇佣性提升提供组织环境支持和经济获益性支持的心理感知和内在体验的解释。从研究结果可以看出，存在负面心理感知和内在体验时，知识员工会形成不利于组织结果的消极行为，按照漠视行为的理论解释，作为一种有损于组织结果的组织行为，突出表现为对组织信息漠不关心、置之不理、淡然处之等消极行为特征。因此，企业若想获得持久创新优势，就有必要关注知识员工的心理状态，而如果希望知识员工表现出更为积极的行为，就有必要进一步为知识员工提供组织环境支持、经济获益性支持，以便促进知识员工可雇佣性提升，从而最终助推企业创新价值实现。

（二）中介效应检验结论

（1）组织犬儒主义在可雇佣型心理契约的为了个体可雇佣性发展提供经济获益性支持维度与漠视之间发挥完全中介作用，在为了个体可雇佣性发展提供职业发展性支持维度与漠视之间不发挥中介作用，在可雇佣型心理契约的其他维度与退出—建言—忠诚—漠视行为之间发挥部分中介作用。与知识员工可雇佣型心理契约的组织态度与行为的直接效应的检验结果如出一辙。本章采用结构方程模型技术对真实世界中变量所反映的关键构念内涵特征进行了检验，并对其间的关系结构进行了实证性研究。研究结果表明，可雇佣型心理契约的为了个体可雇佣性能力提升提供职业发展性维度对漠视影响的路径系数没有达到统计意义上的显著性水平，而恰恰是这个原因，才造成了组织犬儒主义对于以上两个变量间影响关系的中介作用根本性不成立（即中介作用成立的首要条件就不满足）。再从组织犬儒主义对知识员工可雇佣型心理契约的组织态度与行为效应的中介作用来讲，由于组织犬儒主义所发挥的部分中介作用，知识员工可雇佣型心理契约对于退出—建言—忠诚—漠视行为模型的影响会经由两条关键途径来实现：第一条途径是直接影响退出—建言—忠诚—漠视行为整合模型；第二条是通过组织犬儒主义的中继进而影响退出—建言—忠诚—漠视行为整合模型。由此可见，按照"态度→行为"的社会心理学根本假设，通过控制个体的心理认知—态度的产生逻辑，能够预测个体未来的行为结果。另外，企业还应加强对知识员工所禀赋的独特个性特质的关注，对其心理环境施加适度及时的干预，努力走入其内心世界，通过职业生涯规划和引导、建设性组织关系构筑、具有吸引力的待遇和福利政策实施等，为知识员工铺垫创新性行为的沃土，营造延展创造性思维的建设性组织环境。企业还需要注意的是，组织犬儒主义在可雇佣型心理契约的为了个体可雇佣性发展提供经济获益性支持维度与漠视之间发挥完全中介作用。基于此，企业应密切关注组织犬儒主义这种负面态度和情愫对组织结果的负面影响，结合知识员工的个性化特征，采取恰当的干预策略，发挥经济获益性支持策略对知识员工个体可雇佣性发展的益处所带来的对组织信息的正向心理图式的积极作用，尽量控制组织犬儒主义的负面效应，从而降低漠视行为发生的概率。与此同时，企业还需要注意组织犬儒主义在可雇佣型心理契约的为了个体可雇佣性提升提供职业发展性支持维度与漠视行为之间不具有中介作用，因此，对组织犬儒主义干预的策略要转移到以上有利于解释和控制组织结果的方面上，做到管理力度有的放矢，从而最大限度地发挥组织资源效力，促进企业实现创新优势。

（2）组织认同在可雇佣型心理契约的各个维度与建言之间发挥部分中介作用，而在与退出—忠诚—漠视行为之间不产生中介作用。结合以上研究结论可见，之所以得出这种研究结果，是由于组织认同对退出—忠诚—漠视行为影响的路径系数没有达到统计学意义上的显著性水平，也即不满足中介作用成立的首要条件。由此可见，知识员工可雇佣型心理契约主要经由两个途径影响建言行为：第一个途径是可雇佣型心理契约直接影响建言行为，第二个途径是可雇佣型心理契约通过组织认同的中继进而影响建言行为。因此，企业需要形成一种管理意识，即知识型员工对企业的认同水平会在不同程度上形成对组织的积极（或消极）心理依附，进而影响其建言行为。可以说，组织认同相当于嫁接在组织与知识员工之间的心理纽带，特别是在新型雇佣关系背景下，组织可雇佣性责任履行到位，会产生积极的个体心理图式，进而促进建设性组织行为。这就为企业管理实践提出了启示，即处于高动态不确定性环境下，中小企业势必面临不断提高核心竞争优势的战略选择，这就需要紧扣企业自主创新主体——知识员工的心理环境，通过打造正向的心理环境，有利于形成促进组织创新优势获取的促进性组织行为。要实现这些，可以从提升个体可雇佣性角度出发（即紧扣知识员工对可雇佣性不断开发的内在期望），为知识员工提供有利的待遇福利计划、积极的组织环境、富有前景的职业发展机会等，形成合理的人力资本配置，其间尤其要结合当前以团队为主要工作模式的组织运行机制，培养知识员工的团队意识和团队能力，发挥积极团队建设对个体组织认同感的促动作用，进而形成利于企业获取创新效能的动力机制。

本章小结

本章秉承实证主义哲学，基于中小企业管理情境，针对知识员工可雇佣型心理契约对企业创新效能的动力机制进行了实证性研究，对所提出的研究假设进行了检验，并对结论进行了深入讨论。

第一，在借鉴以往文献、研究成果基础上，结合我国中小企业组织运行环境特征和知识员工的个性特质，通过课题组内部商讨、咨询专家和同行的意见与建议等方式，编制了研究变量的测量量表和初始问卷，采用CITC分析、信度系数法、探索性因子分析等步骤，删除垃圾题项，提炼能够切实反映拟测变量的题项，最终形成调查问卷。

第二，选取具有研究意义的中小企业作为样本单位，面向其知识员工发放调查问卷，通过大规模样本的问卷调查，收集可供研究模型检验的样本数据。综合考虑问卷收发实际情况对于研究结果效度的影响性、中小企业的组织环境特征、知识员工所禀赋的个性特质等，通过对关键考察指标的评测判定，得出关键研究变量的信度和效度对研究问题解析适用性的研究结果。进而，对变量之间的结构模型进行估计，通过Boostrapping方法计算变量间影响路径的显著性水平，从而对研究假设进行检验。

第三，在以上研究结果基础上，结合中小企业环境特征，对如何通过知识员工可雇佣型心理契约的有效管理来获取企业创新效能提供策略性建议。

第七章　知识员工可雇佣型心理契约对中小企业创新效能影响的个案研究

本章是对前文研究结果的进一步验证，通过验证性案例研究，导入定性研究与定量研究相结合的混合式研究方法，基于三角验证观，对研究结果应用于真实世界的外部效度进行检验，从而在阐释结论的理论价值基础上，为企业管理实践提供对策。

第一节　研究设计与分析方法

在社会科学中，因素理论（Factor Theories）是因果理论中最常见的类型之一。为了分析和说明自变量与因变量之间的相互作用的复杂性，研究者需要使用多种分析方法。近年来，越来越多的案例研究倾向于导入定量研究和定性研究相结合的混合式研究方法。秉承三角验证观理念，从不同角度审视同一个问题，如果所见相同，则可以表明在相似的情境下存在结论适用性的外部效度。本书秉承这一理念，导入定量研究方法（采用MATLAB 的仿真实验）、定性研究方法（采用 Nvivo 的内容分析编码），对前文的研究结果展开验证性案例研究，并结合我国中小企业情境特征、知识员工的个性特质，对知识员工可雇佣型心理契约如何通过组织态度和行为进而影响企业创新效能的驱动机制展开验证性案例研究，以检验研究结果的外部效度，进一步阐释结论的理论与实践价值。

第二节　企业背景与数据来源

鉴于本章是针对前文研究结果的解释性研究，因此，案例选取标准延用第三章对于研究典型案例的遴选条件，选取具有研究价值的代表性企业作为案例企业。

一 企业背景

A 企业是提供阳光蓄电池的新能源产品经济实体,企业不间断电源产品销售,提供个性化产品定制服务,专业化客户解决方案不断改进,客户覆盖范围包括银行、保险、邮电、加油站、电力系统、税务系统等,积极为用户提供电源产品和服务。

企业拥有完善的售前、售中、售后服务体系,拥有一支多年从事蓄电池市场及专业化解决方案的市场和技术团队,自成立开始就以"诚实经营,崇实尚能"作为立足之本。一方面积极开拓市场,紧跟新能源产业的发展趋势,不断增强技术实力和前沿科技含量,同时大力加强内部管理机制,提高员工的整体素质,树立企业的美誉度和品牌形象。

目前,企业基本上建成了电源与铅酸免维护蓄电池一站式采购中心,是一家致力于蓄电池电源的经营实体,在北京、天津、上海、厦门、武汉等地设有分支机构和销售公司。企业以优良的服务、个性化的售中、完善的售后,赢得了广大客户的赞许。

多年来,企业除了加强市场开拓、产品设计以外,还特别关注内部管理,结合企业发展战略,制订了较为规范的内部管理机制,从人员管理、市场销售、产品研发、经营风险等各个关键环节都不断加强知识员工培育,经过多年打磨锻炼,目前,已基本搭建起围绕企业战略运行、紧扣各个战术模块运作、以企业长效创新为指针的知识员工培育机制,从知识产生、传播、利用、共享、保护等各个方面建立起颇为有效的控制体系,不仅优化了知识员工的可雇佣性能力,还为企业自主创新建设提供了源源不断的人才资本。

二 数据来源

随着案例研究在学术界和实务界的广泛应用,相关的数据收集和分析的效度问题也逐渐受到理论工作者和实践工作者的密切关注。特别是近年来,定性研究与定量研究相结合的混合式研究范式对于剖析社会学问题具有独特优势(Yin,1981),使得秉承多元角度收集和分析数据的三角验证观逐渐被解释性研究者所推崇。从不同角度收集的数据,遵从规范的研究程式,得出方向一致性的研究结果,可以较为稳健地论证结论的外部效度(Eisenhardt and Graebner,2007)。本章秉承三角验证思想,通过多元角度收集量化数据和质化数据,取样结构如表 7-1 所示。

表 7-1 案例研究中的多元数据收集

数据来源	取样方法	样本规模	取样内容	备注
问卷	调研对象作答	有效问卷 87 份	知识员工对企业可雇佣性责任的心理感知和内在体验、由此产生的工作态度和行为以及企业创新结果的主观评价	
深度访谈	正式访谈	5 人次，约 50 分钟/人	知识员工可雇佣型心理契约内涵结构及其组织效应	面谈、电话访谈、网络聊天视频访谈结合
	补充访谈	3 人次，约 30 分钟/人	完善访谈记录，避免遗漏	电话访谈、网络聊天视频访谈结合
其他材料收集	企业官网、公众号、凤凰财经、腾讯财经、新浪财经等		企业管理建制、企业价值观、企业文化、企业战略、企业大事件和典型案例等	

第三节 案例分析与结果讨论

一 知识员工可雇佣型心理契约效应的定量分析与讨论

（一）数据收集与整理

本章在案例研究中导入问卷调查，收集可以用于仿真实验的数据资源。其问卷调查、测量量表及信度效度检验均与第六章同步进行，此处不赘述。

鉴于问卷调查主要采用自陈式方式收集数据，且可能存在无应答样本，为了规避样本数据偏误导致的研究结果低效性，下文着重对研究方法偏差检验、样本数据特征分析等进行阐述，以保证定量研究结果的效度。

1. 共同方法偏差检验

在社会调查研究中，受限于自陈式问卷填答方式，可能导致共同方法偏差问题。这是一种系统偏倚，对于采用自陈式样本数据收集方式而言尤显突出，有必要在样本数据进入正式分析之前加以控制。关于共同方法偏差的标记变量（Marker-Variable）检验方法，本书前文已有所阐述。按照该方法，课题组以年龄作为标记变量，经删除标记变量前后的变量间相关系数显示，两种情况下的相关系数差异性未达到统计上的显著性水平（$P > 0.05$），因此，可以判定，样本数据的共同方法偏差问题并不严重，对研究并不构成影响，可不予考虑。

2. 无应答偏差检验

问卷收集过程中发现，部分问卷存在填答不完整、漏答甚至空白问卷，可能影响到整体样本数据质量，因此课题组对样本数据进行了无应答偏差检验。检验方法同于第四章相关内容，在此不赘述。课题组以问卷发放之日起算的 30 天为界限，把全部样本数据划分为前、后两个时段，基于性别、岗位、学历进行独立样本 t 检验，分析结果表明，这三个变量在前后两个时段的均值未达到统计上的显著性（P>0.05），因此，可以判定，样本数据的无应答偏差问题并不严重，可不予考虑。

3. 数据特征统计分析

通过整理问卷数据，删除了填答不符合要求的问卷之后，剩余有效问卷 73 份，描述性统计分析表明，样本数据在最大值、最小值、平均值和标准差的表现上均未出现不合理情况，不存在极端值，离散程度不大，样本数据可以用于接下来的数据分析。

（二）数据分析与讨论

1. 数学模型构建

按照第四章所阐述的中介效应检验方法，本章采用 MATLAB 分析软件，借助其独特的仿真模型构建和虚拟实验功能，还原变量在真实世界中的自然属性，以此来检验知识员工可雇佣型心理契约对企业创新效能驱动的主效应机制。遵照 MATLAB 的编程规则，课题组分别编写了如下知识员工可雇佣型心理契约直接效应、中介效应的检验程序：

（1）知识员工可雇佣型心理契约对企业创新效能影响机制的直接效应检验程序

第一步，执行程序：

$$>>cftool \quad (7\text{-}1)$$

第二步，执行程序：

$$>> y = b_1 * x + b_0$$
$$>> s_2 = (y_1 - y)^{\wedge} 2/69$$
$$>> s_{22} = sum(s_2)$$
$$>> b_2 = (x - x_0)^{\wedge} 2$$
$$>> bb_2 = sum(b_2)$$

$$>> m = sqrt(s_{22}/bb_2)$$
$$>> t = b_2/m \tag{7-2}$$

（2）知识员工可雇佣型心理契约对企业创新效能影响机制的中介效应检验程序

根据图 7-1 所示的中介效应检验流程，设置如下中介效应检验步骤：

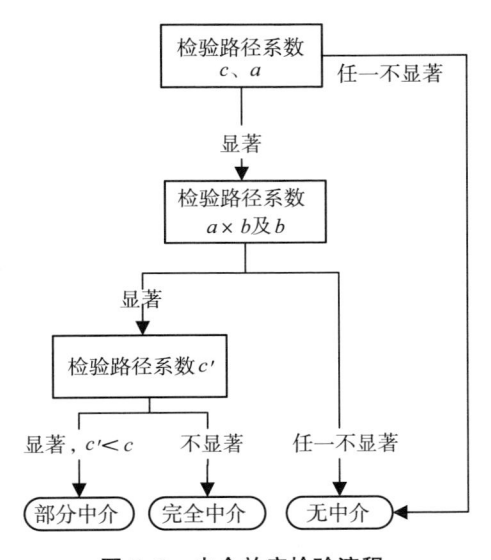

图 7-1　中介效应检验流程

注：a 为引入中介变量后自变量对中介变量直接影响的路径系数，b 为引入中介变量后中介变量对因变量直接影响的路径系数，c' 为引入中介变量后自变量对因变量直接影响的路径系数，c 为未引入中介变量时自变量对因变量直接影响的路径系数，$a×b$ 为引入中介变量后自变量对因变量间接影响的路径系数。

第一步，按照程序（7-1）、程序（7-2），判断在未导入假定中介变量的情况下，自变量对因变量的影响路径 c 是否统计显著，若显著，则继续中介效应检验，否则，终止后续检验。

第二步，按照程序（7-1）、程序（7-2），判断在导入了假定中介变量的情况下，自变量对中介变量的影响路径 a 是否统计显著，若显著，则继续中介效应检验，否则，终止后续检验。

第三步，按照程序（7-3），判定在导入了假定中介变量的情况下，自变量对因变量影响路径 $a×b$ 与中介变量对因变量影响路径 b 是否达到统计显著。以下分为两种情况：

①若两个路径系数都达到统计显著，判定自变量对因变量直接影响路径 c' 是否统计显著，若显著，且 $c'<c$，可以判定中介变量的中介效应假设被支持，且发挥着部分中介作用，若不显著，则可以判定，中介变量的中介效应假设被支持，且发挥着完全中介作用；

②若以上路径都不显著，可以判定，中介效应的研究假设没有得到支持。

对于导入假定中介变量后自变量对因变量的影响路径 c' 的检验程序如下：

$$>> x_0 = ones(71, 1)$$
$$>> x_1 = X_{01}$$
$$>> x_2 = X_{02}$$
$$>> B = [x_0, x_1, x_2]$$
$$>> A = linsolve(B, y_1)$$
$$>> y = b_1 * X_{01} + b_2 * X_{02} + b_0$$
$$>> s_2 = (y_1 - y).\wedge 2/68$$
$$>> s_{22} = sum(s_2)$$
$$>> X_{001} = sum(X_{01})$$
$$>> X_{011} = X_{001}/71$$
$$>> b_1 = (X_{01} - X_{011}).\wedge 2$$
$$>> b_{11} = sum(b_1)\ b_{11} = sum(b_1)$$
$$>> s_3 = s_{22}/b_{11}$$
$$>> s_4 = sqrt(s_3)$$
$$>> t = b_1/s_4 \tag{7-3}$$

对于导入假定中介变量后中介变量对因变量直接影响路径 b 的检验程序如下：

$$>> y = b_1 * X_{01} + b_2 * X_{02} + b_0$$
$$>> s_2 = (y_1 - y).\wedge 2/68$$
$$>> s_{22} = sum(s_2)$$
$$>> X_{002} = sum(X_{02})$$
$$>> X_{021} = X_{002}/71$$
$$>> b_2 = (X_{02} - X_{021}).\wedge 2$$

$$>> b_{22} = sum(b_2)$$
$$>> s_3 = s_{22}/b_{22}$$
$$>> s_4 = sqrt(s_3)$$
$$>> t = b_2/s_4 \tag{7-4}$$

中介效应检验中，对导入假定的中介变量后自变量对因变量的间接影响路径 $a \times b$ 的显著性计算公式：

$$方差\ S(ab) = \sqrt{b^2 s_a^2 + a^2 s_b^2 + s_a^2 s_b^2}$$
$$t = \frac{ab}{S(ab)} \tag{7-5}$$

然后查阅 t 对应的显著性概率，得出导入假定的中介变量后自变量对因变量间接影响路径 $a \times b$ 的显著性水平。

2. 数学模型检验

采用 MATLAB 分析软件，按照上述检验方法和步骤，针对知识员工可雇佣型心理契约的组织效应进行分析。

（1）直接效应检验。由表 7-2，知识员工可雇佣型心理契约各个维度对组织犬儒主义具有显著负向影响，对组织认同具有显著正向影响；知识员工可雇佣型心理契约各个维度对退出、漠视均具有显著负向影响，对建言、忠诚均具有显著正向影响；为了个体可雇佣性提升提供职业发展性支持维度对漠视的影响路径未达到统计意义上的显著性，对退出的影响路径具有显著负向影响，对建言、忠诚的影响路径具有显著正向影响。研究结果与本书前文研究模型的假设检验结果相同，因此，进一步印证了前文研究假设检验的外部效度。

（2）中介效应检验。由表 7-3，组织犬儒主义在为了个体可雇佣性提升提供经济获益性支持维度与漠视之间发挥完全中介作用，在为了个体可雇佣性提升提供职业发展性支持维度与漠视之间不发挥中介作用，在其他可雇佣型心理契约维度与退出、建言、忠诚、漠视之间都发挥着部分中介作用；组织认同在可雇佣型心理契约各个维度与建言之间发挥着部分中介作用。研究结果与本书前文研究模型的假设检验结果相同，因此，进一步印证了前文研究假设检验的外部效度。

表 7-2　知识员工可雇佣型心理契约的直接效应检验

影响路径	路径系数 b_1	b_2	适配度 R^2	ΔR^2	b_1 的 t 值	b_1 显著性概率 P 值	b_1 显著性水平	检验结果
为了个体可雇佣性提升提供组织环境支持维度→退出	0.480	2.258	0.215	0.212	7.982	0.000	****	正向影响显著
为了个体可雇佣性提升提供组织环境支持维度→建言	-0.335	6.265	0.115	0.112	-5.455	0.000	****	负向影响显著
为了个体可雇佣性提升提供组织环境支持维度→忠诚	-0.191	6.396	0.038	0.034	-5.206	0.000	****	负向影响显著
为了个体可雇佣性提升提供组织环境支持维度→漠视	0.173	4.391	0.027	0.023	2.427	0.008	**	正向影响显著
为了个体可雇佣性提升提供组织环境支持维度→组织大篇主义	0.661	8.144	0.121	0.117	5.599	0.000	****	正向影响显著
为了个体可雇佣性提升提供组织环境支持维度→组织认同	-0.496	15.200	0.051	0.047	-3.497	0.000	****	负向影响显著
为了个体可雇佣性提升提供经济获益性支持维度→退出	0.347	2.325	0.113	0.109	3.553	0.000	****	正向影响显著
为了个体可雇佣性提升提供经济获益性支持维度→建言	-0.431	6.929	0.192	0.188	-6.861	0.000	****	负向影响显著
为了个体可雇佣性提升提供经济获益性支持维度→忠诚	-0.275	6.885	0.080	0.076	-4.164	0.000	****	负向影响显著

续表

影响路径	路径系数 b_1	路径系数 b_2	适配度 R^2	适配度 ΔR^2	b_1 的 t 值	b_1 显著性概率 P 值	b_1 显著性水平	检验结果
为了个体可雇佣性提升提供经济获益性支持维度→漠视	0.199	4.134	0.036	0.038	2.724	0.003	**	正向影响显著
为了个体可雇佣性提升提供经济获益性支持维度→组织犬儒主义	0.697	7.415	0.134	0.131	5.954	0.000	****	正向影响显著
为了个体可雇佣性提升提供经济获益性支持维度→组织认同	-0.819	16.860	0.139	0.135	-6.068	0.000	****	负向影响显著
为了个体可雇佣性提升提供职业发展性支持维度→退出	0.234	2.754	0.076	0.072	2.526	0.006	**	正向影响显著
为了个体可雇佣性提升提供职业发展性支持维度→建言	-0.297	6.426	0.136	0.132	-4.802	0.000	****	负向影响显著
为了个体可雇佣性提升提供职业发展性支持维度→忠诚	-0.201	6.604	0.063	0.059	-3.054	0.001	**	负向影响显著
为了个体可雇佣性提升提供职业发展性支持维度→漠视	0.007	4.857	0.000	-0.004	0.106	0.458	n.s	影响不显著
为了个体可雇佣性提升提供职业发展性支持维度→组织犬儒主义	0.522	8.074	0.112	0.108	5.367	0.000	****	正向影响显著
为了个体可雇佣性提升提供职业发展性支持维度→组织认同	-0.279	14.830	0.024	0.020	-2.358	0.010	*	负向影响显著

表 7-3　知识员工可雇佣型心理契约的中介效应检验

影响路径	路径系数与显著性水平 未引入中介 自变量→因变量	未引入中介 自变量→中介变量	中介变量→因变量	引入中介 自变量→因变量	引入中介 自变量→因变量间接影响	检验结果
为了个体可雇佣性提升提供组织环境支持维度→组织犬儒主义→退出	0.481****	0.661****	0.249****	0.435****	0.165****	部分中介
为了个体可雇佣性提升提供组织环境支持维度→组织犬儒主义→建言	−0.335****	0.661****	−0.074****	−0.286****	−0.049*	部分中介
为了个体可雇佣性提升提供组织环境支持维度→组织犬儒主义→忠诚	−0.191****	0.661****	−0.107****	−0.121*	−0.071**	部分中介
为了个体可雇佣性提升提供组织环境支持维度→组织犬儒主义→漠视	0.173**	0.661****	0.287****	0.171*	0.190****	部分中介
为了个体可雇佣性提升提供经济获益性支持维度→组织犬儒主义→退出	0.347****	0.697****	0.227****	0.003**	0.158****	部分中介
为了个体可雇佣性提升提供经济获益性支持维度→组织犬儒主义→建言	−0.431***	0.697****	−0.051****	−0.396****	−0.036*	部分中介
为了个体可雇佣性提升提供经济获益性支持维度→组织犬儒主义→忠诚	−0.275***	0.697****	−0.087****	−0.002****	−0.061**	部分中介
为了个体可雇佣性提升提供经济获益性支持维度→组织犬儒主义→漠视	0.199*	0.697****	0.283****	n.s	0.197****	完全中介

续表

影响路径	路径系数与显著性水平					检验结果
	未引入中介			引入中介			
	自变量→因变量	自变量→中介变量	中介变量→因变量	自变量→因变量	自变量→因变量间接影响	
为了个体可雇佣性提升提供职业发展性支持维度→组织大篇主义→退出	0.234****	0.552****	0.277****	0.154****	0.153****	部分中介
为了个体可雇佣性提升提供职业发展性支持维度→组织大篇主义→建言	-0.297****	0.552****	-0.070****	-0.261****	-0.039*	部分中介
为了个体可雇佣性提升提供职业发展性支持维度→组织大篇主义→忠诚	-0.201****	0.552****	-0.097****	-0.151****	-0.054**	部分中介
为了个体可雇佣性提升提供职业发展性支持维度→组织大篇主义→漠视	n.s	—	—	—	—	无中介
为了个体可雇佣性提升提供组织环境支持维度→组织认同→建言	-0.335****	-0.496****	0.245****	-0.213****	-0.122****	部分中介
为了个体可雇佣性提升提供经济获益性支持维度→组织认同→建言	-0.431****	-0.819****	0.225****	-0.247****	-0.184****	部分中介
为了个体可雇佣性提升提供职业发展性支持维度→组织认同→建言	-0.297****	-0.279****	0.247****	-0.228****	-0.069****	部分中介

注：N=71；* 表示 P<0.05，** 表示 P<0.01，*** 表示 P<0.001，**** 表示 P<0.0001，n.s 表示不显著。

二 知识员工可雇佣型心理契约效应的定性分析与讨论

秉承三角验证观，与4家在知识员工管理、组织创新发展方面颇具研究价值的企业（企业背景见第三章第三节）取得联系，针对案例企业的知识员工（访谈对象样本结构特征见表7-4），围绕前文提出的知识员工可雇佣型心理契约的组织效应展开案例研究，其间，按照表7-5所示的访谈大纲展开深度访谈法，借助Nvivo分析软件，通过对访谈记录的内容分析编码，提炼和总结知识员工可雇佣型心理契约如何通过组织态度与行为产生对企业创新效能的驱动机理。

表7-4　　　　　　　　　访谈对象样本结构特征

编号	性别	年龄	司龄	学历	岗位	职系	访谈时间
A	女	39	6	本科	研发部部长	管理	40分钟
B	女	34	4	MBA	人力资源主管	管理	45分钟
C	女	29	3	本科	产品工程师	专业	50分钟
D	男	39	5	本科	市场专员	业务	40分钟

表7-5　　　　　　　　　　　访谈大纲

1	如何理解知识员工可雇佣型心理契约的内涵特征
2	知识员工可雇佣型心理契约会产生哪些工作态度和行为
3	知识员工可雇佣型心理契约通过怎样的工作态度和行为途径对企业创新绩效产生影响

（一）知识员工可雇佣型心理契约的直接效应分析

鉴于访谈对象都不建议录音，访谈全程采用笔记的方式进行记录，即由一位研究人员负责提问，另一位研究人员负责做笔记，每天访谈结束后，负责做笔记的研究人员核对笔记，以免遗漏。全部访谈工作结束后，两位研究人员各自整理访谈记录，并采用Nvivo软件对访谈记录展开内容分析编码，通过提炼内容节点，总结所发现的关键构念，当出现了前文研究中未提及的新构念时，两位研究人员一起查阅相关文献和商讨，在达成一致意见的基础上，确定是否提出新的构念并予以命名。最终编码73个构念（表7-6列举了部分构念），编码信度检验结果表明（见表7-7，数值表示不同研究者编码一致性的信度）编码内部一致性信度满足统计分析要求，编码较理想。

第七章　知识员工可雇佣型心理契约对中小企业创新效能影响的个案研究　189

表7-6　知识员工可雇佣型心理契约的直接效应编码

编码一级目录	编码二级目录	访谈记录
组织满意度	工作条件满意	工作条件是开展工作的最基本的硬件准备，愿意服务于某企业的首要因素往往就包括工作条件是否称心如意（A）
	社交环境满意	人是群居的，特别是企业人，不适合孤独求生，所以，社交环境是知识员工认为工作是否令自己满意的重要方面（C）
	岗责匹配	岗责匹配能够使知识员工工作起来得心应手，否则，会影响业绩（D）
	薪酬福利满意	工作获得回报是知识员工劳动关系存在的职业诉求，知识员工对企业可雇佣性责任满意就可能包含了薪酬福利满意（B）
	职业发展满意	职业发展是知识员工的职业诉求，对企业可雇佣性责任满意就体现出对企业提供的职业发展机会满意（A）
	对领导风格满意	知识员工是高知识群体，结合不同的个性特质，应采取相宜的领导风格，知识员工对企业可雇佣性责任满意（B）
	对规章制度满意	可雇佣性责任包括所施行的规章制度是否适切，不仅影响知识员工的心理环境，还影响其组织满意感（A）
	对工作氛围满意	难以想象，处于不满意的工作氛围中，如何能获得企业所期望的业绩（C）
	对企业形象满意	企业外部形象同接地影响知识员工的职业品牌，好的企业形象会在知识员工内心形成高可雇佣型心理契约，促进工作投入和业绩（D）
组织承诺	规范承诺	一般来讲，知识员工会秉承最基本的为企业服务的执业理念，即便遭遇工作不如意，也不会轻易损害企业利益（A）
	持续承诺	知识员工即使有离职倾向，一般也会权衡留任和离职的利弊优劣后再做出抉择（C）
	情感承诺	"做生不如做熟"，在一家企业工作久了，会日久生情，多少会有一定的组织情感（A）

续表

编码一级目录	编码二级目录	访谈记录
退出	辞职行为	低可雇佣型心理契约反映了知识员工对企业可雇佣性责任的感知和评价较低，长此以往，特别是当可选外部机会可取时，便会辞职（B）
	辞职倾向	知识员工考虑问题一般会比其他员工周全些，当抱有低可雇佣型心理契约倾向，任任形成辞职倾向，而非马上辞职（C）
工作投入	工作注意力集中	专业技术人员和管理人员的工作性质不同，工作角度也不同，专业技术人员的高可雇佣型心理契约通常表现在高度集中于所从事的专业技术工作（B）
	主动付出	高可雇佣型心理契约促使知识员工形成主动付出的责任意识和工作表现（C）
忠诚	支持领导或组织	知识员工对企业可雇佣性责任满意时，就会在工作场出表现出支持领导或组织的言行（B）
	组织懂憬	可雇佣型心理契约状态好时，意味着对企业未来可雇佣性责任的期望值较高，抱有较好的组织懂憬（A）
	坚守岗位	坚守岗位是一种对企业抱有高主观认知和评价的体现（D）
漠视	低工作努力	低可雇佣型心理契约，导致低工作努力，这是一种对工作漠视的表现（B）
	低工作兴趣	当对自己的可雇佣性发展抱有消极态度时，任任会失去工作兴趣，对工作冷漠（A）
	出勤不符合规定	当抱有对企业可雇佣性责任的负面可雇佣型心理契约时，就会任会产生不良的出勤记录，而无视组织纪律（A）
	工作时间干私事	难以想象，负面的心理契约环境下会产生积极的工作行为，工作时间干私事就是典型的对企业规章制度的漠视（D）
	工作频繁出错	对自己的可雇佣性发展不抱有期望，极易产生对工作中人与事的冷漠感（B）
	工作冷漠	消极可雇佣型心理契约，反映出对工作的低信心，这样的话，工作难免出错，开小差（D）
组织犬儒主义	低组织信任	低可雇佣型心理契约会使知识员工形成对企业的低信任（C）
	对组织的负面情感	低可雇佣型心理契约可以理解为对企业怀有负面情感和负面评价（B）
	有损组织的言行	低可雇佣型心理契约会诱发知识员工产生对企业的不利言行（A）

第七章 知识员工可雇佣型心理契约对中小企业创新效能影响的个案研究

续表

编码一级目录	编码二级目录	访谈记录
组织认同	组织目标认同	高可雇佣型心理契约即对企业的高认知和高评价，易使知识员工产生对企业目标的认同感（D）
	组织氛围认同	对企业可雇佣性责任持有高度评价，也就认同于企业的工作氛围（B）
	组织归属感	对企业抱有积极的心理契约，就易形成对企业的归属感（C）
建言	建言献策	只有当知识员工对企业可雇佣性责任满意，形成高可雇佣型心理契约时，才可能建言献策（B）
	排忧解难	排忧解难的前提是对企业抱有高可雇佣型心理契约，特别是在当前的新型雇佣关系背景下，心理归属性就很重要（C）
幸福感	心理认知	如果对企业可雇佣责任持积极心理感知，就会对自己的雇佣性发展持乐观心态，当获得些许成功时，一种职业幸福感会油然而生（B）
	负面情愫	如果企业对员工可雇佣责任履行持消极感知，则对自己可雇佣性发展也会持消极心态，从而形成对职业发展暗淡前景望的负面情结（C）
组织公民行为	利他行为	对企业持积极心态的知识员工，任任更易于表现出利他行为（B）
	运动家精神	对自己的可雇佣性发展满意，就会主动投入工作和企业各项事业建设当中，像运动员一样活跃地展现出工作热情（B）
	组织遵从	企业提供的可雇佣性发展机会足够和恰当，就会使知识员工自发地形成愿意遵从组织规范和制度的行为（B）
	首创性	知识员工拥有知识，高专业技能，当对企业提供的可雇佣性发展机会满意时，所形成的积极心态会进一步促进知识员工的首创能力（D）
	公民道德	组织好似一个小社会，当运行机制顺畅时，就会产生正向组织公民道德规范和行为准则（C）
	自我发展	可雇佣性开发是需要不断进行的，在业绩考核中通常没有直接相关的界定指标，然而却与知识员工息息相关，拥有高可雇佣型心理契约的知识员工通常更倾向于采取行动进行自我发展（B）

续表

编码一级目录	编码二级目录	访谈记录
危机意识	危机的情感体验	对于危机的情感体验是高可雇佣型心理契约的知识员工所普遍拥有的，因为这部分员工通常拥有较高的可雇佣性发展诉求，相应地，对危机的感知力和敏感度也越高（B）
	寻找未来职业契机	可雇佣性表征了个体在企业内和跨越企业边界运用自身能力驰骋于职场的执业能力，其中就包括对未来职业契机的搜索和把握能力，拥有高可雇佣型心理契约员工在这方面能力的表现也相对突出（A）
工作倦怠	身心疲惫	低可雇佣型心理契约的知识员工由于对企业可雇佣型心理契约责任的心理体验较差，任任会影响其主动投入的工作精神和动力，更易于感觉到身心疲惫（A）
	工作不积极	拥有低可雇佣型心理契约说明知识员工企业的可雇佣性责任履行不满意，持负面组织情愫，难以想象，对工作还会多么积极主动（B）
	工作情绪不稳定	当抱有对企业可雇佣性责任的不满和低可雇佣心理属性时，负面情结往往占据和控制了工作态度的主要方向，工作情绪上时常会出现不稳定现象，特别是在遭遇挫折时，就更加明显（D）

表 7-7　知识员工可雇佣型心理契约的直接效应编码一致性信度

编码一级目录	编码二级目录
组织满意度（0.871）	工作条件满意（0.813）、社会环境满意（0.806）、岗责匹配（0.790）、薪酬福利满意（0.870）、职业发展满意（0.741）、对领导方式满意（0.611）、对规章制度满意（0.783）、对工作氛围满意（0.780）、对企业形象满意（0.633）
组织承诺（0.792）	规范承诺（0.800）、持续承诺（0.791）、情感承诺（0.609）
退出（0.905）	辞职行为（0.860）、辞职倾向（0.874）
工作投入（0.763）	工作注意力集中（0.810）、主动付出（0.622）
忠诚（0.803）	支持上级或组织（0.850）、坚守岗位（0.902）、组织憧憬（0.626）
漠视（0.677）	低工作努力（0.613）、低工作兴趣（0.736）、出勤不符合规定（0.604）、工作时间干私事（0.826）、工作频繁出错（0.607）、工作冷漠（0.648）
组织犬儒主义（0.731）	低组织信任（0.725）、对组织的负面情感（0.703）、有损组织的言行（0.635）
组织认同（0.847）	组织目标认同（0.822）、组织氛围认同（0.693）、组织归属感（0.639）
建言（0.613）	建言献策（0.605）、排忧解难（0.681）
幸福感（0.704）	心理认知（0.692）、负面情愫（0.613）
组织公民行为（0.742）	利他行为（0.711）、运动家精神（0.632）、组织遵从（0.849）、首创性（0.610）、公民道德（0.864）、自我发展（0.796）
危机意识（0.641）	危机的情感体验（0.723）、寻找未来职业契机（0.870）
工作倦怠（0.883）	身心疲惫（0.807）、工作不积极（0.652）、工作情绪不稳定（0.627）

以上内容分析编码的 R 值均大于 0.6，满足临界值为 0.5 的信度要求，内容分析编码的信度较理想。

又从内容分析编码效度来看，把全部编码向两位业界专家咨询，427 个内容节点中，351 个节点的 $CVR=1$，40 个节点的 $CVR=0$，其余节点的 $CVR=-1$，根据第三章阐述的内容分析编码的效度检验规则（$CVR=1$ 即所有专家都认为编码内容理想，$CVR=-1$ 即所有专家都认为编码内容不理想，$CVR=0$ 即认为编码内容理想和不理想的专家人数相同），因此，可以判定，本次编码效度较理想。

进一步分析，由图 7-2，知识员工可雇佣型心理契约会产生一系列组织态度和行为，如：组织满意度（33.45）、组织认同（15）、组织承诺（30.77）、退出（24.6）、组织犬儒主义（10.24）、自我效能（13.77）、忠诚（16.48）、漠视（11.59）、工作投入（8.98）、建言（16.23）、危机意识（7.03）、组织公民行为（6.89）、工作倦怠（6.98）、幸福（5.51）。其中，"工作投入""工作倦怠""幸福感""危机意识"是本次内容分析中新提炼的构念，是与前文研究结果区别之处。然而，从频次来看，前文研究结果所包含的构念在本次编码频次统计中均值较高，且远远高于新提炼的构念，且结合我国中小企业知识员工管理情境考虑，前文研究结果所包含的构念的确能够反映知识员工可雇佣型心理契约的自然属性，因此，可以认为，研究结果具有较稳健的外部效度。

数据点：组织满意度 33.45，组织认同 15.00，组织承诺 30.77，退出 24.6，忠诚 16.48，漠视 11.59，工作投入 8.98，建言 16.23，危机意识 7.03，组织公民行为 6.89，工作倦怠 6.98，幸福感 5.51，组织犬儒主义 10.24，自我效能 13.77

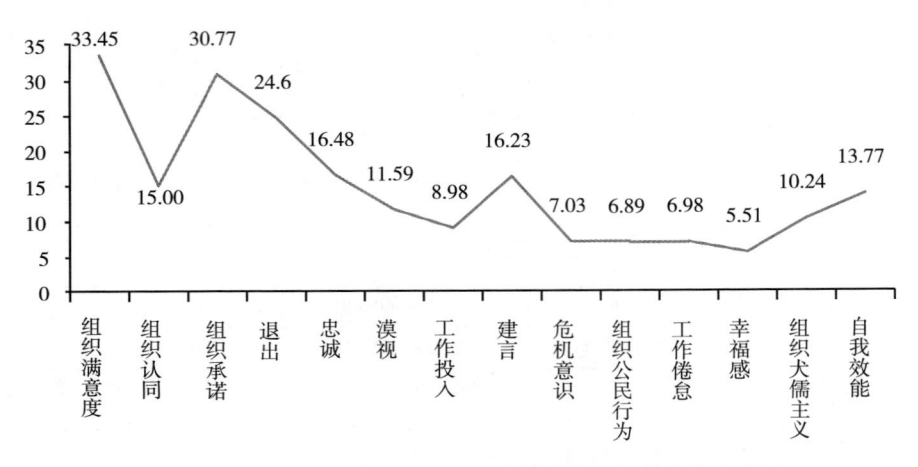

图 7-2　知识员工可雇佣型心理契约的直接组织效应编码分析

（二）知识员工可雇佣型心理契约的间接效应分析

接下来，课题组采用内容分析法对知识员工可雇佣型心理契约的间接组织效应进行关系节点编码，分析结果如表 7-8 所示。

表 7-8　知识员工可雇佣型心理契约的间接效应编码

因变量	关系节点	访谈记录
组织满意	可雇佣型心理契约→组织犬儒主义→组织满意	持低可雇佣型心理契约的知识员工通常抱有对企业的负面态度和情绪，出于某些原因而选择留任企业不离职，但依然对企业持不满意态度（C）
组织承诺	可雇佣型心理契约→组织犬儒主义→组织承诺	低可雇佣型心理契约表明对企业可雇佣性责任不满意，往往会产生负面的组织态度和情绪，相应地削减对企业的组织承诺（A）
退出	可雇佣型心理契约→组织犬儒主义→退出	低可雇佣型心理契约通常伴生高组织犬儒主义态度和情绪，进而增加离职倾向（D）

续表

因变量	关系节点	访谈记录
工作投入	可雇佣型心理契约→组织犬儒主义→工作投入	对企业可雇佣性责任持负面态度就易形成消极的可雇佣型心理契约，进而产生对企业的犬儒主义态度，减少工作投入（B）
忠诚	可雇佣型心理契约→组织犬儒主义→忠诚	如果对企业可雇佣性责任满意，相应地，可雇佣型心理契约状态也较好，自然就会减少对企业的负面态度和情绪，忠诚于企业（A）
漠视	可雇佣型心理契约→组织犬儒主义→漠视	怀有高可雇佣型心理契约的知识员工通常对企业会产生较高的组织依附感，对企业的人或事总会自发地关心（D）
建言	• 可雇佣型心理契约→组织犬儒主义→建言	建言献策者一般对企业持有积极的态度，对自己的可雇佣性发展充满信心（D）
	• DG可雇佣型心理契约→组织认同→建言	认同于企业才会主动建言，而这更是受限于对企业是否抱有健康的可雇佣型心理契约（B）
组织公民行为	可雇佣型心理契约→组织犬儒主义→组织公民行为	自发自愿地融入企业，主动服务于企业和工作团队，乐于帮助同事，支持领导和同事工作等，都是对企业的积极心态和情感的体现，而只在保持高可雇佣型心理契约状态下才会有这些表现（C）
危机意识	可雇佣型心理契约→组织满意→危机意识	良好的可雇佣型心理契约状态下往往表现出对企业的满意感，其间通常伴随着知识员工的较好的工作或职位状态，危机意识相对不那么强烈（D）
工作倦怠	• 可雇佣型心理契约→组织犬儒主义→工作倦怠	随着可雇佣型心理契约的下降，对企业的犬儒主义感增加，主动投入工作减少，工作倦怠逐渐显露（B）
	• 可雇佣型心理契约→组织满意→工作倦怠	低可雇佣型心理契约伴随着对企业的不满意，工作倦怠感势必也越来越多（A）

按照前文阐释的内容分析编码信度检验方法，以上编码一致性信度均在 0.6 以上，超过 0.5 的阈值标准，因此可以判定，以上内容分析编码信度较理想。又由编码效度检验，两位编码人员通过与业界两位专家讨论，最终确定了编码数为 473 个关系节点，经效度检验，368 个关系节点的 $CVR=1$，60 个节点的 $CVR=0$，其余节点的 $CVR=-1$，满足效度检验标准。

进一步，如表 7-8 所示，知识员工可雇佣型心理契约所产生的组织态度和行为中较为凸显的包括：退出—建言—忠诚—漠视行为模型、组织犬儒主义、组织认同等，结合前文的文献综述、探索性研究和定量实证性研究，退出—建言—忠诚—漠视行为模型可以作为解释知识员工可雇佣型心理契约的组织行为基本分析框架，组织犬儒主义、组织认同则可以视作知识员工可雇佣型心理契约的组织效应的中间解释变量，基于此，共同构成了对企业创新效能的驱动机制。

以上内容分析结果进一步印证了前文研究模型建构的外部效度，为我国中小企业如何从知识员工可雇佣型心理契约有效管理中获取企业可持续创新发展的创新效能提供了稳健的理论依据。

三　知识员工可雇佣型心理契约效应的 QCA 分析

根据社会建构理论，组织组态是一种社会构造，任何功能都并非单个因素所致，而是多种因素组合所致，多种因素的不同组合既可以表达相同的功能，也可以表达不同的功能，以及功能和单个因素之间不是对称的关系，这些因果复杂性就是组态分析所试图解决的。

传统的统计分析技术，如回归分析，其基本假设是自变量相互独立、因果对称性和单向线性关系，在控制其他因素的情况下，分析自变量对于因变量的边际"净效应"。相对而言，QCA 可以揭示多个前因因素间的复杂关系对结果的影响，力求集合"定性"（案例导向）和"定量"（变量导向）两种分析方法的优势，实现不同案例的系统比较，通过"组态"方式分析和处理数量有限的复杂案例。

在 QCA 中，研究者在案例与理论之间进行对话。研究中的变量（条件或结果）必须基于理论来选择。QCA 可以以更为归纳式的方式开展：从案例中获取洞见以识别需要考察的关键"成分"（Rihoux, 2006; Rihoux and Lobe, 2009）。进一步，QCA 的一个重要的丰富性表现是它有一套形式语言，能够容易地转化为理论语言（Befani et al., 2006）。

从理论角度上讲，QCA 可以作为基础并拓展应用到更高要求的分析过程中。此外，QCA 识别的独特"发生条件"还可以被整合到具有更一般性的社会解释理论中。通过这种分析手段，社会结构和行动者相关的议题可以被整合到一个更为一般性的历史或"中观理论建构"视角之下。

实践操作中，理论在 QCA 技术分析的多个关键步骤中扮演着重要角色。首先，分析的"上游"环节中，理论可以帮助预设哪些条件需要被纳入模型，也可以帮助将这些条件操作化。理论也可以用来指导如何选择案例——能够尝试在选择中既包括重要案例或典型案例，也包括其对立案例。QCA 能够在不排除"例外情况"或"异常值"情况下给出解释。在 QCA 中，案例和变量选择对于研究情境的深入分析至关重要。在正式分析之前，制定具体的研究方案尤为必要。

（一）知识员工可雇佣型心理契约对组织犬儒主义影响的清晰集分析

1. 案例选择与变量赋值

在对以上 4 个案例企业走访过程中了解到，访谈对象从不同角度围绕知识员工可雇佣型心理契约的组织态度效应形成了一定方向性认识，按照 QCA 分析方法对案例选择的要求，课题组在访谈记录中抽取了部分典型案例，并以"知识员工可雇佣型心理契约→组织犬儒主义"为真时赋值为 1（即访谈对象认为知识员工可雇佣型心理契约能够影响组织犬儒主义）、以"知识员工可雇佣型心理契约→组织犬儒主义"为假时赋值为 0（即访谈对象认为知识员工可雇佣型心理契约不影响组织犬儒主义），如表 7-9 所示。

表 7-9　知识员工可雇佣型心理契约对组织犬儒主义影响的案例赋值

案例	EPC1	EPC2	EPC3	OC
1	1	1	0	1
2	1	0	0	1
3	0	1	1	1
4	1	1	1	1
5	0	1	0	1
6	0	0	1	1
7	1	0	0	0
8	0	1	0	0

注：EPC1：为了个体可雇佣性提升提供组织环境支持维度可雇佣型心理契约；
EPC2：为了个体可雇佣性提升提供经济获益性支持维度可雇佣型心理契约；
EPC3：为了个体可雇佣性提升提供职业发展支持维度可雇佣型心理契约；
OC：组织犬儒主义。

2. 分析与结果

```
Model: OC＝f（EPC1，EPC2，EPC3）
Algorithm: Quine-McCluskey

--- PARSIMONIOUS SOLUTION---
frequency cutoff: 1
consistency cutoff: 1
              raw           unique
              coverage      coverage      consistency
              ----------    ----------    ----------
EPC3          0.5           0.333333      1
EPC1*EPC2     0.333333      0.166667      1
```

```
solution coverage: 0.666667
solution consistency: 1

Model: OC=f(EPC1, EPC2, EPC3)
Algorithm: Quine-McCluskey

--- INTERMEDIATE SOLUTION ---
frequency cutoff: 1
consistency cutoff: 1
Assumptions:
                    raw              unique
                    coverage         coverage         consistency
                    -------------    -------------    -------------
~EPC1*EPC3          0.333333         0.333333         1
EPC1*EPC2           0.333333         0.333333         1

solution coverage: 0.666667
solution consistency: 1
```

简约解表明，解的一致性大于 0.8，EPC3、EPC1 和 EPC2 两种组态是组织犬儒主义产生的充分条件，两种组态对组织犬儒主义发生效力的最为明显的是案例 4。中间解表明，解的一致性大于 0.8，EPC1 和 EPC3、EPC1 和 EPC2 两种组态是组织犬儒主义产生的充分条件，且 EPC1 是组织犬儒主义产生的必要条件，EPC1 和 EPC3 这种组态对组织犬儒主义产生效力的贡献性最大的是案例 3 和案例 6，致使 EPC1 和 EPC2 这种组态对组织犬儒主义产生效力的贡献性最大的是案例 1 和案例 4。由此可见，EPC1、EPC2、EPC3 在不同程度上影响 OC，且若 OC 不发生，则 EPC1、EPC2、EPC3 也必不在负向水平。

（二）知识员工可雇佣型心理契约对组织认同影响的清晰集分析

1. 案例选择与变量赋值

按照 QCA 分析方法对案例选择的要求，课题组在访谈记录中抽取了部分典型案例，并以"知识员工可雇佣型心理契约→组织认同"为真时赋值为 1（即访谈对象认为知识员工可雇佣型心理契约能够影响组织认同）、以"知识员工可雇佣型心理契约→组织认同"为假时赋值为 0（即访谈对象认为知识员工可雇佣型心理契约不能够影响组织认同），如表 7-10 所示。

表 7-10　知识员工可雇佣型心理契约对组织认同影响的案例赋值

案例	EPC1	EPC2	EPC3	OI
1	1	0	0	0

续表

案例	EPC1	EPC2	EPC3	OI
2	0	1	0	0
3	0	1	1	1
4	1	1	1	1
5	0	1	0	1
6	0	0	1	1
7	1	1	0	1
8	1	0	0	1

注：EPC1：为了个体可雇佣性提升提供组织环境支持维度可雇佣型心理契约；
EPC2：为了个体可雇佣性提升提供经济获益性支持维度可雇佣型心理契约；
EPC3：为了个体可雇佣性提升提供职业发展支持维度可雇佣型心理契约；
OI：组织认同。

2. 分析与结果

```
--- PARSIMONIOUS SOLUTION ---
frequency cutoff: 1
consistency cutoff: 1
                raw           unique
                coverage      coverage      consistency
                ----------    ----------    ----------
EPC3            0.5           0.333333      1
EPC1*EPC2       0.333333      0.166667      1
solution coverage: 0.666667
solution consistency: 1

Cases with greater than 0.5 membership in term EPC3: case3 (1, 1),
    case4 (1, 1), case6 (1, 1)
Cases with greater than 0.5 membership in term EPC1*EPC2: case4 (1, 1),
    case7 (1, 1)

--- INTERMEDIATE SOLUTION ---
frequency cutoff: 1
consistency cutoff: 1
Assumptions:
                raw           unique
                coverage      coverage      consistency
                ----------    ----------    ----------
~EPC1*EPC3      0.333333      0.333333      1
EPC1*EPC2       0.333333      0.333333      1
solution coverage: 0.666667
solution consistency: 1

Cases with greater than 0.5 membership in term ~EPC1*EPC3: case3 (1, 1),
    case6 (1, 1)
Cases with greater than 0.5 membership in term ~EPC1*EPC2: case4 (1, 1),
    case7 (1, 1)
```

简约解表明，解的一致性大于 0.8，EPC3、EPC1 和 EPC2 两种组态是组织认同产生的充分条件，两种组态对组织认同发生效力的最为明显的是案例 4。中间解表明，解的一致性大于 0.8，EPC1 和 EPC3、EPC1 和 EPC2 两种组态是组织认同产生的充分条件，且 EPC1 是组织认同产生的必要条件，EPC1 和 EPC3 这种组态对组织认同产生效力的贡献性最大的是案例 3 和案例 6，EPC1 和 EPC2 这种组态对组织认同产生效力的贡献性最大的是案例 4 和案例 7。由此可见，EPC1、EPC2、EPC3 在不同程度上影响 OI，且若 OI 不发生，则 EPC1、EPC2、EPC3 也必不在负向水平。

（三）知识员工可雇佣型心理契约对退出行为影响的清晰集分析

1. 案例选择与变量赋值

按照 QCA 分析方法对案例选择的要求，课题组在访谈记录中抽取了部分典型案例，并以"知识员工可雇佣型心理契约→退出"为真时赋值为 1（即访谈对象认为知识员工可雇佣型心理契约能够影响退出）、以"知识员工可雇佣型心理契约→退出"为假时赋值为 0（即访谈对象认为知识员工可雇佣型心理契约不能够影响退出），如表 7-11 所示。

表 7-11　知识员工可雇佣型心理契约对组织认同影响的案例赋值

案例	EPC1	EPC2	EPC3	E
1	1	0	0	0
2	0	1	0	0
3	0	1	1	1
4	1	1	0	1
5	1	0	0	1
6	0	0	1	1
7	1	1	1	1
8	0	1	0	1

注：EPC1：为了个体可雇佣性提升提供组织环境支持维度可雇佣型心理契约；

EPC2：为了个体可雇佣性提升提供经济获益性支持维度可雇佣型心理契约；

EPC3：为了个体可雇佣性提升提供职业发展支持维度可雇佣型心理契约；

E：退出。

2. 分析与结果

```
--- PARSIMONIOUS SOLUTION---
frequency cutoff: 1
consistency cutoff: 1
                    raw           unique
                    coverage      coverage        consistency
                    ----------    ----------      ----------
EPC3                0.5           0.333333        1
EPC1*EPC2           0.333333      0.166667        1
solution coverage: 0.666667
solution consistency: 1

Cases with greater than 0.5 membership in term EPC3: case3（1，1），
    case6（1，1），case7（1，1）
Cases with greater than 0.5 membership in term EPC1*EPC2: case4（1，1），
    case7（1，1）

--- INTERMEDIATE SOLUTION ---
frequency cutoff: 1
consistency cutoff: 1
Assumptions:
                    raw           unique
                    coverage      coverage        consistency
                    ----------    ----------      ----------
~EPC1*EPC3          0.333333      0.333333        1
EPC1*EPC2           0.333333      0.333333        1
solution coverage: 0.666667
solution consistency: 1

Cases with greater than 0.5 membership in term ~EPC1*EPC3: case3（1，1），
    case6（1，1）
Cases with greater than 0.5 membership in term ~EPC1*EPC2: case4（1，1），
    case7（1，1）
```

简约解表明，解的一致性大于 0.8，EPC3、EPC1 和 EPC2 两种组态是退出行为产生的充分条件，EPC3 这种组态对退出行为产生效力的贡献性最大的是案例 3、案例 6、案例 7，EPC1 和 EPC2 这种组态对退出行为产生效力的贡献性最大的是案例 4 和案例 7。中间解表明，解的一致性大于 0.8，EPC1 和 EPC3、EPC1 和 EPC2 两种组态是退出行为产生的充分条件，且 EPC1 是退出行为产生的必要条件，EPC1 和 EPC3 这种组态对退出行为产生效力的贡献性最大的是案例 3 和案例 6，EPC1 和 EPC2 这种组态对退出行为产生效力的贡献性最大的是案例 4 和案例 7。由此可见，EPC1、EPC2、EPC3 在不同程度上影响 E，且若 E 不发生，则 EPC1 也必

不在负向水平。

(四) 知识员工可雇佣型心理契约对建言行为影响的清晰集分析

1. 案例选择与变量赋值

按照 QCA 分析方法对案例选择的要求，课题组在访谈记录中抽取了部分典型案例，并以"知识员工可雇佣型心理契约→建言"为真时赋值为 1（即访谈对象认为知识员工可雇佣型心理契约能够影响建言）、以"知识员工可雇佣型心理契约→建言"为假时赋值为 0（即访谈对象认为知识员工可雇佣型心理契约不能够影响建言），如表 7-12 所示。

表 7-12　知识员工可雇佣型心理契约对建言影响的案例赋值

案例	EPC1	EPC2	EPC3	V
1	1	0	0	0
2	0	1	0	1
3	0	1	1	1
4	0	0	1	1
5	1	0	0	1
6	1	1	0	1
7	1	1	1	1
8	0	1	0	0

注：EPC1：为了个体可雇佣性提升提供组织环境支持维度可雇佣型心理契约；

EPC2：为了个体可雇佣性提升提供经济获益性支持维度可雇佣型心理契约；

EPC3：为了个体可雇佣性提升提供职业发展支持维度可雇佣型心理契约；

V：建言。

2. 分析与结果

```
--- PARSIMONIOUS SOLUTION---
 frequency cutoff: 1
 consistency cutoff: 1
                raw          unique
                coverage     coverage     consistency
                ----------   ----------   -----------
EPC3            0.5          0.333333     1
EPC1*EPC2       0.333333     0.166667     1
 solution coverage: 0.666667
 solution consistency: 1
```

Cases with greater than 0.5 membership in term EPC3：case3（1，1），
case4（1，1），case7（1，1）
Cases with greater than 0.5 membership in term EPC1*EPC2：case6（1，1），
case7（1，1）

--- INTERMEDIATE SOLUTION ---
frequency cutoff：1
consistency cutoff：1
Assumptions：

	raw coverage	unique coverage	consistency
~EPC1*EPC3	0.333333	0.333333	1
EPC1*EPC2	0.333333	0.333333	1

solution coverage：0.666667
solution consistency：1

Cases with greater than 0.5 membership in term ~EPC1*EPC3：case3（1，1），
case4（1，1）
Cases with greater than 0.5 membership in term ~EPC1*EPC2：case6（1，1），
case7（1，1）

简约解表明，解的一致性大于 0.8，EPC3、EPC1 和 EPC2 两种组态是建言行为产生的充分条件，EPC3 这种组态对退出行为产生效力的贡献性最大的是案例 3、案例 4、案例 7，EPC1 和 EPC2 这种组态对建言行为产生效力的贡献性最大的是案例 6 和案例 7。中间解表明，解的一致性大于 0.8，EPC1 和 EPC3、EPC1 和 EPC2 两种组态是建言行为产生的充分条件，且 EPC1 是建言行为产生的必要条件，EPC1 和 EPC3 这种组态对建言行为产生效力的贡献性最大的是案例 3 和案例 4，EPC1 和 EPC2 这种组态对建言行为产生效力的贡献性最大的是案例 6 和案例 7。由此可见，EPC1、EPC2、EPC3 在不同程度上影响 V，且若 V 不发生，则 EPC1 也必不在负向水平。

（五）知识员工可雇佣型心理契约对忠诚行为影响的清晰集分析

1. 案例选择与变量赋值

按照 QCA 分析方法对案例选择的要求，课题组在访谈记录中抽取了部分典型案例，并以"知识员工可雇佣型心理契约→忠诚"为真时赋值为 1（即访谈对象认为知识员工可雇佣型心理契约能够影响忠诚）、以"知识员工可雇佣型心理契约→忠诚"为假时赋值为 0（即访谈对象认为知识员工可雇佣型心理契约不能够影响忠诚），如表 7-13 所示。

表 7-13　知识员工可雇佣型心理契约对忠诚影响的案例赋值

案例	EPC1	EPC2	EPC3	L
1	0	1	0	0
2	0	1	0	1
3	0	0	1	1
4	0	1	1	1
5	1	0	0	1
6	1	1	0	1
7	1	1	1	1
8	1	0	0	0

注：EPC1：为了个体可雇佣性提升提供组织环境支持维度可雇佣型心理契约；
EPC2：为了个体可雇佣性提升提供经济获益性支持维度可雇佣型心理契约；
EPC3：为了个体可雇佣性提升提供职业发展支持维度可雇佣型心理契约；
L：忠诚。

2. 分析与结果

```
--- PARSIMONIOUS SOLUTION ---
frequency cutoff: 1
consistency cutoff: 1
                raw          unique
                coverage     coverage      consistency
                ----------   ----------    ----------
EPC3            0.5          0.333333      1
EPC1*EPC2       0.333333     0.166667      1
solution coverage: 0.666667
solution consistency: 1
```

Cases with greater than 0.5 membership in term EPC3: case3（1, 1），case4（1, 1），case7（1, 1）
Cases with greater than 0.5 membership in term EPC1*EPC2: case6（1, 1），case7（1, 1）

```
--- INTERMEDIATE SOLUTION ---
frequency cutoff: 1
consistency cutoff: 1
Assumptions:
                raw          unique
                coverage     coverage      consistency
                ----------   ----------    ----------
```

```
~EPC1*EPC3        0.333333      0.333333     1
EPC1*EPC2         0.333333      0.333333     1
solution coverage: 0.666667
solution consistency: 1
```

Cases with greater than 0.5 membership in term ~EPC1*EPC3：case3（1，1），
　　case4（1，1）
Cases with greater than 0.5 membership in term EPC1*EPC2：case6（1，1），
　　case7（1，1）

简约解表明，解的一致性大于 0.8，EPC3、EPC1 和 EPC2 两种组态是忠诚行为产生的充分条件，EPC3 这种组态对忠诚行为产生效力的贡献性最大的是案例 3、案例 4、案例 7，EPC1 和 EPC2 这种组态对忠诚行为产生效力的贡献性最大的是案例 6 和案例 7。中间解表明，解的一致性大于 0.8，EPC1 和 EPC3、EPC1 和 EPC2 两种组态是忠诚行为产生的充分条件，且 EPC1 是忠诚行为产生的必要条件，EPC1 和 EPC3 这种组态对忠诚行为产生效力的贡献性最大的是案例 3 和案例 4，EPC1 和 EPC2 这种组态对忠诚行为产生效力的贡献性最大的是案例 6 和案例 7。由此可见，EPC1、EPC2、EPC3 在不同程度上影响 L，且若 L 不发生，则 EPC1 也必不在负向水平。

（六）知识员工可雇佣型心理契约对漠视行为影响的清晰集分析

1. 案例选择与变量赋值

按照 QCA 分析方法对案例选择的要求，课题组在访谈记录中抽取了部分典型案例，并以"知识员工可雇佣型心理契约→漠视"为真时赋值为 1（即访谈对象认为知识员工可雇佣型心理契约能够影响漠视）、以"知识员工可雇佣型心理契约→漠视"为假时赋值为 0（即访谈对象认为知识员工可雇佣型心理契约不能够影响漠视），如表 7-14 所示。

表 7-14　知识员工可雇佣型心理契约对漠视影响的案例赋值

案例	EPC1	EPC2	EPC3	N
1	0	1	0	1
2	1	0	1	1
3	1	1	0	1
4	1	1	1	1
5	0	0	1	0

续表

案例	EPC1	EPC2	EPC3	N
6	0	1	1	1
7	1	0	0	1

注：EPC1：为了个体可雇佣性提升提供组织环境支持维度可雇佣型心理契约；

EPC2：为了个体可雇佣性提升提供经济获益性支持维度可雇佣型心理契约；

EPC3：为了个体可雇佣性提升提供职业发展支持维度可雇佣型心理契约；

N：漠视。

2. 分析与结果

```
--- PARSIMONIOUS SOLUTION---
frequency cutoff: 1
consistency cutoff: 1
               raw          unique
               coverage     coverage     consistency
               ----------   ----------   ----------
EPC1           0.666667     0.333333     1
EPC2           0.666667     0.166667     1
solution coverage: 1
solution consistency: 1
```

Cases with greater than 0.5 membership in term EPC1：case2（1，1），case3（1，1），case4（1，1），case7（1，1）

Cases with greater than 0.5 membership in term EPC2：case1（1，1），case3（1，1），case4（1，1），case6（1，1）

```
--- INTERMEDIATE SOLUTION ---
frequency cutoff: 1
consistency cutoff: 1
Assumptions:
               raw          unique
               coverage     coverage     consistency
               ----------   ----------   ----------
EPC1           0.666667     0.333333     1
EPC2           0.666667     0.166667     1
solution coverage: 1
solution consistency: 1
```

Cases with greater than 0.5 membership in term EPC1：case2（1，1），case3（1，1），case4（1，1），case7（1，1）

Cases with greater than 0.5 membership in term EPC2：case1（1，1），case3（1，1），case4（1，1），case6（1，1）

简约解表明，解的一致性大于 0.8，EPC1 和 EPC2 两种组态是漠视行为产生的充分条件，EPC1 这种组态对漠视行为产生效力的贡献性最大的是案例 2、案例 3、案例 4、案例 7，EPC2 这种组态对漠视行为产生效力的贡献性最大的是案例 1、案例 3、案例 4、案例 6。中间解表明，解的一致性大于 0.8，EPC1、EPC2 两种组态是漠视行为产生的充分条件，EPC1 这种组态对漠视行为产生效力的贡献性最大的是案例 2、案例 3、案例 4、案例 7，EPC2 这种组态对漠视行为产生效力的贡献性最大的是案例 1、案例 3、案例 4、案例 6。由此可见，EPC1、EPC2 在不同程度上影响 N，而 EPC3 对 N 不具有影响力。

（七）"退出、建言、忠诚、漠视"行为模型对企业创新效能影响的清晰集分析

1. 案例选择与变量赋值

按照 QCA 分析方法对案例选择的要求，课题组在访谈记录中抽取了部分典型案例，并以"退出—建言—忠诚—漠视行为模型→企业创新效能"为真时赋值为 1（即访谈对象认为退出—建言—忠诚—漠视行为模型能够影响企业创新效能），以"退出—建言—忠诚—漠视行为模型→企业创新效能"为假时赋值为 0（即访谈对象认为退出—建言—忠诚—漠视行为模型不能影响企业创新效能）。需要说明的是，在对案例赋值并运行 fsQCA 3.0 发现，存在矛盾组态（案例 8，E、V、L、N 赋值分别为 0、0、1、1），通过结合实际情况分析，当存在 N 时，案例 8 更趋于赋值 0，这就与案例 16 的赋值重复，因此删除案例 8，faQCA 3.0 运行结果如表 7-15 所示。

表 7-15　　退出—建言—忠诚—漠视行为模型对企业创新效能影响的案例赋值

案例	E	V	L	N	IE
1	0	1	0	0	1
2	1	0	0	0	1
3	0	1	1	0	1
4	1	1	1	1	1
5	0	0	1	0	0
6	0	0	0	1	1
7	1	0	1	1	1
8	0	0	1	1	1
9	1	0	1	0	1

续表

案例	E	V	L	N	IE
10	1	1	0	0	1
11	1	0	0	1	1
12	1	1	1	0	1
13	1	1	0	1	1
14	0	1	1	1	1
15	1	0	0	1	1
16	0	0	1	1	0
17	0	0	0	0	0

注：EPC1：为了个体可雇佣性提升提供组织环境支持维度可雇佣型心理契约；

EPC2：为了个体可雇佣性提升提供经济获益性支持维度可雇佣型心理契约；

EPC3：为了个体可雇佣性提升提供职业发展支持维度可雇佣型心理契约；

IE：企业创新效能。

2. 分析与结果

```
--- PARSIMONIOUS SOLUTION---
frequency cutoff: 1
consistency cutoff: 1
              raw          unique
              coverage     coverage        consistency
              ----------   ----------      ----------
    E         0.692308     0.230769        1
    V         0.538462     0.230769        1
    ~L*N      0.307692     0.769231        1
solution coverage: 1
solution consistency: 1
```

Cases with greater than 0.5 membership in term E: case2（1,1），case4（1,1），case7（1,1），case8（1,1），case9（1,1），case10（1,1），case11（1,1），case12（1,1），case14（1,1）

Cases with greater than 0.5 membership in term V: case1（1,1），case3（1,1），case4（1,1），case9（1,1），case11（1,1），case12（1,1），case13（1,1）

Cases with greater than 0.5 membership in term ~L*N: case6（1,1），case10（1,1），case12（1,1），case14（1,1）

```
--- INTERMEDIATE SOLUTION ---
frequency cutoff: 1
consistency cutoff: 1
Assumptions:
                raw          unique
                coverage     coverage     consistency
                ----------   ----------   -----------
E               0.692308     0.307692     1
V*~N            0.307692     0.0769231    1
V*L             0.307692     0.0769231    1
~V*~L*N         0.230769     0.0769231    1
solution coverage: 1
solution consistency: 1


Cases with greater than 0.5 membership in term E: case2（1，1），
    case4（1，1），case7（1，1），case8（1，1）
    case9（1，1），case10（1，1），case11（1，1）
    case12（1，1），case14（1，1）
Cases with greater than 0.5 membership in term V*~N: case1（1，1），
    case3（1，1），case9（1，1），case11（1，1）
Cases with greater than 0.5 membership in term V*L: case3（1，1），
    case4（1，1），case11（1，1），case13（1，1）
Cases with greater than 0.5 membership in term ~V*~L*N: case6（1，1），
    case10（1，1），case14（1，1）
```

简约解表明，解的一致性大于0.8，E、V、~L并N这三种组态是企业创新效能变化的充分条件，致使三种组态对企业创新效能变化的贡献性最大的是案例12。中间解表明，解的一致性大于0.8，E、V并非N、V并L、~V并非L并N这三种组态是企业创新效能变化的充分条件。由此可见，除了E这种极端的退出企业的行为单独对企业创新效能具有凸显的影响力，V、L、N均在不同程度上作用于企业创新效能。

综上，QCA分析结果与前文的仿真实验和内容分析结果不谋而合，进一步印证了前文研究模型检验的外部效度，从而为我国中小企业在高度动态不确定性环境下深入洞察知识员工的心理状态，并采取及时有效的干预策略，提供了科学、可靠的理论依据及经验证据。

第四节 研究结论与管理启示

一 研究讨论与结论

(一) 知识员工可雇佣型心理契约直接效应的研究讨论与结论

通过以上仿真实验研究,知识员工可雇佣型心理契约各个维度对退出—建言—忠诚—漠视行为整合模型具有不同程度的解释力(除了为了个体可雇佣性提升提供职业发展支持维度对漠视行为不具有影响力),其中,在退出、漠视行为上表现出负向影响力,在建言、忠诚行为上表现出正向影响力。以上定性研究结果与仿真实验研究结果不谋而合,进一步印证了知识员工可雇佣型心理契约与积极组织行为呈正向作用关系、与消极组织行为呈负向作用关系。

综观以往研究,尽管学者结合各自领域,从各自视角展开心理契约研究得出的结论不尽一致,然而关于"高心理契约与积极组织态度和行为保持正相关关系、与消极组织态度和行为保持负相关关系"达成了方向一致性。即便东西方文化存在显著差异,我国研究者所结合的组织性质(企业/事业单位、国企/外企/民企)、锁定的研究对象(知识员工/一般员工)、关注的工作性质(管理人员/专业技术人员、白领人员/蓝领人员)等有所不同,但从研究结果来看,依然得出了与西方研究如出一辙的方向一致性结论。正如社会认知心理学的基本理论解释"态度→行为",当对企业抱有积极心理感知和体验时,通常会在内心形成一种正向的内在动机,受此动机驱使产生的工作行为表现为组织促进性,反之,若对企业持有消极的心理感知和体验,则易形成负面的内在动机,在这种情况下所产生的工作行为往往更多表现为反组织性倾向。

课题组在定性研究中发现的情况与以上结论一致。例如,访谈对象 A 谈道:

> 知识员工处于一种高度竞争性环境中,需要不断提升自我价值,通过可雇佣性提升就可以不断加强自我职业价值,现在很多企业在吸引人才时都表示会提供职业发展机会和空间,作为吸引人才的诱因,的确在招募人才上发挥了一定作用。事实上,如果入职后,知识员工

感觉到企业提供了可雇佣性责任,那么就会形成积极的组织认知,进而易于产生建设性态度和行为。如果情况正好相反,即对企业可雇佣性责任持不满意态度,那么可想而知,所带来的后果更多会表现为负面的工作态度和行为。难以想象,在消极心理状态下,会产生较好的工作业绩。

访谈对象 C 谈道:

可雇佣型心理契约既然是与可雇佣性发展息息相关,那么当知识员工认为自己的可雇佣性在企业内得到提升时,就会对企业抱有积极的认知,从而增加工作投入、努力工作、积极贡献、乐于助人、愿意分享、主动建言、效忠于组织等积极行为,减少离职倾向、反组织行为、工作倦怠等消极行为。

综上,我国中小企业的知识员工可雇佣型心理契约处于高水平时,会产生积极的工作态度和行为,建言、忠诚行为可以作为这种影响关系的解释变量,与此相反,当处于低水平时,会产生消极的工作态度和行为,退出、漠视行为可以解释这种内在关联性。研究结论是对现有心理契约理论、可雇佣性理论的进一步充实,并为企业展开知识员工的有效管理提供了有益启示。

(二) 知识员工可雇佣型心理契约中介效应的研究讨论与结论

通过以上仿真实验研究,除了在为了个体可雇佣性提升提供经济获益性支持维度与漠视行为之间起完全中介作用、在为了个体可雇佣性提升提供职业发展性支持维度与漠视行为之间不起中介作用以外,组织犬儒主义在知识员工可雇佣型心理契约各个维度与退出、建言、忠诚、漠视行为之间起到部分中介作用,组织认同在知识员工可雇佣型心理契约各个维度与建言行为之间起到部分中介作用。研究结果与本书前文研究模型检验结果一致,从仿真实验的另一种研究方法角度再次印证了本书研究主题解析的科学性和稳健性。

组织犬儒主义是继心理契约之后特别是在新型雇佣关系背景下能够深入解读员工所拥有的负面态度和情感依附的因素。一些学者发现,组织犬儒主义受限于个体对企业信息的主观认知和评价,组织犬儒主义与积极的心理认知和评价呈负相关，与消极的心理认知和评价呈正相关。除了受到心理认知系统的驱动，组织犬儒主义还会以心理状态的方式作用于个体行为，作为一种不利于组织的态度变量，组织犬儒主义必然产生反组织行为。知识员工可雇佣型心理契约是将可雇佣性理论与心理契约理论相结合的尝试，其概念内涵禀赋了典型的可雇佣性发展特征以及与此紧密联结所带来的心理图式。很显然，当知识员工拥有高可雇佣型心理契约时，势必产生低组织犬儒主义，进而形成积极的工作行为，其间，组织犬儒主义起到了一种中间桥梁作用，把知识员工可雇佣型心理契约与退出—建言—忠诚—漠视行为模型进行了有机连接。值得注意的是，当组织犬儒主义介入时，为了个体可雇佣性提升提供经济获益性支持维度对漠视行为不再有影响关系，而组织犬儒主义介入与否，都不会对为了个体可雇佣性提升提供职业发展性支持维度对漠视行为的关系产生任何影响。这表明，知识员工对企业的漠视行为不受经济利益支持型可雇佣性提升、职业发展支持型可雇佣性提升的影响，漠视行为更多缘于身处的组织氛围。访谈中发现，一些访谈对象对组织犬儒主义有自己的认为。访谈对象 B 谈道：

> 组织犬儒主义的一种客观存在，外面的世界虽然很精彩，但一旦决定要跳槽，还是需要考虑很多因素，并非一蹴而就的。哪怕心里对企业有一丝丝的眷恋、好感、依恋等正面的心态和情愫，也很难"迈出企业"，除非心底彻底绝望，而除了离职以外，即便留任中，也会时常有"冒犯"行为，如对企业置之不理，对任何工作、人、事都漠不关心。

访谈对象 C 谈道：

> 漠视与工作氛围有一定关系，如果周围都是积极主动的、乐于助人的、和谐互助的人和事，在这种环境下，即便"冷血"者，慢慢也会被熏染改变，至少内心的暖流会慢慢被激活。可以说，漠视作为一种组织行为，离不开心理环境，积极的心理环境下，就易于形成组织促进性行为，反之，则产生反组织行为。

再由组织认同的研究结果来看，作为一种认同于组织的积极情感依附，在当下的以团队形式为主流工作模式的工作环境中，其组织态度和行为效应尤为凸显。特别是本章得出了组织认同在知识员工可雇佣型心理契约与建言行为之间发挥着部分中介作用，更表明，当知识员工认同于所在的团队和组织时，所形成的积极心理感知和内在体验会无形中打造一种正向内驱力，在此驱使下，组织促进性行为接踵而至，如建言行为。访谈对象 D 谈道：

> 建言行为理论上是可行的，然而现实当中，真正能够畅所欲言地建言情况的确不多，但建言行为确实是有利于企业创新的，所以，企业如果希望加强创新能力，就需要鼓励知识员工多建言、建好言，构筑一种利于建言的环境和氛围，特别是要注意个体内在心理感受的积极干预，通过发展可雇佣性来培植积极的心理契约状态，在这种情况下，组织认同自然而来，那么又何愁建言呢。

综上，本章通过仿真模拟和定性研究都得出了与前文研究模型检验相同的结论，从而进一步印证了本书研究模型检验的外部效度，提出了与本书研究情境相吻合的知识员工可雇佣型心理契约对企业创新效能动力机制的理论模型，其结论不仅充实了知识员工可雇佣型心理契约理论、企业创新管理理论、组织犬儒主义理论、组织认同理论、退出—建言—忠诚—漠视行为整合模型理论，更为新时代下的我国中小企业如何通过知识员工可雇佣型心理契约的有效管理来获取企业可持续创新发展的创新效能提供了坚实的理论依据和实践指南。

二 管理启示与建议

综合以上分析与讨论，知识员工可雇佣型心理契约与积极组织态度和行为之间存在正向影响关系、与消极组织态度和行为之间存在负向影响关系，其中，尤以组织犬儒主义、组织认同在知识员工可雇佣型心理契约的组织行为效应间的不同程度的中介作用最为凸显，且退出—建言—忠诚—漠视行为模型可以作为知识员工可雇佣型心理契约组织效应解释的基本分析框架，并可以由此预测企业创新效能的持续性和成长性，从而为企业如何通过知识员工可雇佣型心理契约的有效管理来获取企业创新效能提供理论依据和实践指南。鉴于此，对中小企业如何实现创新优势提出如下策略性建议。

（一）建立和健全可雇佣性培养机制

知识员工可雇佣型心理契约是背靠新型雇佣关系，结合雇佣双方对可雇佣性发展的迫切性与重要性，将可雇佣性理论与心理契约理论进行结合的有益尝试，旨在通过聚焦当下知识员工对个体可雇佣性发展的强烈诉求，从可雇佣性的新的分析角度来探寻知识员工对企业社会责任的主观认知和评价，是紧扣当前知识员工最为关注的组织信息，力求从中找到能够对知识员工心理图式进行有效干预的途径。通过本章的探索性研究和解释性研究，知识员工可雇佣型心理契约是企业创新效能的有力的解释变量，企业可雇佣性责任投射于知识员工的心理图式更是构筑知识员工可雇佣型心理契约的核心要素，是知识员工能否形成以及形成何种可雇佣型心理契约的重要基础和前提。因此，企业如果要使知识员工形成积极的可雇佣型心理契约，就要建立并健全可雇佣性培养体系。结合知识员工的不同个性特质，充分考虑其个性化可雇佣性发展的异质性，有的放矢地设置、实施并不断总结、完善可雇佣性培养机制，使知识员工不仅感知到企业所提供的可雇佣性发展机会对个体职业成长的重要意义，更能够切实从中得到职业发展，从而真正形成益于企业创新发展的知识员工可雇佣性培养体系。

（二）建立和健全心理契约构筑机制

心理契约是知识员工对企业信息的心理感知和主观评价，是对企业社会责任的内在体验，良好的心理契约的构筑能够带来有益于企业创新发展的组织效能，反之，则有碍于企业创新发展。本章所提出的知识员工可雇佣型心理契约是建立在可雇佣性发展基础上，终究没有脱离心理契约构筑的核心要素，其能否缔结以及缔结的效果如何，都取决于知识员工对企业可雇佣性责任的心理体验。因此，企业要想获取自主创新效能，并使之可持续性发挥进而促进企业长足发展，就需要以心理契约为契机，通过把控企业可雇佣性责任的设置和实施，干预其实行效果，使得在知识员工内心世界形成对企业可雇佣性责任的积极认知（一旦发现消极认知，就要及时采取适当行动来纠偏），逐步打造有利于企业长足创新发展的知识员工心理契约构筑机制。

（三）形成组织犬儒主义干预机制

组织犬儒主义是不利于组织绩效的一种负面的心态和情感，通过消极的组织信任状态、情感犬儒主义、反组织言行等一系列负面组织态度和情感依附来表征，如不加以及时发现和干预，势必造成不利于企业绩效的负面效果。从本章理论探索和定量实证性研究来看，着实反映出组织犬儒主义作为一种反组织态度和情愫，对知识员工可雇佣型心理契约的组织效应的消极作用，尤其是在知识员工可雇佣型心理契约的各个维度与退出—建言—忠诚—漠视行为模型之间发挥着不同程度的中介作用（除了在为了个体可雇佣性提升提供经济获益性支持维度与漠视行为之间起完全中介作用、在为了个体可雇佣性提升提供职业发展性支持维度与漠视行为之间不起中介作用，组织犬儒主义在知识员工可雇佣型心理契约各个维度与退出、建言、忠诚、漠视行为之间起到部分中介作用）。因此，企业要想使创新效能得到稳步提升，就需要密切关注组织犬儒主义，及时发现知识员工可能产生的组织犬儒主义情绪，做到提前预警、及时发现、适时干预，形成组织犬儒主义的有效干预机制，从而促进知识员工可雇佣型心理契约的良性建设，助推企业创新绩效的长远发展。

（四）形成组织认同培育机制

组织认同反映了个体对所在组织（或团队）的认同感，是一种有益于组织建设的正向情感依附。处于高度动态不确定性环境中的中小企业，越来越倾向于采用团队形式作为主要工作模式，借助团队工作的集思广益、取长补短、知识共享、分享经济效应等显著优于单打独斗型工作的独特优势，能够为企业带来更为突出的创新潜能，有利于企业的产品创新、管理创新、市场开拓和组织机能改善。知识员工作为中小企业自主创新的主体，就尤其需要加强组织认同感培育。通过形成积极靠拢组织（团队）、聚拢于工作的向心力，以及在团队建设基础上最大限度地调动工作积极性，能够促进创新力培养和发挥，培养知识员工可雇佣型心理契约，为其积极的组织效应的释放提供有力途径。

（五）搭建起知识员工可雇佣型心理契约与企业创新价值创造之间的有效传导机制

我国中小企业现正处于高度动态竞争性的环境中，亟须加大力度发展自主创新能力，知识员工是企业自主创新的主体，对知识员工创新能力的开发成为企业管理实践工作的重中之重。社会认知心理学理论指出，态度决定行为，基于此，企业如果想让知识员工自发地创新并贡献于企业，就有必要深入知识员工内心世界的管理，通过透析其内在体验和知觉，来探寻能够激发其自主创新意识和创新能力的关键心理要素，而如何在个体内心世界与企业创新价值创造之间架立起有效沟通的桥梁,就显得格外重要。因此,企业需要审时度势地关注知识员工可雇佣型心理契约构筑,紧扣其关键核心要素,把握住对企业创新价值创造的驱动机制的关键路径,搭建起两者间有机衔接的传导机制,真正实现知识员工可雇佣型心理契约的正向组织效应的积极释放,助推企业创新价值的可持续性打造。

本章小结

本章秉承解释性研究思想,通过仿真实验研究与定性研究相结合,展开知识员工可雇佣型心理契约对企业创新效能动力机制的验证,基于研究结果的分析,在进一步证实研究模型外部效度基础上,阐释结论的理论价值和实践价值,为中小企业如何通过知识员工可雇佣型心理契约有效管理来获取企业创新效能提供理论依据和指导。

第一,选取典型案例企业,通过问卷调查收集定量研究的有效样本数据,基于样本数据质量统计分析、样本结构特征分析、研究方法系统性偏差等检验,得到可供仿真实验研究的有效样本数据;进而通过计算机仿真实验,得证了知识员工可雇佣型心理契约经由组织犬儒主义、组织认同对退出—建言—忠诚—漠视行为模型的影响机制以及对企业创新效能的驱动机制的外部效度,进一步印证了本书研究主题解析的科学性和可靠性。

第二,选取典型案例企业,通过定性研究的内容分析技术,围绕知识员工可雇佣型心理契约如何驱动企业创新效能的问题展开内容节点和关系节点的编码工作,提炼出知识员工可雇佣型心理契约的直接组织效应和间接组织效应的关键内容节点,以及知识员工可雇佣型心理契约对企业创新效能影响的关键路径的关系节点,通过与理论分析的对比论证,并结合我国中小企业运行情境特征的深入讨论,从而进一步证实了本书研究模型检验结果的外部效度。

第三,在证实研究结论的外部效度基础上,针对如何构筑有利于企业创新发展的知识员工可雇佣型心理契约、如何对组织犬儒主义和组织认同这些对知识员工可雇佣型心理契约的组织效应构成显著影响的关键变量加以有效干预、如何实现知识员工可雇佣型心理契约对企业创新价值创造的推动作用进行了深入阐释,从中为中小企业如何通过知识员工可雇佣型心理契约的有效管理来获取创新发展的动力机制提供策略性建议。

第八章　基于知识员工可雇佣型心理契约的中小企业创新效能提升应用研究

理论与实践相结合是理论建构与发展的有效途径，对于新理论构架完善而言至关重要。秉承社会科学研究所倡导的三角验证观，理论与实践对接就是要将理论建构与真实世界进行对话，需要将所提出的理论模型投入实践活动中加以检验。因此，本章基于所提出的知识员工可雇佣型心理契约经由组织态度与行为的路径作用于中小企业创新效能的影响模型，选取具有代表性的中小企业为案例研究单位，以其知识员工为案例样本来源，采用验证性案例方法针对所提出的我国中小企业知识员工可雇佣型心理契约的组织态度与行为效应以及进一步对企业创新效能的作用机理展开讨论，真正为我国中小企业如何通过知识员工可雇佣型心理契约的有效管理来实现企业创新优势的管理实践提供针对性指南。

第一节　知识员工可雇佣型心理契约的组织态度与行为效应验证

综观以往心理契约研究，学者普遍认为，员工的心理契约对其个体的工作态度和行为具有显著影响，并进一步触动组织效果。在该领域，学术界和实务界展开了一些讨论，无论理论探索抑或实证性检验，都在不同程度上证实了以上论断，从而使心理契约不仅成为员工与组织间关系的解释框架，还形成了指引组织行为与人力资源管理领域理论发展与实践活动的基本分析模式。随着新知识经济时代发展及知识经济结构调整，以自我职业管理为典型特征的新型雇佣关系模式充斥现代组织管理的方方面面。在这种情况下，传统的心理契约理论对于员工与组织间关系的解释效力越来越捉襟见肘，将新型雇佣关系模式中最为凸显的特征——可雇佣性开放导入对员工—组织关系的理解，也即，从可雇佣性发展角度来预测员工—组织关系的内涵及其新型特征，将使雇佣关系研究呈现出有别于以往研究的突破性进展。本章以此为研究契机，尝试将可雇佣性理论与心理契约理论相结合，聚焦于我国经济发展和创新驱动的重要"引擎"——中小企业，专门针对其知识员工所禀赋的高创新、高知识、高动态心理活动、高自我效能、高自我成就感、高职业价值取向等独特个性特质，提出"知识员工可雇佣型心理契约"这一新的概念，旨在通过对新概念内涵的解读，揭示我国中小企业知识员工对所在组织形成可雇佣型心理图式的内在机理，以及如何由此产生影响组织结果的作用机制，而知识员工可雇佣型心理契约的组织态度与行为效应就是这种作用机制产生的关键路径。本书前文通过理论探索提出知识员工可雇佣型心理契约通过组织犬儒主义、组织认同的路径产生对组织的退出、建言、忠诚、漠视的行为整合模型的概念模型及研究假设，进而利用调查数据的实证性研究对研究假设模型进行检验，从而得出知识员工可雇佣型心理契约对退出、建言、忠诚、漠视行为整合模型的影响机理，为接下来探究对组织创新效能的驱动效应提供了理论依据和经验证据。

事实上，随着我国经济结构转型升级，以可雇佣性持续开发为表征的新型雇佣关系模式下对个体可雇佣性发展的追求愈演愈烈，人才竞争、成果创新、成果应用转化等都在不断挑战可雇佣性能力，致使知识员工对组织可雇佣性责任充满了期寄，由组织信息所形成的心理图式势必离不开个体可雇佣性发展动机，相应地，由此产生的工作态度和行为也必将围绕着如何发展自身的可雇佣性。

调研期间，受访企业向课题组讲述了如下案例。

谁是合适的人选？[*]

C公司正面临市场部经理空缺问题，需要尽快找到合适的人选顶上这个职位空缺。主管人力资源工作的副总裁李飞想到了现任广州分部负责人王楠。王楠是工业大学的毕业生，对产品设计和研发技术有一定感性认识，且头脑聪慧，自从从事市场（销售）工作以来，立足于产品性能和技术的了解，结合公司市场策略，不断推陈出新的工作方法，业绩表现不

---

[*] 案例中所提人名、学校名为虚构。

第八章 基于知识员工可雇佣型心理契约的中小企业创新效能提升应用研究

俗。就在公司进行组织机构调整期间，却收到对王楠的投诉信。投诉内容中写道，王楠利用职务之便，采用不良手段大搞营销，优美的业绩表象下潜藏着违背职场规范的行为，且家庭问题频出，如夫妻关系不好，对家庭不够关怀，等等。李飞感觉问题很棘手，需要抓紧落实并解决。虽说不排除有人想趁机给王楠下套儿，但王楠也的确是让别人抓到了小辫子。王楠与妻子感情不好的事实已经弄得公司人尽皆知，作为地区部门负责人，极不利于领导形象，对分公司也会造成一些不良影响，这种满城风雨的负面新闻也需要公司人力资源部门想办法干预。王楠的某些销售行为的确有些太明目张胆，从其造成的争议来讲，确实有失妥当。毕竟市场销售古往今来很多中西方国家的公司都不少涉及，所采用的经典市场（销售）案例不胜枚举，并非仅限于大吃大喝，难道就没有比吃喝更好的市场拓展方式吗？

在李飞踌躇不解时，公司人力资源经理牟杰提出："既然发现公司现有人选难以恰当满足人才需求，何不将目光投到业内别家公司？F 公司销售部经理陶一的能力在业界小有名气。听说最近他与上级领导关系不好，双方搞得很不愉快。同时，也可以把握时机，给竞争对手 F 公司以打击。"李飞认为，"空降兵"的业绩并非尽如人意。公司之前就曾经引进几位拥有 MBA 背景的"空降兵"，工作一段时间后发现，他们的素质不太符合本公司的岗位要求，工作绩效不甚理想，其中的部分人员已经离职。正所谓，外来的和尚不一定就会念经，因地制宜地解决实际问题，能够将知识技能进行践行，并切实转化为实践价值，才能称得上是名副其实的职业经理人。再说，"空降"很可能会挫伤本公司市场和销售人员的积极性。因此，对于引进陶一一事必须三思而后行。

一时间，摆在李飞案头的备选人有二：（1）A，男，29 岁，财经大学市场营销专业毕业的研究生。具有两年工作经验，销售业绩表现出色。性格忠厚谦和，为人正直。工作能力较强，做事认真负责，讲究诚信。无论老员工还是外部客户，都对他反映良好。（2）B，26 岁，工业大学市场营销专业本科毕业。性格内向，言语较少。但工作踏实肯干，吃苦耐劳，承压能力较强，办事妥帖，同事关系非常好。其专长是市场调研分析报告，具有较强的广度、深度、锐度，是公司市场部门的一个"笔杆子"。

李飞后来和牟杰一起商讨，李飞认为，两人的材料都不错，如果好好培养，将来一定使公司受益匪浅。牟杰表示赞同，同时提出一个问题，就是按照公司人才培养政策，在委任市场部经理之前，此人须有外埠工作经验，但 A 恰好就没有外埠工作经验。李飞提出，干脆先将 A 调到西安分支机构去锻炼。

就在调往外埠工作的人事任命即将发布前夕，A 来找李飞，并表示："关于外聘的事，人力资源经理找他谈过了，思忖再三，虽然很感谢公司领导的信任，但还是不能去。原因是，自己的孩子刚一岁，却检查出有眼疾，现正联系广州某大医院，准备预约治疗，担心自己这么一走，留下妻子一人，恐难以照料孩子。毕竟孩子很重要，工作再好，也是为搞好生活，如若孩子有个什么事，工作再好，意义也不大，所以，还是希望公司领导给予体恤，自己对于赴外埠工作的事，真的是心有余而力不足。"。李飞对此感到很惋惜，考虑到 A 过往工作表现，因为家庭原因，何况又属不可抗力且完全为人之常情，而影响职业生涯发展，实属可惜。于是，李飞与牟杰商讨："可否让 A 暂缓一年去外埠赴任，抑或柔性对待人事政策，一年后如市场部人选为确定，且 A 业绩优秀，就直接任命 A 为新的市场部经理。"然而，牟杰从资深人力资源者的角度表示："职场工作者就是要表现出职业化，A 说的不无道理，但机会不等人，个体发展并非仅涉及工作层面，生活层面也需要综合起来考虑，况且，国内外知名企业里但凡类似事件不在少数，企业需要发展，不可能因为顾忌一个员工的切身利益而裹足不前，那些知名企业也是如此'狠心'，这都是没办法的事，竞争社会，一贯如此，即便自己遇到这种事，也只能以'万事不可两全'来聊以自慰。再者，从公司层面来讲，但凡选拔人员都需要具备外埠经验，如因个案而修改政策，那么过往严格遵守这项政策以及接受过政策宣导的新员工将如何看待公司的既定规章？现代企业制度讲求法治，而非人治，所以，希望李飞慎重考虑一下，究竟该如何选拔市场部经理？"

由以上案例，市场部经理是拥有高可雇佣性的知识员工。处于新型雇佣关系模式下，知识员工远远不再以效忠于组织来期寄工作安全保障与职业生涯发展，取而代之，自我职业管理模式成为知识员工赖以生存和发展的职业价值取向，知识员工与组织间的关系也不再是以注重终身工作保障为核心的传统雇佣关系模式，以个体可雇佣性发展为重要基础和前提的新型雇佣关系模式成了组织进行知识员工管理以及知识员工形成对组织的主观认知和评价的基本框架。其间，个体可雇佣性发展是组织干预知识员工心理概念以及知识员工构筑与组织间心理契约的核心要素，这就为将可雇佣性理论导入知识员工心理契约以及进一步用以解释知识员工与组织间缔结的新型心理契约提供了契机。也即，市场部经理所拥有的不断发展的可雇佣性是组织在进行这一职位的人员选拔时所考察的关键因素，组织不仅要求当前拟录用人选具备"市场部经理"这一职位所要求的胜任力素质，还迫切需要被录用的人员不断提升自身可雇佣性，以满足公司对市场业绩不断提高以及相应地对市场部经理的职责不断丰富化和多元化的要求，从而使公司能够更具柔性地应对高度动态和竞争性的外部环境。在这种情况下，市场部经理就与组织之间搭建起一种新型心理契约——可雇佣型心理契约。

根据心理契约理论，知识员工可雇佣型心理契约作为新型雇佣关系的解释框架，当知识员工由组织信息形成可雇佣型心理契约时，势必产生相应的工作态度和行为。在以上案例中，很显然，A 的工作业绩表现不错，受到上级领导赏识和周围同事好评，工作氛围融洽，社交网络铺展有序，也即，无论来自硬性抑或软性的工作因素，都使 A 形成对组织的积极态度，如低组织犬儒主义、高组织认同①。可以说，A 对组织形成的可雇佣型心理契约在积极状态上，就会表现出正向的工作态度。进一步地，根据心理学理论的基本原则——态度影响行为（即态度是行为产生的最为直接的前置因素），A 由组织信息所形成的高可雇佣型心理契约势必产生正向工作行为。本书前文在关于组织行为研究成果的理论回溯中归纳出，退出、建言、忠诚、漠视行为整合模型是新型雇佣关系模式下用以解释员工对组织所产生的工作行为的基本分析框架，能够描绘员工在组织生活中所产生的代表性工作行为。以上案例中，A 从人力资源部经理处获知自己将被外派后，采取了一种主动性行为，即找主管人力资源工作的副总裁表达了自己非常感谢公司的信任和所提供的职业机会，同时还坦诚说明了自己不情愿赴外地工作及其缘由。这种行为表现出 A 对组织具有低退出、高忠诚、高建言和低漠视，也即，恰恰是由于 A 的工作业绩优秀，且在工作中得到了公司和同事的支持，使之能够欣然面对工作调整，并就自己难

---

① 鉴于 A 的职责为市场（销售）工作，而这种职责特别强调团队工作模式和正向组织情愫，且新型雇佣关系模式下，组织犬儒主义是继心理契约之后的又一个新的用以解释员工和组织间关系的变量，组织认同则特别用于解释员工出于团队工作模式所形成的心理概念。

以克服的困难毫不掩饰地告知公司高管人员，这尤其体现出 A 所具有的建设性工作行为倾向。值得说明的是，案例中当人力资源副总裁向人力资源部经理提出可否调整人事政策时，人力资源部经理娓娓道来人事政策的主旨精神、提出不调整人事政策的建议，尤为体现出人力资源部经理对组织的高建言行为、高忠诚行为，而之所以能够畅所欲言，急组织之所急，恰恰是缘于人力资源部经理所拥有的对组织的高可雇佣型心理契。基于以上分析，A 和人力资源部经理从不同角度、基于不同目的所表现出的对组织的积极工作态度以及随之产生的建设性工作行为，印证了本书前文提出的"知识员工可雇佣型心理契约—组织犬儒主义、组织认同—退出、建言、忠诚、漠视行为整合模型"的内在作用机理，从实践层面升华了本书理论建构的现实指导意义。

第二节 知识员工可雇佣型心理契约对中小企业创新效能的驱动机理验证

通过文献综述可知，学者普遍认为，知识员工作为企业自主创新的主体，其心理动机、心理体验、心理概念等心理环境的状态将直接牵动组织结果。其中，心理契约研究则聚焦于个体与组织间构筑的潜藏于内心的关于雇佣双方之间所应对彼此给付的责任与义务，而关于知识员工心理契约的研究更是得出了普遍共识，即知识员工心理契约通过个体的工作态度和行为的影响路径作用于组织效果。鉴于我国正处于"十三五"规划下社会经济结构转型升级的新时代，中小企业作为国家创新驱动的重要"引擎"，势必时刻面临着如何获取企业创新效能的战略选择，知识员工作为中小企业创新驱动的活力之源，及时洞察其内心活动对外界的感知、有效干预组织信息带来的心理体验，并恰当地加以疏通和引导，是关系到企业创新效能的持续获取进而促成企业创新优势实现的有力途径。在该领域，尽管学术界与实务界从不同角度、不同层面、不同维度以及在不同程度上展开了知识员工心理契约与组织创新结果的探索，然而自中国进入新时代以来，专门针对这一特定历史时期下新型雇佣关系的阐释，以及聚焦于新型雇佣关系模式所特有的可雇佣性发展取向，并将个体可雇佣性开发作为核心要素导入知识员工心理契约的相关问题研讨尚且不足，造成对新时代下我国中小企业组织管理效率优化与自主创新优势实现的实践活动指向性不强、目标不够明确，从而牵制中小企业创新效能持续提升。本章抓住了"基于可雇佣性发展动机的心理图式究竟如何在企业获取创新效能的道路上发挥作用"这条研究线索，展开知识员工可雇佣型心理契约对中小企业创新效能的驱动机理研究，其结论不仅有益于中小企业的知识员工管理，更能够从根本上揭示中小企业创新效能获取的活力之源，为中小企业实现创新优势提供一个新的思路。

关于知识员工可雇佣型心理契约对中小企业创新效能具有解释意义的观点不仅在学术领域存在研究价值，也早已渗透入组织现实工作场所，在组织效果提升机制方面发挥了显著的预测效力。

在调查过程中了解到如下案例。

"以情感治情感"的管理活动

受访企业堪称快速进军前沿科技领域的一匹"黑马"。然而由于企业管理人员长期以来只注重产值，而不够重视产品质量和企业管理效率，造成企业产品越来越积压，管理规范性不尽完善，企业运行陷入窘境，人员流失率不断增加，更可怕的是，流失的人员进入了同行业其他企业，对受访企业构成了极大竞争威胁。

为了扭转企业所面临的不利局面，企业派管理人员赴国内知名高校进修MBA，希望借助先进的管理理念、方法和技术来帮助企业突破运行窘境，给企业带来崭新、富有生机的经营面貌。人力资源部经理、销售部经理、产品开发部经理、财务部经理、生产部经理等均陆续参加了企业外派培训计划，不仅取得了MBA结业证书，还将所学管理知识以PPT展示宣讲的形式传播到本部门员工当中，并将所掌握的管理工具、管理方法和技术等应用到实际管理工作当中。从工作绩效来看，这些管理理念、管理工具、管理方法和技术等从不同角度、不同维度和不同程度上作用于企业管理效率，从而对企业实行了全面管理。

人力资源部经理A谈道："从MBA进修回来后，见到人力资源管理工作中存在的诸多问题，且已经对企业运行造成一定影响，加之企业执行总裁三令五申要求管理变革，因此，在企业整体范围内实行新的人力资源政策以改善人力资源管理效率的问题就变得迫在眉睫，这也是促使我在刚从MBA进修回来的那段时间里加班加点谋划人力资源管理优化方案的主要原因。我下决心改变原先的人力资源管理方式，采取了'以情感治情感'的方式。首先邀请产品开发部、生产部的员工聚会，喝咖啡、吃茶点，并对大家说：'工作现场灰尘满地，杂乱无章，大家怎么能在这样的环境中工作？'于是，组织大家一起动手清扫工作现场，把整个产品研发、生产、制作的一线工作场所整理得焕然一新。几个月后，企业的现场生产状况有所改观，而面对新产品不断更新、试制和生产的迫切形势，一线生产岗位急切需要增加新员工。为解决这个问题，企业开始关注如何招聘同业内资深人员。这是因为，以前干过本行且具有相似工作经验的人员更易于胜任企业所要求的岗位职责，容易成为生产上的一把好手。"

经过一段时间人力资源管理新政的实施，企业与员工（尤其是知识员工）建立了和谐的工作关系。对此，人力资源部经理 A 谈道："记得学习 MBA 管理知识期间，老师曾以日本企业管理方法举例。对于工作中表现不好的工人，厂方一般不会采取开除了事的办法，而是想办法帮助他们提升业绩，甚至还把来自一线生产环节且被久经验证了是颇具高效应用价值的工作方法写入《工作手册》，成为一种生产管理规范。后来，这间工厂的业绩翻升，这间工厂所采用的管理活动也被之后的管理学界称为'着眼于人'的管理实践。"

A 还谈道："企业作为一家基于科技技术应用的中小企业，利用技术创造产品、通过产品的应用效果转化来实现企业绩效和创新价值，并进一步为企业获取持续创新力而不断搞活研发、生产、市场等一揽子管理活动的经营实体，不断面临着企业可雇佣性全面发展的挑战。知识员工是企业自主创新的生力军，在企业面临全面发展可雇佣性的形势下，知识员工也经历着不断开发个体可雇佣性的压力，从这个意义上讲，知识员工可雇佣型心理契约就会影响其个体的工作态度和行为。从以往工作情况来看，有的知识员工积极响应企业发展号召，保持着高能动性姿态，不断改善自己的工作方式方法，表现出良好的工作状态和业绩，但也有少部分知识员工因循守旧，对企业创新形势把握不够及时，听之任之，自我突破和创新能力不够，大浪淘沙，长此以往，这部分员工所表现出的低工作业绩将影响其个体职业发展，在行业内频繁跳槽者就禀赋了这部分员工的消极组织态度和行为的典型特征。"

以上案例描绘了一幅鲜活的企业组织行为管理活动画卷，其中，人力资源部经理 A 的谈话影射了当前处于高动态不确定性环境中的我国广大中小企业所面临的发展创新效能的紧迫形势。中国进入新时代，以可雇佣性发展为核心要素的新型雇佣关系模式下，知识员工对企业信息的主观认知和评价势必融入个体可雇佣性发展动机，基于对企业可雇佣性责任的心理概念形成了知识员工可雇佣型心理契约。在这种情况下，知识员工所禀赋的高自我效能、高知识和技能、高组织敏感度、高职业价值取向、高自我实现愿望等个体特质，使之较一般员工更倾向于获得组织支持，以便能够获得有利于个体可雇佣性持续开发的资源条件。以上案例中描述的"着眼于人的管理活动"格外关注员工的情绪，利用情绪管理方法来激励员工产生积极的工作态度和行为、扭转消极的工作态度和行为，以便促进组织目标达成。人力资源部经理 A 所主张的"以情感治情感"的管理方式则是在"着眼于人的管理活动"基础上的进一步发展，不仅关注员工的情绪，还结合组织内、外部环境的动态变化，特别是针对新型雇佣关系模式对可雇佣性开发的不懈追求，将组织整体层面上的可雇佣性开发与知识员工个体层面上的可雇佣性发展融合在一起，从组织与个体的可雇佣性共同发展的角度来审视个体可雇佣性素质，寻求能够助推企业可雇佣性全面提升、获取可持续发展的企业创新效能的有效途径。案例中人力资源部经理 A 通过知识员工可雇佣型心理契约所产生的积极的工作态度和行为结果，进而促进企业创新效能提升的管理路径，制定相应的管理办法，以不断激励知识员工产生创造性行为，弱化乃至消除抑制性行为以及对企业可能造成的不利影响。这种管理思路恰恰与本书前文提出的"知识员工可雇佣型心理契约"这一新概念的内涵特征以及"知识员工可雇佣型心理契约—组织犬儒主义、组织认同—退出、建言、忠诚、漠视行为整合模型"的理论建构相吻合。换言之，知识员工基于个体可雇佣性发展动机来审视企业可雇佣性责任履行，所形成的主观认知和评价逐渐在企业与知识员工之间搭建起新的心理联结的桥梁——知识员工可雇佣型心理契约。除了遵循一般员工心理契约理论，知识员工可雇佣型心理契约对个体的工作态度和行为具有解释效力以外，还导入了可雇佣性发展核心要素的知识员工可雇佣型心理契约以可雇佣性不断开发为重要基础和前提，在审视组织信息时，呈现出独具新型雇佣关系特征的组织态度和行为表现。组织犬儒主义作为对新型雇佣关系模式的一种有力的解释框架凝练了个体对组织信息的负面情绪和心理体验，而新型雇佣关系模式所倡导的团队工作模式则使组织认同发展成为当前组织行为领域格外能够解释团队工作效率的前因变量。事实上，组织犬儒主义（负面组织情绪）、组织认同（正向团队情愫）在以上案例中都有所体现。相应地，以退出、建言、忠诚、漠视行为整合模型来浓缩当前新型雇佣关系模式下知识员工的工作行为就成了必然选择。综上，从知识员工可雇佣型心理契约角度出发，正面抑或负面工作态度和行为，都会作用于企业创新效果，从而影响企业创新优势实现。以上案例讨论进一步印证了本书前文构建的知识员工可雇佣型心理契约对企业创新效能的驱动机理，为当前我国中小企业究竟如何通过知识员工可雇佣型心理契约的有效管理来实现企业创新优势提供了坚实的理论依据和指南，并为新时代下我国中小企业创新效能可持续发展提供了一个新的思路。

第九章 总结与展望

本章就本书的研究工作进行总结，进一步阐释结论的理论价值和实践价值，阐明研究工作中尚待改进和完善之处，并对未来具有理论价值和实践意义的研究空间进行了展望。

第一节 研究结论

第一，结合组织与员工间新型关系模式的可雇佣性发展特征，以及当前知识员工所普遍存在的心理契约变迁现象，将可雇佣性理论与心理契约理论相结合，提出"知识员工可雇佣型心理契约"这一新的概念，进而以经典的心理契约理论（组织与员工之间关系解释的基本分析框架）、利益相关者理论（基于组织与员工间利益权衡博弈的理论解释）、社会比较理论（基于员工个体职业发展预判及远景认知的理论阐释）为理论基础，借助探索性案例研究方法，导入秉承扎根理论思想的质性研究与秉承后实证主义思想的调查数据的实证性研究相结合的混合式研究设计方法，针对知识员工可雇佣型心理契约形成展开研讨。本书认为，知识员工可雇佣型心理契约的关键前因变量主要包括组织层面上的真实工作预览（知识员工招聘入职阶段中组织所实行的新员工管理策略）、组织社会化（知识员工入职后组织所实行的组织内化策略）与员工层面上的工作价值观（员工所秉持的自我职业价值理念）、创新效能感（员工所拥有的与创新能力相关的自我效能感）。从中表明，基于知识员工的狭义研究视角对于审视中小企业知识员工可雇佣型心理契约相关问题的科学性与可行性，为接下来展开知识员工可雇佣型心理契约的组织态度与行为效应以及对企业创新效能的驱动机理提供了稳健的研究视角。

第二，基于中小企业与知识员工之间新型关系的可雇佣性取向特征，在将可雇佣性理论与心理契约理论进行有机结合同时，嫁接利益相关者理论、社会比较理论的理论支撑，通过导入以扎根理论的质性研究为主的探索性研究方法、以调查数据的定量实证性研究为主的解释性研究方法相结合的混合式研究方案，得出中小企业知识员工可雇佣型心理契约结构由三个维度组成：为了个体可雇佣性提升提供组织环境性支持、为了个体可雇佣性提升提供经济获益性支持、为了个体可雇佣性提升提供职业发展性支持，为从各个构面深入探究中小企业知识员工可雇佣型心理契约的组织态度与行为效应以及对企业创新效能的影响提供关键构念分析框架。

　　第三，在明晰知识员工可雇佣型心理契约研究的解释视角及其内容结构基础上，采用探索性研究（导入扎根理论思想指导的质性研究）与解释性研究（导入实证主义思想指导的问卷调查研究）相结合的混合式研究方案，围绕知识员工可雇佣型心理契约所产生的退出、建言、忠诚、忽略行为整合模型的影响机理展开探究。结果表明：（1）知识员工可雇佣型心理契约的各个维度对知识员工在企业中表现出的退出、忽略行为具有直接的显著的负面影响力（除了为个体可雇佣性提升提供职业发展性支持的知识员工可雇佣型心理契约对知识员工的忽略行为不具有影响力）；（2）知识员工可雇佣型心理契约的各个维度对知识员工在企业中表现出的建言、忠诚行为具有直接的显著的正面影响力；（3）知识员工所拥有的负面的组织犬儒主义在知识员工可雇佣型心理契约的各个维度对于知识员工在企业中表现出的退出、建言、忠诚行为的影响关系中发挥部分中介作用，知识员工所拥有的负面的组织犬儒主义在为个体可雇佣性提升提供组织环境性支持的知识员工可雇佣型心理契约对于知识员工在企业中表现出的忽略行为的影响关系中发挥部分中介作用；（4）知识员工所拥有的负面的组织犬儒主义在为个体可雇佣性提升提供经济获益性支持的知识员工可雇佣型心理契约对知识员工在企业中表现出的忽略行为的影响关系中发挥完全中介作用；（5）知识员工所拥有的组织认同感在知识员工可雇佣型心理契约的各个维度对于知识员工在企业中表现出的建言行为的影响关系中发挥部分中介作用；（6）知识员工所拥有的负面的组织犬儒主义在为个体可雇佣性提升提供职业发展性支持的知识员工可雇佣型心理契约对于知识员工在企业中表现出的忽略行为的影响关系中不发挥中介作用；（7）知识员工所拥有的组织认同感在知识员工可雇佣型心理契约的各个维度对于知识员工在企业中表现出的退出、忠诚、忽略行为的影响关系中不发挥中介作用。

第四，通过探索性研究（导入定性研究方法的验证性案例研究）与解释性研究（导入计算机仿真实验的验证性案例研究）相结合的混合式研究方案，针对知识员工可雇佣型心理契约经由组织犬儒主义与组织认同的途径所产生的退出、建言、忠诚、忽略行为整合模型的影响效应以及对企业创新效能的驱动机理模型进行验证，结合与现有理论对比论证，阐释结论的理论价值，在充实可雇佣性理论、心理契约理论同时，形成知识员工可雇佣型心理契约对中小企业创新效能驱动机理理论建构。

第五，鉴于理论建构需与实践情境相宜，且通过实地扎根性检验的理论命题才可实现本土化理论建构，因此，选取代表性企业，以其知识员工可雇佣型心理契约的组织态度与行为效应为研究逻辑，通过解释性案例研究，检验对其所在企业创新效能驱动作用，进一步验证本书结论的外部效度，升华结论的理论与实践价值，旨在为新时代我国中小企业如何通过知识员工可雇佣型心理契约的有效管理来获取企业创新优势提供理论依据和指南。

第二节　研究贡献

一　理论贡献

第一，本书秉承管理学、经济学、组织行为学、社会认知心理学、社会统计学、系统学等跨学科理论思想，结合利益相关者理论、社会比较理论等多元角度理论为理论基础，探寻了新时代下我国中小企业与知识员工间新型关系模式的典型特征（即可雇佣性开发取向），结合这种新型雇佣关系模式下知识员工所普遍存在的新型心理契约，进而尝试将可雇佣性理论与心理契约理论相结合，提出了"知识员工可雇佣型心理契约"这一新的概念，是对以往心理契约理论的进一步发展，融入了新时代下新型雇佣关系特征对知识员工可雇佣型心理契约概念的阐释，不仅充实了心理契约理论建构，这种吐故纳新的研究思想也为未来心理契约研究领域拓展（如跨学科专业方面）提供了一个新的思路。

第二，本书注意到随着组织与员工间新型雇佣关系模式发展，以及随之而来的自我职业管理逐渐取代以效忠组织来换取终身工作保障的职业价值理念，组织犬儒主义作为一种新的理论框架，用以阐释组织与员工之间的关系;而除此之外,基于社会认同理论发展而来的组织认同也成了当下以团队形式作为主流工作模式的理论依据。基于此,本书通过深入实地的探索性研究方案,特别是导入了秉承扎根理论思想的质性研究方法对知识员工可雇佣型心理契约的形成机理和内容结构以及所产生的组织态度与行为效应展开了深入探索,辅以严格秉承后实证主义思想的问卷调查研究对所提出的理论命题进行研究假设检验,所得出的研究结论一方面丰富了心理契约形成机理与内容结构的理论建构,为新时代下研究知识员工可雇佣型心理契约问题提供了科学的解释视角,并为从各个构面剖析知识员工可雇佣型心理契约的后置组织效应提供了稳健的理论依据,另一方面充实了组织犬儒主义理论建构与组织认同理论建构,为当下揭示知识员工可雇佣型心理契约通过组织犬儒主义、组织认同的中介路径进而产生组织态度与行为结果的理论建构奠定了坚实的理论基础。

第三,本书锁定新时代下我国中小企业亟待突破自我创新弱势、不断提升创新能力的棘手问题,结合当前我国中小企业与知识员工之间关系的可雇佣性取向特征,以这种新型关系模式下形成的一种新型心理契约——知识员工可雇佣型心理契约的组织态度与行为效应为研究线索,着力于探究知识员工可雇佣型心理契约视角下的中小企业创新效能动力机制。通过精心设计的以探索性研究与解释性研究相结合的混合式研究方案,所得出的关于知识员工可雇佣型心理契约对中小企业创新效能驱动机理模型的研究结论是对既有企业创新相关理论建构的进一步发展,所纳入的可雇佣性理论、心理契约理论等跨学科专业的理论视角以及知识员工可雇佣型心理契约的新的研究视角,在从不同维度、不同角度为我国中小企业自我创新能力打造提供理论基础的同时,还为拓展更为广阔的研究空间提供了新的思路。

二 实践启示

第一,本书所取得的我国中小企业知识员工可雇佣型心理契约形成机理的研究结论给出了影响此类员工可雇佣型心理契约构筑的主要因素、作用路径和边界条件,以此为逻辑线索,能够映射出知识员工对于所在企业可雇佣性责任识别和评价的最初心理概念以及初期发展脉络。由此,为当前我国中小企业真正辨识新时代下人力资源管理的新机遇与新挑战,进而与企业组织环境特征结合,采取相适宜的管理策略来吸引有利于企业创新实力打造的知识员工提供了有益启示。处于高动态不确定性环境中的中小企业，要实现自主创新优势，就需要引入高可雇佣性知识员工，把握住此类员工对于企业可雇佣性责任的认知及其关键影响因素，才能从人力资源管理的源头实现对企业创新能力塑造的培育。

第二，本书所取得的我国中小企业知识员工可雇佣型心理契约内容结构的研究结论给出了此类员工可雇佣型心理契约的内涵特征和纬度构成模型，从中体现出知识员工对个体可雇佣性发展着力点的心理诉求。在全球知识经济结构调整下，传统的从一而终的终身雇佣模式逐渐被自我职业管理模式所取代，致使秉承高自我价值实现、高自我效能、高组织敏感度和高职业诉求的知识员工迫切需要不断提升个体可雇佣性来成就自我，而企业所提供的有益于个体可雇佣性开发的责任恰恰是知识员工得以发展自我的"利器"。由此，知识员工对于企业可雇佣性责任的主观感知与评价恰恰反映了企业可雇佣性责任承诺和履行的程度，从知识员工可雇佣型心理契约的内容结构着手来设计知识员工管理策略，能够切实把握住知识员工发自内心的期望和信念，且基于知识员工可雇佣型心理契约内容结构设计的知识员工管理策略能够紧扣当前知识员工对于职业价值的心理诉求，进而有利于在企业与知识员工之间维系健康有序的新型关系，持续促进企业创新竞争力。

第三，本书所取得的知识员工可雇佣型心理契约的组织态度与行为效应的研究结论给出了当前中小企业知识员工关于企业可雇佣性责任履行的主观感知和评价所产生的主要态度和行为变量，如本书研究发现的组织犬儒主义、组织认同对于知识员工可雇佣型心理契约的组织行为效应的不同程度的中介作用，以及退出、建言、忠诚、忽略行为整合模型作为新型雇佣关系模式下对于知识员工可雇佣型心理契约组织行为结果解释的重要意义。处于激烈竞争环境中的中小企业势必面临不断增强竞争能力的战略选择，知识员工作为中小企业自主创新的主体，首当其冲担负起夯实和提升企业竞争能力的重任，鉴于知识员工的组织态度和行为对企业结果的显著预测力，知识员工可雇佣型心理契约对企业结果的作用机理中就必将牵涉知识员工的组织态度和行为变量的影响。作为企业管理者，密切注意以上研究结论的实践意义有利于合理干预知识员工可雇佣型心理契约，进而紧扣企业竞争力发展的战略主旨，促进企业竞争力持续提升。尤其是要关注组织犬儒主义、组织认同在新时期的组织环境中所发挥的突出效力。例如，借助组织犬儒主义来缓冲消极可雇佣型心理契约所产生的退出和忽略行为，抑制组织犬儒主义来促进积极可雇佣型心理契约所产生的建言和忠诚行为，倡导组织认同来抵减消极可雇佣型心理契约所产生的退出和忽略行为，同时增进积极可雇佣型心理契约所产生的建言和忠诚行为，从而促进企业创新效能提升，以实现企业创新优势。

第三节　研究局限

第一，从研究方法角度来讲，尽管本书基于当前我国中小企业的组织管理情境，结合知识员工所禀赋的高自我效能感、高自我价值实现欲、高职业诉求等个性特征，特别是针对我国中小企业与知识员工间构筑的新型关系的可雇佣性发展取向性，注意到"知识员工可雇佣型心理契约"这一新的概念提出和相关问题讨论所需要的扎根性实地研究，进而采用了秉承扎根理论思想的质性研究方法，又基于后实证主义思想针对所提出的理论模型展开了大规模调查数据的实证性研究，并秉持三角验证观哲学理念的研究方法，针对研究结果进行了信度效度检验，力求研究结论建立在本土化情境基础之上，所提出的理论模型能够具有坚实的理论价值与实践指导意义。然而，鉴于调查数据信息主要源于横截面时间序列，而纵向研究设计是挖掘个体心理概念和认知属性的颇为有利的研究方法，特别是能够追踪到心理活动的动态变化轨迹，便于发现动态变化过程中的边界条件。另外，心理实验研究能够将长时间内发生的事件浓缩到短时间内进行研究，其间还可以规避外界复杂多变的影响因素的制约，以往将心理实验研究方法应用到组织行为学等人文社科领域的经典研究不在少数。基于此，纵向追踪式研究方法、心理实验研究方法都可以作为未来对知识员工可雇佣型心理契约相关问题探索的有益尝试。

第二，从取样角度来讲，本书在质性研究中选取了与研究主题密切相关且在业内的经营、运行和创新等效果颇具代表性的中小企业，通过对知识员工进行问卷调查取样以及相应采用基于计算机技术的内容分析法和专业数理统计分析软件来实现对调查数据信息的深入分析，以期找到数据之间的内在联系，探寻隐藏在数据背后的逻辑结构，以挖掘出能够反映真实世界中问题真相并加以解惑的真知灼见。尽管本书考虑到社会调查研究中普遍存在首因效应、晕轮效应、共同方法偏差等可能影响调查结果的偏倚问题，以及为了弱化甚至规避这些问题和现象可能导致的测量偏误，本书在样本遴选方面以业内、区域内具有普遍意义代表性的企业为调查范围，且在调查过程中采用了匿名问答形式，承诺保证调查对象的个人隐私且不带有任何商业目的性，在问卷设计上借鉴了经典测试量具并采用了反向用语计分以保证问卷填答可靠性，在数据处理分析过程中采用了专业 SPSS 分析软件，同时考虑到调查数据跨地区、跨时间及调查对象个体特质异质性等，采用了具有非正态数据处理与分析优势的基于偏最小二乘回归分析法的 SmartPLS 分析软件，旨在最大限度地规避干扰因素的影响，提升研究结果的信度与效度，然而不可否认的是，本书在调查样本选取方面主要集中在我国中东部和南部沿海地区，几乎未涉足我国西部地区，而随着"一带一路"倡议的推进，沿线不乏具有一定创新实力的中小企业，缺少这部分企业数据在一定程度上可能影响本书研究结论的外部效度，这也是在未来的相关研究中应予以关注和值得拓展研究之处。

第四节 研究展望

第一，对企业知识员工可雇佣型心理契约的各个维度、组织犬儒主义的各个维度和组织认同的整合性概念进行模型建构及模型检验，通过秉承扎根理论思想导入质性研究方法的探索性案例研究与秉承后实证主义思想导入问卷调查方法的验证性案例研究的混合式研究方案，针对新时代我国中小企业与知识员工间新型关系模式下形成的知识员工可雇佣型心理契约的内容结构和内涵特征、形成机理以及组织行为效应展开整合性系统研究，借助系统论与协同学思想，剖析这一整合性系统中研究变量间关联结构、作用路径和边界条件。另外，还可以基于现正盛行的事件理论，通过对真实世界中发生的关键事件，并辅之以解释性研究，揭示知识员工可雇佣型心理契约的创新机制，从系统学与协同学相结合的理论视角，搭建起知识员工与企业创新的协同演化模型，进而借助实证性研究方法，提出知识员工可雇佣型心理契约对企业创新效能影响的主效应模型。

第二，以退出、建言、忠诚、忽略行为整合模型为理论线索，从知识员工可雇佣型心理契约着手，着力于知识员工可雇佣型心理契约对于中小企业创新效能提升机制的整合性研究。特别是导入系统学与协同学理论思想，提炼知识员工可雇佣型心理契约与企业结果之间涵盖直接、中介、调节的全变量结构关系模型,进而明晰以知识员工可雇佣型心理契约为逻辑起点,在中小企业创新优势实现的过程中,能够引起变量间主效应与间接效应以及动态演变的诸个关键变量及其之间的结构关系。在此基础上,更为深入地阐释中小企业创新效能获取的驱动机理及其活力之源,从而在升华结论的理论价值同时,针对如何真正通过知识员工可雇佣型心理契约实现中小企业创新优势提出对策与建议。

  第三,无论研究目标、研究角度、研究维度等存在何种异同,也不管是采用单案例还是跨案例研究范式,且在探索性案例研究、解释性案例研究或者描述案例研究中,Eisenhardt 都尤其强调案例样本代表性的重要性,这将直接决定研究结果的外部效度。因此,未来考虑侧重于纵向案例研究,即通过选取纵贯时间序列中重要时间节点上的代表性案例,同时导入以扎根理论思想为指引的质性研究、以后实证主义思想为指引的定量实证性研究、以系统学思想为指引的仿真实验研究等集合探索性研究与解释性研究为一个整体分析框架的研究方案设计,并辅以管理学、社会学、经济学、心理学、统计学等跨学科专业理论为理论支撑,将理论分析与实证性归纳进行有机结合,通过虚拟逻辑演绎与真实世界进行对比分析的途径,力求探寻不同地域、不同类型、不同行业的中小企业知识员工可雇佣型心理契约的内容结构以及对企业创新结果的作用机制,从而切实提出有助于中小企业实现长足创新与发展的持久动力。

附　　录

中小企业知识员工可雇佣型心理契约的
组织效应研究访谈内容

1. 根据《中小企业知识员工可雇佣型心理契约的组织效应研究访谈信息表》，问询和收集各项信息。

2. 围绕访谈主题1、主题2，按如下提纲展开访谈：

（1）您认为知识员工在择业时会关注招聘信息中的哪些内容？请您按照各项内容对知识员工的吸引力程度进行排序。事实上，您所服务的企业采用了何种招聘做法，是使您感觉具有吸引力的？在您所服务企业的招聘作法中，您认为优势和不足分别是什么？究竟如何改进现行招聘做法的不足之处？

（2）您认为哪些管理实践做法能够改善知识员工与所在企业之间的心理契约？请您按照这些做法对于心理契约改善的重要性程度进行排序。事实上，您所服务的企业采用了何种管理实践做法来改善知识员工的心理契约？您认为这些管理实践做法的优势和不足分别是什么？究竟如何改进现行管理做法的不足之处？

3. 围绕访谈主题3，按如下提纲展开访谈：

（1）您认为企业应该为知识员工履行哪些可雇佣性责任？请您按照各项内容对知识员工的吸引力程度进行排序。

（2）事实上，您所服务的企业履行了哪些可雇佣性责任？没有履行哪些可雇佣性责任？您认为企业在履行可雇佣性责任方面的优势与不足分别是什么？究竟如何改进现行的不足之处？

4. 围绕访谈主题4，按如下提纲展开访谈：

（1）您认为知识员工对于企业可雇佣性责任履行的心理感知会使知识员工产生哪些工作态度和工作行为？为什么？

（2）您认为以上工作态度和工作行为会怎样影响企业的创新能力及创新结果？

中小企业知识员工可雇佣型心理契约的组织效应研究调查问卷

尊敬的女士/先生：您好！

首先，感谢您在百忙之中参与本次问卷调查！本次调查旨在了解知识员工可雇佣型心理契约所产生的知识员工的工作态度和行为以及对企业创新能力与结果的影响。调查获得的信息仅供学术研究使用，不会用于其他商业用途。完全采用匿名填答方式，研究人员承诺对所有填写答案予以严格保密，请您放心如实作答。

答题前请先阅读以下填写说明

1. 本问卷包括：第一部分，您及所在企业的基本情况；第二部分，具体调查内容。

2. 请选择一个最符合您在一般情形下最直接的想法、感觉、态度、行为的选项。若您填答的问卷为纸质版，请在所选项前的"□"上打"√"，在横线处填写；若您填答的问卷是电子版，请将所选项的字体改为红色或加粗，在下划线处填写。

3. 本问卷并非测验，任何问题的答案均无对、错、好、坏之分，请您根据实际情况填答。

第一部分：基本信息

101. 性别：
□男　　　　　　　　□女

102. 年龄：
□30岁及以下　　□31—35岁　　□36—40岁　　□41岁及以上

103. 学历：
□大学本科（含同等学力）　　□硕士及以上（含同等学力）

104. 所在企业工作年限：

□2 年及以下　　　　□3—5 年　　　　□6—8 年　　　　□9 年及以上

105．婚姻状况：

□未婚　　　　　　　□已婚

106．工作部门：

□人力/行政　　□财务/会计　　□研发/技术　　□前期/开发
□市场/销售　　□工程/项目　　□审核/预算　　□其他：_____

107．工作性质：

□管理岗（□高层　□中层　□基层），任现职年限：_____年
□专业岗（□研发设计　□人力培训　□工程建筑
　　　　　□审核预算　□文案编辑　□网管维护
　　　　　□财务会计　□营销策划）
□事务岗（□人事/行政/融资　□销售/招商
　　　　　□其他：_____）

108．企业性质：

□国企　　　　□外企　　　　□私企　　　　□其他：_____

109．企业规模：

□99 人及以下　　□100—200 人　　□201—400 人　　□401 人及以上

第二部分：调查内容

2.1　以下是关于您对"企业对知识员工承担的可雇佣性发展责任"的认知调查，请您在每个问题后的"1—5"（1 表示非常不符合、2 表示比较不符合、3 表示不确定、4 表示比较符合、5 表示非常符合）中选择其一。

201．企业提供给我的薪酬具有吸引力------------1　　2　　3　　4　　5
202．企业和我的沟通交流畅通，能够及时得到反馈
　　　--1　　2　　3　　4　　5
203．企业能够公平地对待我------------------------1　　2　　3　　4　　5
204．企业肯定我的工作努力和贡献------------------1　　2　　3　　4　　5
205．企业关心我的个人成长和生活------------------1　　2　　3　　4　　5
206．我在工作中有自主权------------------------------1　　2　　3　　4　　5
207．企业提供相互合作的工作氛围------------------1　　2　　3　　4　　5

208. 工作中，能够得到上级的指导、支持和鼓励
--1　2　3　4　5

209. 企业提供晋升的机会------------------1　2　3　4　5

210. 企业提供较为丰富的职业发展机会----------1　2　3　4　5

211. 企业按照工作业绩发放工资和奖金-----------1　2　3　4　5

212. 企业提供充分施展自身才能的空间----------1　2　3　4　5

2.2 以下是关于您"对自己工作态度和行为的自我认知和评价"的调查，请您根据实际感受和体会，判断对下列问题的认同程度，在每个问题后的"1—5"（1表示非常不符合、2表示比较不符合、3表示不确定、4表示比较符合、5表示非常符合）中选择其一。

213. 我经常想辞去现在的工作----------------------1　2　3　4　5

214. 当我有一个有益于组织的想法时，我会努力将其付诸实践
--1　2　3　4　5

215. 当组织遇到困难时，我会为组织继续工作到困难消失的那一刻
--1　2　3　4　5

216. 有时我会不愿意对工作投入太多努力
--1　2　3　4　5

217. 我有时会为了改善自己的工作条件和政策而与上级沟通
--1　2　3　4　5

218. 当其他人批评企业时，我总会全力以赴维护企业的名声
--1　2　3　4　5

219. 只要我得到应有的报酬，企业发生什么事情我不太关心
--1　2　3　4　5

220. 如果有再选择的机会，我不会再选择这家企业
--1　2　3　4　5

221. 我常常向上级领导提建议，以完善企业中有待改进之处
--1　2　3　4　5

222. 在朋友面前我总是高度评价所在企业
--1　2　3　4　5

223. 我打算在一年内寻找别的工作单位--------1　2　3　4　5

224. 有时我会因为没有工作激情而拖拉工作
--1　2　3　4　5

2.3 以下是关于"企业对您应承担可雇佣性发展责任的实际履行情况"的调查,请您在"您认为重要等级判断"的五个选项(1表示非常不重要、2表示比较不重要、3表示有点重要、4表示比较重要、5表示非常重要)和"企业实际履行"的五个选项(1表示完全未履行、2表示基本未履行、3表示有点履行、4表示基本履行、5表示完全履行)中分别选择其一。

企业对您承担的责任	您认为的重要等级判断					企业实际履行				
	1	2	3	4	5	1	2	3	4	5
225. 企业提供的薪酬具有吸引力										
226. 企业或上级与我沟通顺畅,能及时反馈										
227. 企业能够公平地对待我										
228. 企业肯定我的工作努力和贡献										
229. 企业关心我的个人成长和生活										
230. 我在工作中有自主权										
231. 企业提供相互合作的工作氛围										
232. 工作中能得到上级的指导、支持和鼓励										
233. 企业提供晋升的机会										
234. 企业提供较为丰富的职业发展机会										
235. 企业按照工作业绩发放工资和奖金										
236. 企业提供充分施展自身才能的空间										

2.4 以下是关于您"对所在团队的看法"的调查,请您在每个问题后的"1—5"(1表示非常不符合、2表示比较不符合、3表示不确定、4表示比较符合、5表示非常符合)中选择其一。

237. 当我所在的团队受到批评时,我会觉得尴尬

　　--1　　2　　3　　4　　5

238. 我所在的团队取得成功时,我感觉自己也成功了

　　--1　　2　　3　　4　　5

239. 当有人称赞我所在的团队时,我感觉就像在称赞自己

　　--1　　2　　3　　4　　5

240. 我会因成为团队中的一分子，而感到自豪
　　------------------------------1　　2　　3　　4　　5

2.5　以下是关于您"对所在企业的看法"的调查，请您根据实际感受和体会，判断对下列问题的认同程度，在每个问题后的"1—5"（1表示非常不符合、2表示比较不符合、3表示不确定、4表示比较符合、5表示非常符合）中选择其一。

241. 这家企业说一套做一套------------------------------1　　2　　3　　4　　5

242. 这家企业的政策、目标和实际行动不一致
　　------------------------------1　　2　　3　　4　　5

243. 这家企业宣称要做某事，实际上并不会做
　　------------------------------1　　2　　3　　4　　5

244. 我取笑这家企业的文化、价值观和管理理念
　　------------------------------1　　2　　3　　4　　5

2.6　以下是关于您"对个人性情或特质的自我认知和评价"的调查，请您根据实际感受和体会，判断对下列问题的认同程度，在每个问题后的"1—5"（1表示非常不符合、2表示比较不符合、3表示不确定、4表示比较符合、5表示非常符合）中选择其一。

245. 我能和别人共事，并清楚表达个人意见
　　------------------------------1　　2　　3　　4　　5

246. 我能设身处地为他人着想，和不同意见的人协商
　　------------------------------1　　2　　3　　4　　5

247. 对我而言，再困难的工作，我也能尽力完成
　　------------------------------1　　2　　3　　4　　5

248. 我能集中努力和注意力，达到成功的目标
　　------------------------------1　　2　　3　　4　　5

249. 追求个人感兴趣的具有挑战性的，且能投入的目标
　　------------------------------1　　2　　3　　4　　5

2.7　以下是关于您"对所在企业管理规范程度的看法"的调查，请您根据实际感受和体会，判断对下列问题的认同程度，在每个问题后的"1—5"（1表示非常不符合、2表示比较不符合、3表示不确定、4表示比较符合、5表示非常符合）中选择其一。

250. 我接受过一系列入职培训，这是专门为新员工设计的一整套与

工作有关的技能和知识的培训----------------------------------1　　2　　3　　4　　5

　　251. 直到我彻底熟悉工作流程和工作方法后，才能开展本职工作

　　　　--1　　2　　3　　4　　5

　　252. 我的大部分工作技能是通过非正式渠道或者在职培训获得

　　　　--1　　2　　3　　4　　5

　　253. 企业对于工作岗位或职责的变动，有明确的规定

　　　　--1　　2　　3　　4　　5

　　254. 企业依据工作经验和绩效考评来调整岗位或职能

　　　　--1　　2　　3　　4　　5

　　255. 企业对员工有清晰的职业生涯发展规划

　　　　--1　　2　　3　　4　　5

2.8　以下是关于您"对自己工作价值观的自我认知和评价"的调查，请您根据实际感受和体会，判断对下列问题的认同程度，在每个问题后的"1—5"（1 表示非常不符合、2 表示比较不符合、3 表示不确定、4 表示比较符合、5 表示非常符合）中选择其一。

　　256. 我的工作业绩优秀----------------------------------1　　2　　3　　4　　5
　　257. 我能够时常做不同的事情----------------------------1　　2　　3　　4　　5
　　258. 我总是在不断成长----------------------------------1　　2　　3　　4　　5
　　259. 我为良好地完成工作而感到自豪----------------------1　　2　　3　　4　　5
　　260. 我能够尝试一些不同的工作----------------------1　　2　　3　　4　　5
　　261. 我的工作并非日常或重复性----------------------1　　2　　3　　4　　5
　　262. 我能够靠自己的能力做一些事----------------------1　　2　　3　　4　　5
　　263. 我可以帮助他人----------------------------------1　　2　　3　　4　　5
　　264. 我每天都可以从事一些不同的工作内容

　　　　--1　　2　　3　　4　　5
　　265. 多数时间，我可以做一些事情----------------1　　2　　3　　4　　5
　　266. 我可以为其他人做些什么----------------------1　　2　　3　　4　　5

2.9　以下是关于您"对所在企业招聘策略和做法的评价"的调查，请您根据实际感受和体会，判断对下列问题的认同程度，在每个问题后的"1—5"（1 表示非常不符合、2 表示比较不符合、3 表示不确定、4 表示比较符合、5 表示非常符合）中选择其一。

　　267. 组织提供许多晋升机会----------------------------1　　2　　3　　4　　5

268. 组织具有良好的工作环境----------------------1	2	3	4	5
269. 组织关心我的生活----------------------------1	2	3	4	5
270. 我在组织内有职业发展机会------------------1	2	3	4	5
271. 组织提供施展才能的空间--------------------1	2	3	4	5
272. 其他同事对我友好--------------------------1	2	3	4	5

-----问卷到此结束，请您再检查一遍有无漏答项目-----

祝您工作、生活愉快！

参考文献

白艳莉：《员工职业生涯发展对雇佣关系感知影响的实证研究》，《统计与决策》2011年第24期。

[美]彼得·德鲁克：《变动中的管理者》，王喜六等译，上海译文出版社1999年版。

陈加洲、凌文辁、方俐洛：《心理契约的内容、维度和类型》，《心理科学进展》2003年第4期。

陈加洲、凌文辁、方俐洛：《员工心理契约结构维度的探索与验证》，《科学学与科学技术管理》2004年第3期。

段文婷、江光荣：《计划行为理论述评》，《心理科学进展》2008年第2期。

韩振华、任剑峰：《社会调查研究中的社会称许性偏见效应》，《华中科技大学学报》（人文社会科学版）2002年第3期。

何金铭、黄英志、陈师辉等：《工作需求—控制—支持模式与工作倦怠关系之研究：以海关人员为例》，《人力资源管理学报》2005年第2期。

黄芳铭：《结构方程模型理论与应用》，中国税务出版社2005年版。

蒋春燕、赵曙明：《知识员工流动的特点、原因与对策》，《中国软科学》2001年第2期。

李成江：《员工心理契约的失衡与重构》，《商业时代》2006年第27期。

李原、郭德俊：《组织中的心理契约》，《心理科学进展》2002年第1期。

李原、孙健敏：《雇佣关系中的心理契约：从组织与员工双重视角下考察契约中"组织责任"的认知差异》，《管理世界》2006年第11期。

李原、孙健敏：《组织中心理契约的变化——当代人力资源管理面对的挑战》，《经济与管理研究》2009年第4期。

卢纹岳：《SPSS for Windows 统计分析》，电子工业出版社 2002 年版。

马庆国：《管理科学研究方法与研究生学位论文的评判参考标准》，《管理世界》2004 年第 12 期。

马庆国：《中国管理科学研究面临的几个关键问题》，《管理世界》2002 年第 8 期。

毛基业、李晓燕：《理论在案例研究中的作用——中国企业管理案例论坛（2009）综述与范文分析》，《管理世界》2010 年第 2 期。

彭川宇：《基于人口学特征的知识员工心理契约感知差异调查》，《工业技术经济》2008 年第 10 期。

邱皓政：《结构方程模型：Lisrel 的理论、技术与应用》，双叶书廊 2003 年版。

石晶、崔丽娟：《国外心理契约破坏及结果变量与调节变量：述评与展望》，《心理科学》2011 年第 3 期。

苏敬勤、李召敏：《案例研究方法的运用模式及其关键指标》，《管理学报》2011 年第 3 期。

孙锐、石金涛、张体勤：《中国企业领导成员交换、团队成员交换、组织创新气氛与员工创新行为关系实证研究》，《管理工程学报》2009 年第 10 期。

王黎萤：《基于心理契约的知识员工激励机制设计》，《科技进步与对策》2005 年第 11 期。

王彦斌：《组织中的组织认同》，人民出版社 2004 年版。

王玉梅、从庆：《饭店知识型员工离职意图的成因分析——基于员工心理契约视角的实证研究》，《旅游学刊》2007 年第 11 期。

王重鸣、刘学方：《高管团队内聚力对家族企业继承绩效影响实证研究》，《管理世界》2007 年第 10 期。

魏峰、李焱、任胜钢：《组织行为对管理者感知心理契约违背的影响》，《南开管理评论》2006 年第 12 期。

魏峰、任胜钢、李焱：《心理契约违背、满意度对管理者行为的影响机制》，《管理工程学报》2008 年第 2 期。

魏峰、张文贤：《国外心理契约理论研究的新进展》，《外国经济与管理》2004 年第 2 期。

魏江、赵立龙、冯军政：《管理学领域中元分析研究现状评述及实施过程》,《浙江大学学报》(人文社会科学版) 2012 年第 5 期。

温忠麟、侯杰泰、张雷:《调节效应与中介效应的比较和应用》,《心理学报》2005 年第 2 期。

文魁、吴冬梅:《异质型人才的异常激励——北京市高科技企业人才激励机制调研报告》,《管理世界》2003 年第 10 期。

吴金希、于永达:《浅议管理学中的案例研究方法——特点、方法设计与有效性讨论》,《科学学研究》2004 年第 12 期。

吴明隆:《问卷统计分析实务——SPSS 操作与应用》,重庆大学出版社 2010 年版。

徐淑英、张志学:《管理问题与理论建立:开展中国本土管理研究的策略》,《重庆大学学报》(人文社会科学版) 2011 年第 4 期。

徐云杰:《社会调查设计与数据分析——从立题到发表》,重庆大学出版社 2011 年版。

余琛:《四类不同心理契约关系的比较研究》,《心理科学》2004 年第 4 期。

余琛:《心理契约履行和组织公民行为之间的关系研究》,《心理科学》2007 年第 2 期。

余琛:《员工心理契约与持股计划研究》,浙江大学出版社 2003 年版。

张士菊、廖剑桥:《管理理念对心理契约破裂的影响:国有企业和民营企业的比较》,《商业经济与管理》2010 年第 2 期。

张望军、彭剑峰:《中国企业知识型员工激励机制实证分析》,《科研管理》2001 年第 22 期。

张翼、樊耕、赵箐:《国外管理学研究中的元分析评介》,《外国经济与管理》2009 年第 7 期。

周浩、龙立荣:《共同方法偏差的统计检验与控制方法》,《心理科学进展》2004 年第 6 期。

朱晓妹、王重鸣:《中国背景下知识型员工的心理契约结构研究》,《科学学研究》2005 年第 23 期。

Abraham, R., "Organizational Cynicism: Bases and Consequences", *Genetic, Social, and General Psychological Monographs*, 2000, 126 (3): 269-293.

Adam, W. M., Aaron, M. W., Christina, M. K., "Assessing Common Methods Bias in Organizational Research", The 22nd Annual Meeting of the Society for Industrial and Organizational Psychology, New York, 2007.

Anderson, N., Schalk, R., "The Psychological Contract in Retrospect and Prospect", *Journal of Organizational Behavior*, 1998, 19: 638-646.

Argyris, C., *Understanding Organizational Behavior*, Homewood, II: The Dorsey Press, Inc., 1960.

Bandura, A., "Self-Efficacy: Towards a Unifying Theory of Behavior Change", *Psychological Review*, 1977, 84: 191-214.

Baron, R. M., Kenny, D. A., "The Moderator-Mediator Variable Distinction in Social Psychological Research: Conceptual, Strategic, and Conceptual Considerations", *Journal of Personality and Social Psychology*, 1986, 51: 1173-1182.

Buckley, M. R., Fedor, D. B., Carraher, S. M., et al., "The Ethical Imperative to Provide Recruits Realistic Job Previews", *Journal of Managerial Issues*, 1997, 9: 468-484.

Cappelli, P., "Managing without Commitment", *Organizational Dynamics*, 2000, 28 (4): 11-24.

Chin, W. W., "Bootstrap Cross-Validation Indices for PLS Path Model Assessment", in Esposito Vinzi, V., Chin, W. W., Henseler, J., et al., eds., *Handbook of Partial Least Square Concepts, Methods and Applications*, Berlin: Springer, 2010.

Conway, N., Briner, R. B., "A Daily Diary Study of Affective Responses to Psychological Contract Breach and Exceeded Promises", *Journal of Organizational Behavior*, 2002, 23 (3): 287-301.

Coyle-Shapiro, J. A. M., Kessler, I., "Consequences of the Psychological Contract for the Employment Relationship: A Large Scale Survey", *Journal of Management Studies*, 2000, 37 (7): 903-930.

Coyle-Shapiro, J. A. M., Neuman, J. H., "The Psychological Contract and Individual Different: The Role of Exchange and Creditor Ideologies", *Journal of Vocational Behavior*, 2004, 64: 150-164.

Coyle-Shapiro, J. A. M., "A Psychological Contract Perspective on Organizational Citizenship Behavior", *Journal of Organizational Citizenship Behavior*, 2002, 23: 927-946.

Cullinane, N., Dundon, T., "The Psychological Contract: A Critical Review", *International Journal of Management Reviews*, 2006, 8 (2): 113-128.

Datta, D. K., Guthrie, J. P., Wright, P. M., "Human Resource Management and Labor Productivity: Does Industry Matter?", *Academy of Management Journal*, 2005, 48 (1): 135-145.

De Meuse, K. P., Bergmann, T. J., Lester, S. W., "An Investigation of the Relational Component of the Psychological Contract across Time, Generation and Employment Status", *Journal of Managerial Issues*, 2001, 13 (1): 102-118.

De Vos, A., Buyens, D., Schalk, R., "Psychological Contract Development during Organizational Socialization: Adaptation to Reality and the Role of Reciprocity", *Journal of Organizational Behavior*, 2003, 24 (5): 537-558.

Dean, J. W., Brandes, P., Dharwadkar, R., "Organizational Cynicism", *Academy of Management Review*, 1998, 23 (2): 341-352.

Deery, S. J., Iverson, R. D., Walsh, J. T., "Toward a Better Understanding of Psychological Contract Breach: A Study of Customer Service Employees", *Journal of Applied Psychology*, 2006, 91: 166-175.

DeLone, W. H., McLean, E. R., "The Delone and Mclean Model of Information Systems Success: A Ten-Year Update", *Journal of Management Information Systems*, 2003, 19 (4): 9-30.

Dulac, T., Colye-Shapiro, J. A.-M., Henderson, D. J., et al., "Not All Responses to Breach are the Same: The Interconnection of Social Exchange and Psychological Contract Processes in Organizations", *Academy of Management Journal*, 2008, 51 (6): 1079-1096.

Dyne, L. V., Ang, S., "Organizational Citizenship Behavior of Contingent Workers in Singapore", *Academy of Management Journal*, 1998, (12): 692-702.

Eisenhardt, K. M., Graebner, M., "Theory Building from Case: Opportunities and Challenges", *Academy of Management Journal*, 2007, 50 (1): 25-31.

Erez, A., Isen, A. M., "The Influence of Positive Affect on the Components of Expectancy Motivation", *Journal of Applied Psychology*, 2002, 87: 1055-1064.

Farrell, D., "Exit, Voice, Loyalty, and Neglect as Responses to Job Dissatisfaction: A Multidimensional Scaling Study", *Academy of Management Journal*, 1983, 26 (4): 596-607.

Feldman, D. C., "The Dilbert Syndrome: How Employee Cynicism about Ineffective Management is Changing the Nature of Careers in Organizations", *American Behavioral Scientist*, 2000, 43 (8): 1257- 1283.

Fitzgerald, M. L., "Organizational Cynicism: Its Relationship to Perceived Organizational Injustice and Explanatory Style", Cincinnati: University of Cincinnati, 2002.

Flood, P. C., Turner, T., Ramamoorthy, N., et al., "Causes and Consequences of Psychological Contracts among Knowledge Workers in the High Technology and Financial Services Industries", *International Journal of Human Resource Management*, 2001, 12 (7): 1152-1165.

Gabriela, T. C. J., Francisco, M. D., Marco, D., "Psychological Contract Breach and Outcomes: Combining Meta-Analysis and Structural Equation Models", *Psicothema*, 2008, 20 (3): 487-496.

Gallivan, M. J., Benunan-Fich, R., "A Framework for Analyzing Levels of Analysis Issues in Studies of E-Collaboration", *IEEE Transactions on Professional Communication*, 2005, 48 (1): 87-104.

Glass, G. V., McGaw, B., Smith, M. L., *Meta-Analysis in Social Research*, Beverly Hills, CA: Sage Publications, 1981.

Gold, A. H., Malhotra, A., Segars, A. H., "Knowledge Management: An Organizational Capabilities Perspective", *Journal of Management Information Systems*, 2001, 18 (1): 185-214.

Guest, D. E., "The Psychology of the Employment Relationship: An Analysis Based on the Psychological Contract", *International Association for Applied Psychology*, 2004, 53 (4): 541-554.

Hair, J. F., Black, W. C., Babin, B. J., et al., *Multivariate Data Analysis*, Upper Saddle River: Person Education, 2006.

Harrison, D. A., Newman, D. A., Roth, P. L., "How Important are Job Attitudes? Meta-Analytic Comparisons of Integrative Behavioral Outcomes and Time Sequences", *Academy of Management Journal*, 2006, 49: 301-324.

Haueter, J. A., Macan, H. T., Winter, J., "Measurement of Newcomer Socialization: Construct Validation of a Multidimensional Scale", *Journal of International Business Studies*, 2003, 63: 20-39.

Herriot, P., Manning, W. E. G., Kidd, J. M., "The Content of the Psychological Contract", *British Journal of Management*, 1997, 8: 151-162.

Hiltrop, J. M., "Managing the Changing Psychological Contract", *Employee Relations*, 1996, 18 (1): 36-49.

Hui, C., Lee, C., Rousseau, D. M., "Psychological Contract and Organizational Citizenship Behavior in China: Investigating Generalizability and Instrumentality", *Journal of Applied Psychology*, 2004, 89: 301-319.

Hunter, J. E., Schmidt, F. L., *Methods of Meta-Analysis: Correcting Error and Bias in Research Findings*, Sage, 2004.

James, M. S. L., "Antecedents and Consequences of Cynicism in Organizations: An Examination of the Potential Positive and Negative Effects on School Systems", Florida: The Florida State University College of Business, 2005.

Johnson, J. L., O'Leary-Kelly, A. M., "The Effects of Psychological Contract Breach and Organizational Cynicism: Not All Social Exchange Violations are Created Equal", *Journal of Organizational Behavior*, 2003, 24: 627-647.

Kickul, J., Matthew A. Liao-Troth, "The Meaning behind the Message: Climate Perceptions and the Psychological Contract", *Mid-American Journal of Business*, 2003, 18 (2): 23-32.

Kline, J. B., Sulsky, L. M., Rever-Moriyama, S. D., "Common Method Variance and Specification Errors: A Practical Approach to Detection", *The Journal of Psychology: Interdisciplinary and Applied*, 2000, 134 (4):

401-420.

Lambert, L. S., Edwards, J. R., Cable, D. M., "Breach and Fulfillment of the Psychological Contract: A Comparison of Traditional and Expanded Views", *Personnel Psychology*, 2003, 52: 891-922.

Lederer, A. L., Maupin, D. J., Sena, M. P., et al., "The Technology Acceptance Model and the World Wide Web", *Decision Support Systems*, 2000, 29 (3): 269-282.

Lee, G., "Towards a Contingent Model of Key Staff Retention: The New Psychological Contract Reconsidered", *South African Business Management*, 2001, 32 (1): 1-8.

Lemire, L., Rouillard, C., "An Empirical Exploration of the Psychological Contract Violation and Individual Behavior", *Journal of Management Psychology*, 2005, 20: 150-163.

Lester, S. W., Turnley, W. H., Bloodgood, J. M., et al., "Not Seeing Eye to Eye: Differences in Supervisor and Subordinate Perceptions of and Attributions for Psychological Contract Breach", *Journal of Organizational Behavior*, 2002, 23 (1): 39-55.

Liden, R. C., Wayne, S. J., Kraimer, M. L., "The Dual Commitments of Contingent Workers: An Examination of Contingents' Commitment to the Agency and the Organization", *Journal of Organizational Behavior*, 2003, 24: 609-625.

Lindell, M. K., Whitney, D. J., "Accounting for Common Method Variance in Cross-Sectional Research Designs", *Journal of Applied Psychology*, 2001, 86 (1): 114-121.

Littleton, S. M., Arthur, M. B., Rousseau, D. M., "The Future of Boundaryless Careers", in Collin, A., Young, R. A., eds., *The Future of Career*, New York, NY: Cambridge University Press, 2000.

MacCallum, R. C., "Working with Imperfect Models", *Multivariate Behavioral Research*, 2003, 38: 113-139.

Maertz, C. P., Griffeth, R. P., "Eight Motivational Forces and Voluntary Turnover: A Theoretical Synthesis with Implications for Research", *Journal of Management*, 2004, 30: 657-681.

Maguire, H., "Psychological Contracts: Are They Still Relevant", *Career Development International*, 2002, 7 (3): 168-180.

McDonald, R. P., Moon-Ho, R. H., "Principles and Practice in Reporting Structural Equation Analyses", *Psychology Methods*, 2002, 7: 64-82.

McShane, S. L., Von Glinow, M. A., "Employment Relationship and Career Dynamics", in McShane, S. L., Von Glinow, M. A., eds., *Organizational Behavior: Emerging Realities for the Workplace Revolution*, New York: McGraw-Hill, 2003.

Miller, D. E., "Mathematical Dimensions of Qualitative Research", *Symbolic Interaction*, 2000, 23: 399-402.

Morgan-Lopez, A., MacKinnon, D. P., "Demonstration and Evaluation of a Method for Addressing Mediated Moderation", *Behavior Research Methods*, 2006, 38 (1): 77-87.

Morrison, E. W., Robinson, S. L., "When Employees Feel Betrayed: A Model of How Psychological Contract Violation Develops", *Academy of Management Review*, 1997, 22 (1): 226-256.

Neuman, W. L., *Social Research Methods: Qualitative and Quantitative Approaches*, New York: Pearson/Allyn and Bacon, 2006.

Othman, R., Arshad, R., Hashim, N. A., et al., "Psychological Contract Violation and Organizational Citizenship Behavior", *Gadjah Mada International Journal of Business*, 2005, 7: 325-349.

Podsakoff, P., MacKenzie, S., Lee, J., et al., "Common Method Biases in Behavioral Research: A Critical Review of the Literature and Recommended Remedies", *Journal of Applied Psychology*, 2003, 88 (5): 879-903.

Porter, L. W., Pearce, J. L., Tripoli, A. M., et al., "Differential Perceptions of Employers' Inducements: Implications for Psychological Contracts", *Journal of Organizational Behavior*, 1998, 19 (9): 769-782.

Preacher, K. J., Hayes, A. F., "Asymptotic and Resampling Strategies for Assessing and Comparing Indirect Effects in Multiple Mediator Models", *Behavior Research Methods*, 2008, 40 (3): 879-891.

Pugh, S. D., Skarlicki, D. P., Passell, B. S., "After the Fall: Layoff Victims' Trust and Cynicism in Re-Employment", *Journal of Occupational & Organizational Psychology*, 2003, 76 (2): 201-212.

Raja, U., Johns, G., Ntalianis, F., "The Impact of Personality of Psychological Contracts", *Academy of Management Journal*, 2004 (47): 447-458.

Rick, Tallman, "Needful Employees, Expectant Employers and the Development and Impact to Psychological Contracts in New Employees", Manitoba: The University of Manitoba, 2001.

Robinson, S. L., "Trust and Breach of the Psychological Contract", *Administrative Science Quarterly*, 1996, 41: 574-598.

Roehling, M. V., *The Origins and Early Development of the Psychological Contract Construct*, Published Proceedings of the Academy of Management, 1996, 202-205.

Rosental, R., DiMatteo, M. R. M., "Meta-Analysis: Recent Developments in Quantitative Methods for Literature Reviews", *Annual Review of Psychology*, 2001, 52 (1): 59-82.

Rousseau, D. M., Tijoriwala, S. A., "Assessing Psychological Contracts: Issues, Alternatives and Measures", *Journal of Organizational Behavior*, 1998, 19 (SpecIssue): 679-695.

Rousseau, D. M., "Schema, Promise and Mutuality: The Building Blocks of the Psychological Contract", *Journal of Occupational & Organizational Psychology*, 2001, 74 (4): 512-540.

Schalk, R., Robert, E. R., "Toward a Dynamic Model of Psychological Contract", *Journal for the Theory of Social Behavior*, 2007, 37 (2): 165-181.

Scholarios, D., Lockyer, C., Johnson, H., "Anticipatory Socialisation: The Effect of Recruitment and Selection Experiences on Career Expectations", *Career Development International*, 2003, 8: 4-186.

Sels, L., Janessens, M., Van Den Brande, I., "Assessing the Nature of Psychological Contract: A Validation of Six Dimensions", *Journal of Organizational Behavior*, 2004, 25: 461-488.

Si, S. X., Wei Feng, Li Yan, "The Effect of Organizational Psychological Contract Violation on Managers' Exit, Voice, Loyalty and Neglect in the Chinese Context", *International Journal of Human Resource Management*, 2008, 19 (5): 932-944.

Sparrow, P., "Transitions in the Psychological Contract: Some Evidence from the Banking Sector", *Human Resource Management Journal*, 1996, 6 (4): 75-92.

Super, D. E., "Values: Their Nature, Assessment, and Practical Use", in Super, D. E., Sverko, B., eds., *Life Roles, Values, and Careers*, San Francisco: Jossey-Bass, 1995.

Tekleab, A. G., Taylor, M. S., "Aren't There Two Parties in an Employment Relationship? Antecedents and Consequences of Organization – Employee Agreement on Contract Obligations and Violations", *Journal of Organizational Behavior*, 2003, 24: 585-608.

Thomas, D. C., Au, K., Ravlin, E. C., "Cultural Variation and the Psychological Contract", *Journal of Organizational Behavior*, 2003, 24: 451-470.

Tsui, Anne S., Pearce, J. L., Porter, L. W., et al., "Alternative Approaches to the Employee-Organizational Relationship: Does Investment in Employees Pay Off", *Academy of Management Journal*, 1997, 40 (5): 1089-1119.

Turnley, W. H., Bolino, M. C., Lester, S. W., et al., "The Impact of Psychological Contract Fulfillment on the Performance of In-Role and Organizational Citizenship Behaviors", *Journal of Management*, 2003, 29: 186-203.

Vatanasaksakul, S., "An Investigation of the Appropriateness of Internet Technology for Inter-Firm Communication in the Thai Tourism Industry", New South Wales: University of New South Wales, 2007.

Wang, Duanxu, Tsui, Anne S., Zhang, Yichi, et al., "Employment Relationships and Firm Performance: Evidence from an Emerging Economy", *Journal of Organizational Behavior*, 2003, 24: 511-533.

Wang, Yue, "Predicting the Citation Impact of Clinical Neurology Using Structural Equation Modeling with Partial Least Squares", New South Wales:

University of New South Wales, 2004.

Way, S. A.,"High Performance Work Systems and Intermediate Indicators of Firm Performance within the US Small Business Sector", *Journal of Management*, 2002, 28 (6): 756-785.

William, J., MacKinnon, D. P., "Resampling and Distribution of the Product Methods for Testing Indirect Effects in Complex Models", *Structural Equation Modeling*, 2008, 15 (1): 23-51.

Wu, J., Lederer, A., "A Meta-Analysis of the Role of Environment-Based Voluntariness in Information Technology Acceptance", *MIS Quarterly*, 2009, 33 (2): 419-430.

Yin, R. K., "Evaluation: Enhancing the Quality of Case Studies in Health Services Research", *Health Services Research*, 1999, 34: 1209-1224.

Zhao, H., Wayne, S. J., Glibkowski, B. C., et al., "The Impact of Psychological Contract Breach on Work - Related Outcomes: A Meta - Analysis", *Personnel Psychology*, 2007, 60: 647-680.

后 记

弹指一挥间，转瞬一部专著接近尾声。尽管这已并非我独立创作的首部专著，然而，为之投入的诸多激情、精力和时光依然深深镌刻在内心深处。那些是头脑拥塞，不知如何落笔的困惑，以及猛然间茅塞顿开的欣喜！也是满以为思绪头头是道，突然间感觉首尾衔接不够紧实，之后又重新梳理思绪，恍然间仿佛顿悟得开怀！还有无意间阅读精彩文章、摘拾经典故事、品读典型案例之后萌发的无限遐思……

这部专著创作是在教育部人文社会科学项目（16YJC630143）等以往研究工作基础上的思考与凝练。首先感谢为作者的研究工作提出宝贵意见的专家、同行老师。感谢诸位老师不吝赐教，从选题依据、研究思路等方面给予宝贵建议！这使我能够坚定最初的研究方向，一次次树立起信心，笃定踏上蜿蜒绵长的探索之路，追寻心中的研究圣殿，期待着终将会有开花结果的那一刻！尤其要感谢老师们，在我屡屡出现困惑、不解以及错误时，他们不厌其烦，甚至在工作业余时间还接受我的拜访等。他们每每赐教都使我如沐春风，让我领略到问题存在的另一面，能够深入问题产生的本质，揪出问题产生的根本致因，找到问题解决的有效办法。祝愿给予本书创作灵感、创作思路、创作鼓励等所有有助于本书研究工作的老师们生活幸福！

由衷感谢父母！尽管每部作品尾声时都要感谢父母，然而今天尤其不同，因为曾经送我上学、教我识字、带我学步的最挚爱的双亲，如今，一位远在天涯，一位年迈蹒跚。他们都无法再像我穿着学位服时那样，给予地理上最近、最触手可及的快乐分享，然而，就像一句经典台词"只要住在彼此心里，距离永无存"。父母永远是我攀爬的动力之源，是我在蹉跎中能够奋起的坚强支撑，更是我能够不断生长、开花、收获的精神支柱！

感谢我们小家的另一半！无论天涯海角，执子之手与君偕老！感谢我们最具灵秀、智慧、美好的结晶！在整个书稿创作的过程中，不仅没有烦扰妈妈，没有带给妈妈难以解决的生活困难，还凭着自己的灵动学会了最基本的生活技能。希望我所沉浸的书海也是你的世界，能够帮你打开通向海之内外的大门。

  感谢齐鲁工业大学人文社科优秀成果培育管理办法计划的支持。感谢所在单位齐鲁工业大学（山东省科学院）对本书工作的支持！并向为本书创作提供帮助和支持的学界与业界人士一并致以衷心的感谢！

相　飞

齐鲁工业大学（山东省科学院）